消费者寻求多样化行为对产品竞争策略的影响研究

熊礼洋　著

中国财经出版传媒集团

经济科学出版社

Economic Science Press

图书在版编目（CIP）数据

消费者寻求多样化行为对产品竞争策略的影响研究/
熊礼洋著 . —北京：经济科学出版社，2021.10
ISBN 978 - 7 - 5218 - 2542 - 8

Ⅰ. ①消⋯　Ⅱ. ①熊⋯　Ⅲ. ①消费者行为论 - 影响 -
产品竞争力 - 产品策略 - 研究　Ⅳ. ①F273.2

中国版本图书馆 CIP 数据核字（2021）第 085078 号

责任编辑：王柳松
责任校对：李　建
责任印制：王世伟

消费者寻求多样化行为对产品竞争策略的影响研究

熊礼洋　著

经济科学出版社出版、发行　新华书店经销
社址：北京市海淀区阜成路甲 28 号　邮编：100142
总编部电话：010-88191217　发行部电话：010-88191522
网址：www. esp. com. cn
电子邮箱：esp@ esp. com. cn
天猫网店：经济科学出版社旗舰店
网址：http://jjkxcbs. tmall. com
北京季蜂印刷有限公司印装
710×1000　16 开　12 印张　170 000 字数
2021 年 12 月第 1 版　2021 年 12 月第 1 次印刷
ISBN 978 - 7 - 5218 - 2542 - 8　定价：52.00 元
（图书出现印装问题，本社负责调换。电话：010 - 88191510）
（版权所有　侵权必究　打击盗版　举报热线：010 - 88191661
QQ：2242791300　营销中心电话：010 - 88191537
电子邮箱：dbts@esp. com. cn）

前　言

　　消费者寻求多样化行为是市场学研究和行为运营管理研究的关注焦点之一。随着经济的发展，市场竞争环境发生变化，企业由以产品为中心转化为以客户为中心，消费者由过去被动式接受产品逐渐变为主动式选择产品。消费者地位的提高不仅给企业带来了新的机遇，也带来了新的挑战。因此，企业管理者在决策中考虑影响消费者重复购买行为的因素显得尤为重要。

　　消费者寻求多样化行为通常是指，消费者由于重复购买，对此前消费过的产品会产生一定餍足感，从而降低其再次购买的意愿。本书在霍特林（Hotelling）模型框架下，通过博弈论理论和方法，讨论不同市场竞争环境下，消费者寻求多样化行为对企业决定产品定价策略和产品质量水平的影响；进一步拓展到全球供应链环境下，寻求多样化行为对供应链渠道选择的影响。主要研究内容可分为如下四部分。

　　第一，在对称性双寡头竞争情形下，即市场上企业品牌的影响力相同，当选择价格承诺策略时，企业第二阶段仅改变质量水平而不改变价格，研究发现企业第二阶段的质量水平高于第一阶段的质量水平；而当选择质量承诺策略时，企业第二阶段仅调整价格而不改善质量水平，消费者发现企业第二阶段将制定较低的价格。研究发现，对称性双寡头竞争情形下，消费者寻求多样化行为，加剧企业竞争并损害企业利益。此外，比较分析在何种情形下哪种策略占优。进一步拓展研究：（1）不同方式刻画寻求消费者多样化行为对企业决策的影响；（2）部分消费者存在习惯性消费行为时，对企业决策的影响；（3）企业选择代金券策略而不采用调整价格、调整质量的方法，以应对消费者寻求多样化行为的影响。

第二，在非对称性双寡头竞争情形下，即市场上企业品牌的影响力相异。研究发现，当企业选择价格承诺策略（或质量承诺策略）时，企业第二阶段将制定较高的质量水平（或较低的价格）。研究发现，非对称双寡头竞争下，消费者寻求多样化行为，缓和了企业竞争并增加企业决策的差异性。进一步拓展研究：（1）部分消费者存在习惯性消费行为时，对企业决策的影响；（2）寻求多样化的消费者，对不同企业具有不同餍足感的情形下，对企业决策的影响；（3）企业成本相异时的情形。

第三，通过对双寡头竞争情形的横向拓展，考虑多寡头竞争情形，分别探讨对称性多寡头市场下消费者寻求多样化行为、非对称性多寡头市场下消费者寻求多样化行为对企业决策的影响。进一步分析竞争企业数量对消费者剩余的影响。

第四，通过对双寡头竞争情形的纵向拓展，研究消费者寻求多样化行为对制造商销售渠道选择的影响，制造商可选择通过零售商代销产品或通过自建平台销售产品。研究发现，存在消费者寻求多样化行为时，相比选择通过零售商代销产品，制造商选择自建平台销售产品更为高效。

本书的主要创新可归纳为如下三点：（1）在考虑消费者寻求多样化行为对企业竞争的基础上，既考虑价格层面的决策，也考虑质量水平层面的决策，同时，还考虑企业品牌对消费者影响的因素；（2）不仅分析消费者寻求多样化行为对双寡头市场竞争的影响，也分析其对多寡头市场竞争的影响；（3）将消费者寻求多样化行为引入渠道选择问题中。

熊礼洋

2021 年 4 月 25 日

目 录

第1章 绪 论

1.1 研究背景

一直以来，消费者行为都受到心理学和市场学的重视，在垄断市场情形下，消费者属于被动接受商品，市场处于非竞争环境，消费者行为容易被忽视。然而，在实际生活中，消费者所面临的更多为非垄断市场，即市场处于竞争环境，此时若企业决策者忽视消费者行为，将对企业的发展造成严重打击。如曾经移动手机的绝对领导者面对首款智能机的发布表现得较为平静，却不知市场消费者对智能手机偏好逐渐转变，最终以宣布打包销售手机业务收场。而京东的自建物流，正是找准了消费者对于网购中第三方物流企业的服务不够满意这一关键问题。近些年，逐渐流行的"双十一"购物狂欢节，众多消费者的跟随效应也正考验商家的价格策略，以及一些企业利用消费者的猎奇心理，选择提前预售等策略。总之，在竞争环境下，消费者行为对企业的影响与日俱增。

随着社会经济、科学技术的迅速发展，人们的消费市场已从资源匮乏、品类单一的商品市场转变为资源饱和、品类繁多的商品市场。对于大多数商品而言，消费者面临着多样化的选择行为。换而言之，这些多样化的商品相互之间在一定程度上都存在部分可替代性或完全可替代性，因此，在市场逐渐饱和、竞争逐渐激烈的情形下，为消费者提供商品的企业将自身产品区别于其他竞争者且保持竞争优势显得尤为重要。

因此，如今企业若想取得商业上的成功，必须要把消费者选择行为考虑到企业的各种决策中，从而为其成长和发展减少障碍。

而消费者选择行为则建立在消费者效用最大化的基础之上，例如，建立在对食物的选择上，仅仅通过增加食物的数量很难使消费者效用最大化，因为个体对于食物的摄取量有一定限制，但通过提供更高质量的食物却能使得消费者的效用增加（Steenkamp，1989）。此外，一些文献发现，通过提供多样化的食物类别也能增加消费者的效用（Jackson，1984）。费森（Faison，1977）指出，如果你最喜欢的食物是烧烤，若连续一个星期的晚上都食用，那么，你将很快厌倦并想要选择其他食物。本书重点研究消费者因重复购买而产生寻求多样化的行为及消费者寻求多样化的行为对企业决策的影响。

消费者寻求多样化行为起源于鲁巴（Leuba，1955）和赫布（Hebb，1955）在心理学领域的研究，即消费者寻求多样化的趋势。巴斯和佩斯米尔（Bass and Pessemier，1972）进行了消费者对于软饮料选择的实验，在为期12天的实验中，记录了消费者对于软饮料选择的数据，结果发现消费者选择自己最喜欢的软饮料占比仅55%。罗尔斯和罗威（Rolls and Rowe，1982）调查了一顿晚餐中寻求多样化的现象，即分别为一组实验对象提供3份其最喜欢的意面形状，而为另一组实验对象提供3种不同的意面形状，研究表明，后者将会摄取更多（超过前者14%）。还表明在食用意面后，相较于未食用过的意面形状，人们会明显降低其对已经食用过的意面形状的偏好。以上两个例子均表明，消费者寻求多样化如何影响其消费行为。

卡恩（Kahn，1986）指出，消费者寻求多样化是指，消费者在重复购买时，因其对此前消费过的商品或服务产生一定的餍足感（satiation），从而降低消费者继续购买的欲望或希望尝试购买其他替代性产品。麦肯锡公司表示，中国消费者在竞争性品牌间的切换——星巴克或咖世家，三星或欧珀，舒肤佳或拉芳——比在大多数其他市场都要常见。但消费者多样化行为并不等同于品牌转换，莱茵霍尔德（Reichheld，2003）认为，品牌转换是由消费者心理因素和外界因素共同影响的结果。因此，导致品牌转换的原因很多，外在因素，如广告、断货、灾难等。柯学（2008）指出，发生大灾难时，消费者更倾向于选择自己喜爱的产品或者品牌，而相应地减少对产品或品牌的寻求多样化行为。内在因素，如为了获得新鲜感或寻求刺激等。卡恩（Kahn，1995）强调，消费者寻求多样化行为是对某一品牌或某一品类偏好保持不变的情况下，仅仅为满足好奇心或寻求刺激情况下发生的。例如，消费者可能在选择百事可乐之后选择七喜（百事旗下产品），此时，消费者并没有改变对品牌的偏好，而只是为了尝试不同的体验而改变。因此，企业往往会在某一品类中推出多个不同的单品以满足消费者寻求多样化的行为。如百事可乐公司在保有传统百事可乐的同时，推出了极度可乐及柠檬味可乐等。总之，寻求多样化行为的消费者，会对此前消费的产品或服务购买意愿降低或满足度降低。

消费者的习惯性消费行为是一种与消费者寻求多样化行为相互对立的行为，又可以称为消费者忠诚度或寻求一致行为（consistency seeking）（Fishbach and Ratner，2011）。心理学家认为，对于大多数产品，消费者通过重复消费能增加对这些产品的习惯。经济学家随后将这种现象称为习惯的形成（habit - formation）。波拉克（Pollak，1970）首次将这种行为引入消费者效用函数。然而，贝蒂诺和博尚（Bertino and Beauchamp，1982）通过实证分析得出，个体通过重复消费不仅会增加对某个产品的偏好，而且，会增加对这一类型的产品偏好。习惯性消费行为可以追溯到三个层面。第一，西尔格德（Hilgard，1943）、霍尔（Hull，1952）以及拉利（Lally，2010）分别通过实证研究指出重复性行为与习惯形成的关系。即消费者因重复购买或使用商品形成习惯，当转变消费或使用其他产品会带来不适应。第二，车（Che，2007）指出，大约 16% 的消费者存在天然的惰性，即消费者对于一般商品或服务不愿尝试其他同类替代品，因此，消费者的惰性造成了习惯性消费行为的假象。第三，贝恩（Bain，1956）认为，信息优势会对"进入者"产生一定障碍，消费者会对先驱品牌产生一定忠诚度。沃纳菲尔特（Wernerfelt，1991）指出，如果你已经了解现有产品，那为什么要冒着风险改变呢？因此，消费者对此前产品较为信任或偏好，即习惯性消费行为在一定程度上可以理解为消费者忠诚度。总之，习惯性消费行为的消费者更愿意接受此前消费的产品。而商家也很乐意培养用户习惯并从中受益。如一些电商平台正是通过前期的"烧钱"策略逐步改变消费者的购买习惯，从而发展和稳定自身的市场份额。

品牌的定义最早由美国市场营销协会在 1906 年提出。格斯特（Guest，1942）实证分析了品牌意识在不同人群中的影响强度。比尔敦（Bearden，1976）指出，除了消费者的个体性质，品牌也已成为消费者购买行为的重要依据。特威特（Twedt，1967）和霍耶（Hoyer，1990）分别提出品牌意识对消费者购买决策的影响以及对企业竞争的重要性。随着物质资源日渐充裕，不同企业之间产品的性能、质量和服务水平等差异日益缩小，企业竞争逐渐由"卖产品"转为"卖品牌"。杜鲁普和马菲尼（Dhurup and Mafini，2014）通过实证研究指出，品牌意识有助于提升消费者对品牌的忠诚度，即促进消费者重复购买的行为或减少消费者寻求多样化的行为。随着中国经济的突飞猛进，中国人的国货意识也给外资企业带来了极大挑战。庄贵军（2006）指出，在其他相同的情况下，即相对性价比越高，则消费者越偏爱本土品牌，从而消费者越倾向于购买本土品牌。尽管消费者对某品牌偏好度更高，会使得消费者更偏好于此品牌的产品，但企业错误的放大品牌带来的优势会使得其遭受严重的损失。

随着消费者在企业竞争中的地位逐渐攀升，快速响应消费者的变化尤为重要。尽管过去许多制造商或品牌商依靠传统零售商销售产品，例如，在美国几乎一半的制造商依靠第三方销售自己的产品（Anderson，1985），但在如今竞争环境异常激烈的情况下，如果零售商不能及时响应消费者购买行为的变化（如及时促销、降价等），制造商可能因此遭受损失。尽管制造商建立自营店可能面临较高的运营成本（Hill，1990），但事实上，如今许多国内制造商、国外制造商或品牌商都建立了自身的零售渠道。如格力一直通过自营门店销售空调等产品，苹果（Apple）也始终通过苹果商店（Apple store）销售其产品（Gielens and Geyskens，2012），以及新能源汽车品牌特斯拉（Tesla）建立了自己的网络销售渠道（Musk，2012）。随着互联网的兴起，制造商建立自销渠道的可行性更高，而且，相比于传统零售商渠道有一定优势。如及时调整价格、洞悉消费者喜好以及响应消费者诉求等。

综上所述，一方面，经济发展使得企业之间的竞争逐渐白热化；另一方面，消费者由过去被动式接受商品向主动式接受商品转变，消费者的地位逐渐提升也使企业面临更大挑战。企业管理者们的任何一个疏忽或许都会使企业遭受不可逆的打击，而且，消费者寻求多样化的现象又较为普遍，那么，将消费者寻求多样化行为纳入企业决策显得尤为重要并具有实践意义和理论指导意义。因此，本书在存在品牌意识的情形下研究消费者寻求多样化行为对企业竞争策略以及市场差异化的影响。

1.2 研究目的及研究意义

在传统的企业竞争模型中，企业面临的是风险中性的消费者，消费者基于企业产品的价格和质量水平形成自身的内在效用，根据效用的大小决定自身的购买决策。现实中，在企业竞争中，很少考虑消费者行为这一重要因素，而在消费者日渐主导的市场中，忽视消费者行为，会给企业带来严重损失。价格和质量水平都是企业常见的重要竞争手段，前者是常见的市场学中的决策因素，后者则是运营管理中的决策因素，而本书主要研究消费者寻求多样化行为对企业决策的影响。

消费者寻求多样化行为一直是市场研究人员关注的重点之一，在考虑消费者寻求多样化行为的同时，企业决策者应如何高效地应对消费者的变化显得至关重要。如旅游场所往往会通过出售年票等手段吸引消费者多次游玩，餐厅会在消费者消费后赠送优惠券以及不断推出新的菜式以此期待消费者日后继续用餐，电子产品通过不断地系统升级和质量提升来吸引消费者，以及同一品牌下会推出多种不同的产品。如饮品行业在同一系列产品中总会推出至少2种以上的口味等，以上这些决策都是考虑消费者寻求多样化行为的结果。这再次说明，消费者寻求多样化行为正日益受到企业管理者的重视。因此，研究消费者寻求多样化行为不仅丰富了现有理论，而且，能够对企业决策起到实际指导作用，有着重要的理论意义和实际意义。

消费者寻求多样化行为在市场中十分常见，这是因为消费者在消费某一产品或服务时会产生餍足感，降低了其再次消费同一产品的心理效用，从而使得企业不得不调整自身的价格或质量水平抑或采用其他决策减少消费者寻求多样化，从而避免市场份额的降低。如饮料通过不断改变产品的包装、电影院通过不断引进新的电影，都可以看作企业调整产品质量降低消费者寻求多样化，而餐馆和网约车中的优惠券以及服装行业的降价销售，可以看作企业通过调整产品价格应对消费者寻求多样化行为。因此，对消费者寻求多样化行为的研究，具有很强的实践意义。然而，消费者寻求多样化行为对应的是习惯性消费行为或忠诚度，又可称之为寻求一致行为，在这种行为中，消费者害怕改变带来的不确定性，或对于品牌的忠诚不轻易改变，当再次购买同类型产品时会优先考虑此前消费过的产品或服务，这种习惯性消费行为会减缓消费者寻求多样化。因而，企业是否了解市场上消费者选择行为的心理以及合理定质、定价对企业收益会产生重大影响。本书除了着重研究消费者寻求多样化行为，也考虑与其对立的习惯性消费行为，可以让企业管理者从多个维度了解消费者寻求多样化的心理以及做出更加合理的决策。

在市场学研究领域中，这种对于消费者寻求多样化行为的数学模型研究虽然很丰富，然而，在运营研究及渠道选择研究中的文献相对较少。因此，本书在企业间竞争的两个层面——价格和质量水平之上，研究消费者寻求多样化行为对企业竞争策略的影响，对企业在各个阶段应该如何定价，以及应该提供何种水平的质量（或服务），具有非常重要的理论意义和实践意义。而且，国内外关于消费者寻求多样化行为影响下的价格水平竞争和质量水平竞争的研究比较少，因而丰富了该研究领域的理论体系，为后续研究者提供了帮助。

因为品牌效应也是消费者选择行为的重要因素之一，不同品牌对消费者的影响不同，带给消费者的心理效用也有所不同，所以，品牌的建立与发展一直是企业竞争中考虑的因素之一，随着物质资源的饱和，品牌的影响在企业竞争中更加重要。因此，探讨存在品牌影响异同的竞争环境下消费者寻求多样化行为对企业的影响很有必要。

综上所述，消费者寻求多样化行为越来越受到企业重视，如何防止消费者寻求多样化行为给企业带来的损失，以及如何利用消费者寻求多样化行为让企业获利，都将给企业管理者带来新的挑战。产品定质定价是非常重要的决策因素，在瞬息万变的市场环境中，企业管理者科学合理的定价以及制定相应的质量水平会帮助企业在竞争中获取较大优势，使得企业长盛不衰。反之，会使得企业遭受毁灭性打击。因而，研究消费者寻求多样化行为的影响，对企业发展具有非常重要的现实意义和指导作用。

1.3　研究内容与研究框架

本书在霍特林模型基础上，采用博弈论、最优化行为方法和行为经济学理论，并按企业竞争策略（价格承诺策略和选择质量承诺策略)、企业竞争市场环境（双寡头竞争市场和多寡头竞争市场）以及企业销售方式（直接面对消费者和间接面对消费者）研究消费者寻求多样化行为对企业决策的影响。因而，本书从四个方面展开，见图1-1。

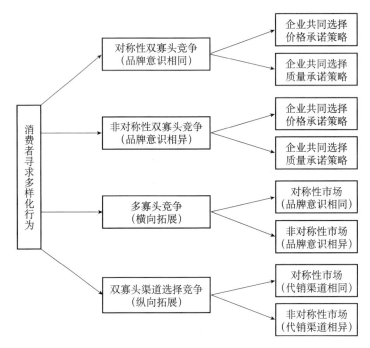

图1-1　本书主要研究内容框架

资料来源：笔者根据全书内容，用 Visio 制图软件绘制而得。

第一，市场上为双寡头竞争情形时，且为对称性竞争环境，即市场上的消费者对两个企业产品的品牌意识相同。市场上的部分消费者存在寻求多样化行为，考虑二阶段霍特林博弈模型，研究企业在两个阶段中应该如何制定相应的价格策略或质量水平策略，分别考虑价格承诺策略和质量承诺策略。即选择价格承诺时，企业第二阶段不再改变定价仅调整质量水平；而选择质量承诺时，企业第二阶段不再调整质量水平而仅改变定价。

第二，市场上为双寡头竞争情形时，且为非对称性竞争环境，即市场上的消费者对两个企业产品的品牌意识相异，市场上的部分消费者存在寻求多样化行为，同样考虑二阶段霍特林博弈模型，研究企业在两个阶段中应该如何制定相应的价格策略或质量水平策略，分别考虑价格承诺策略和质量承诺策略。即选择价格承诺时，企业第二阶段不再改变定价仅调整质量水平；而选择质量承诺时，企业第二阶段不再调整质量水平而仅改变定价，并分析品牌差异对市场竞争的影响。

第三，通过对上文的横向拓展，市场上为多寡头竞争情形时，市场上部分消费者表现为寻求多样化行为，分别考虑对称性竞争环境和非对称性竞争环境，即消费者对企业产品的品牌意识相同、相异的情形。在二阶段霍特林博弈模型基础上，研究企业的定质策略、定价策略，此时，仅考虑企业选择价格承诺策略，并分析企业数量对竞争的影响。

第四，通过对上文的纵向拓展，企业的决策除了价格和质量水平，往往也需要面对销售渠道选择的问题。因此，在双寡头竞争情形下，市场上的部分消费者表现为寻求多样化行为，本书在二阶段霍特林博弈模型基础上，研究消费者寻求多样化行为对企业渠道选择的影响。

本书共分 7 章。

第 1 章，绪论。阐述本书的研究背景与研究意义，对于本书所研究问题的时代背景进行简单说明，体现本书的时代性和必要性。通过对现状分析指出目前研究及文献对本书研究领域的缺乏，突出本书的重要意义。最后，指出本书研究的创新之处。

第 2 章，文献综述。本章主要涉及消费者寻求多样化行为，并对习惯性消费行为和品牌意识做了简要陈述，之后，涉及关于价格策略和质量水平（或服务）的双寡头市场竞争情形和多寡头市场竞争情形，着重介绍并分析国内外在这两方面的研究，并借鉴相关模型，为本书的模型构建奠定了理论基础，最后，阐述了渠道选择的研究。

第 3 章，消费者寻求多样化行为的双寡头竞争。在双寡头对称性市场环境下，即消费者对企业的品牌意识相同的情形下，在线性霍特林模型基础上，研究部分消费者寻求多样化行为对企业竞争策略的影响，分别讨论从两种企业竞争策略的情形，即价格承诺策略和质量承诺策略，并分析两种情形下对消费者剩余的影响。最后，在拓展部分，分别讨论从两维度刻画消费者重复购买行为的情形、部分消费者具有习惯性消费行为的情形以及企业选择代金券策略的情形。

第4章，品牌效应和消费者寻求多样化行为的双寡头竞争。在双寡头非对称性市场环境下，即消费者对企业的品牌意识相异的情形下，在线性霍特林模型基础上，研究部分消费者寻求多样化行为对企业竞争策略的影响。分别讨论两种竞争策略情形下，即价格承诺策略和质量承诺策略，品牌更好的企业会如何选择自身的定价策略、定质策略，品牌较差的企业又该如何选择相应的定价策略、定质策略来应对挑战，并分析、对比对称性市场和非对称性市场。最后，在拓展部分，分别讨论部分消费者具有习惯性消费行为的情形、消费者对不同企业的产品存在不同餍足感的情形以及企业质量系数、企业成本系数不对称的情形。

第5章，消费者寻求多样化行为的多寡头竞争。研究多寡头竞争的市场环境，既讨论了对称性的竞争情形，也讨论了非对称性的竞争情形。即消费者对企业产品的品牌意识相同的情形和消费者对企业产品的品牌意识相异的情形，在数学建模上，采用圆形霍特林模型而非线性霍特林模型，研究部分消费者寻求多样化行为对企业竞争策略的影响，且仅讨论价格承诺策略，分析消费者寻求多样化行为和企业数量分别对企业竞争策略、市场整体收益以及消费者剩余的影响。

第6章，消费者寻求多样化行为的双寡头渠道选择。即两条渠道分别由一个制造商和一个零售商组成，制造商可选择自销渠道或代销渠道，即制造商要么自己建立销售渠道，要么通过第三方销售，部分消费者存在寻求多样化行为，在数学建模上，采用霍特林模型而非古诺（Cournot）模型，亦称二阶段竞争模型，主要分析消费者寻求多样化行为对于制造商渠道选择的影响。

第7章，全书总结与展望。本章主要介绍了全书的研究内容以及得到的重要研究结论，对全书归纳和概述并得出管理启示。同时，指出本书研究不足，并对该理论未来有待完善的地方提出相应的研究方向。

1.4　本书主要创新点

本书运用运营管理、市场学、心理学以及行为经济学这些交叉学科进行研究，本书对于企业之间的竞争模型均采用了霍特林模型，并分析消费者寻求多样化行为对企业定价定质的影响，书中具体创新点有如下三点。

（1）本书在考虑消费者寻求多样化行为对企业竞争策略影响的同时，将企业的决策变量不仅聚焦于价格层面，还拓展为价格层面和质量水平层面，并考虑企业品牌对消费者的影响，进而研究企业品牌影响相同、相异的两种情形。即在消费者对不同企业的产品偏好一致或不一致的情形下，消费者寻求多样化行为对企业决策的影响，以及品牌差异对市场带来的影响，并探讨不同的决策层面以分析其对企业产生的影响。

（2）本书从双寡头市场竞争出发探索多寡头市场竞争的情形，并且，分析了消费者寻求多样化行为对于双寡头市场中、多寡头市场中企业决策的影响，还分析了市场上企业竞争者数量对于各个企业竞争策略的影响。最后，分析其对于市场的影响。

（3）企业竞争不仅体现在产品决策层面，也体现在产品渠道建立层面，而渠道选择的研究中极少涉及消费者行为。本书在探索渠道选择问题中首次提出消费者寻求多样化行为对企业渠道选择的影响，不仅丰富了理论基础，而且对企业决策者实践具有指导意义。

1.5 本章小结

本章详细介绍了本书选题的背景，并提出了相应的研究问题和研究内容，以及研究目的和研究意义，随后，将本书采用的研究方式和研究思路以及各个章节的研究内容作出大致描述，并给出了本书的大致框架结构。最后，点明了本书研究问题的新颖之处。

第 2 章　文献综述

消费者行为理论和企业定质定价理论以及渠道选择理论的研究，在数十年来得到研究者的重视，并累积了非常丰富的研究成果。本书研究消费者寻求多样化行为对企业竞争决策的影响问题，与之相关的文献包括：（1）消费者寻求多样化行为的研究；（2）消费者习惯性消费行为的研究；（3）价格竞争和质量竞争的研究；（4）品牌影响的研究；（5）渠道选择的研究。以下分别对其进行总结。

2.1　消费者寻求多样化行为的研究

在心理学中，人与动物的餍足感（satiation）和习惯形成（habit formation）一直都被研究者所关注（Groves and Thompson，1970；Solomon，1980）。福勒（Fowler，1967）认为，人和动物探索的本质就是餍足感和好奇（curiosity）。里德等（Read et al.，1999）认为，人和动物所有改变最重要的原因是习惯形成和餍足感。贝克尔（Becker，1992）认为，习惯形成和餍足感共同决定了消费将来的效用。贝克尔（Becker，1996）、波拉克（Pollak，1970）、莱德和赫尔（Ryder and Heal，1973）以及瓦图（Wathieu，1997，2004）指出，应在原有消费者效用模型中考虑习惯形成的因素。麦卡利斯特（McAlister，1982）、包瑟尔思和萨林（Baucells and Sarin，2007）则表示，应在原有消费者效用模型中考虑餍足感的因素。包瑟尔思和萨林（Baucells and Sarin，2010）在研究的基础上建立既考虑习惯形成，也考虑餍足感的模型，并对个体在日常生活中的选择性产生了较为深远的影响。塞维利亚和张（Sevilla and Zhang，2016）通过实验研究表明，人们对将来寻求多样化的期望，会减少当前因重复消费带来的餍足感。巴尔塔斯和科基纳基（Baltas and Kokkinaki，2017）研究了不同产品刺激消费者寻求多样化的属性，实验表明对于享乐性产品（hedonic product）消费者寻求多样化的动机主要为感觉属性（sensory attributes），对于实用性产品（utilitarian product）消费者寻求多样化的动机主要为功能属性（functional attributes）。

在市场学中，消费者寻求多样化的行为一直被诸多学者关注。大量实证研究证实了存在消费者寻求多样化的行为（Kahn et al.，1986；Trivedi et al.，1994；Nijjsen，1999；Che，2007），以及在心理学研究中，雷诺和爱泼斯坦（Raynor and Epstein，2001）、雷米克和波利维（Remick and Polivy，2009）以及色雷斯基尔和爱泼斯坦（Thrailkill and Epstein，2015）通过对食欲行为（appetitive behavior）研究发现，当人和动物接受多种不同食物时的食欲行为要比重复接受同一种食物时的食欲行为更强烈，心理学将此称为多样化效应（variety effect）。关于"为什么消费者会有寻求多样化的行为？"和"消费者怎样进行多样化选择？"，感兴趣的读者可以参考麦卡利斯特和佩西米尔（McAlister and Pessemier，1982）、拉廷和麦卡利斯特（Lattin and McAlister，1985）以及卡恩（Kahn，1995）。麦卡利斯特和佩西米尔（McAlister and Pessemier，1982）认为，消费者寻求多样化的动机是，由于重复购买降低了产品对消费者的吸引力。麦卡利斯特（McAlister，1982）和朱兰（Jeuland，1978）认为，消费者寻求多样化行为，是由消费者喜欢追求新奇、变化和多样性引起的，当其重复消费同一商品时会产生厌倦，从而降低消费者的效用。吉冯（Givon，1984）则认为，消费者寻求改变，可能只是简单地想寻求变化。塞瑟拉曼和车（Seetharaman and Che，2009）则认为，商品由不同属性组成，消费者体验一些商品属性后会产生餍足感（satiation），希望体验拥有其他属性的商品。金正旭（Jeong，

2016）指出，当消费者感觉到不确定性且偏负面时，会增加寻求多样化的可能性。

尽管学者们对此解释不同，但有一个共同的特征，消费者重复购买或重复消费同一种商品（或服务）会产生负面效用（Givon，1984；Kahn，1986），即消费者效用的减少。而且，对于消费者重复购买效用减少的描述也有不同方式，克伦佩雷尔（Klemperer，1987）使用交换成本（switching cost）模拟消费者寻求多样化行为。塞瑟拉曼和车（Seetharaman and Che，2009）认为，消费者寻求多样化行为可避免滞留成本（staying cost）。而萨吉什和拉朱（Sajeesh and Raju，2010）将消费者寻求多样化的行为刻画为重复购买将降低消费者的购买欲望或支付意愿。泽桑米尔和托马森（Zeithammer and Thomadsen，2013）认为，消费者重复购买时，会降低其对产品质量水平的感知系数。其他一些描述方法，如吉文（Givon，1984）使用马尔科夫过程（Markov process）描绘消费者的购买行为，更多复杂的模型描述，读者可参考卡恩（Kahn，1995）和德赛（Desai，2014）。

关于消费者寻求多样化行为在企业竞争中的影响，塞瑟拉曼和车（Seetharaman and Che，2009）认为，消费者寻求多样化行为使得企业获益。蒋传海和唐丁祥（2012）通过研究企业对寻求多样化行为的消费者实施差别定价，即对忠诚消费者收取较低的价格，而对寻求多样化行为的消费者收取较高的价格，也认为企业将从中获得更大收益。而萨吉什和拉朱（Sajeesh and Raju，2010）则通过对企业定位和定价的研究，认为消费者寻求多样化行为加剧了企业之间的竞争并会损害企业利益，而且，消费者寻求多样化行为使得企业之间的差异缩小。泽桑米尔和托马森（Zeithammer and Thomadsen，2013）通过对垂直化差异双寡头市场的研究得出结论，消费者寻求多样化行为缓和或加剧企业之间的竞争，取决于企业垂直化差异的大小。马和黄（Ma and Huang，2015）研究表明，在电影行业中，消费者寻求多样化行为可能会使电影续集的广告投入增加而不是减少。蒋传海和周天一（2017）研究企业采用预先承诺定价，即企业第一阶段承诺向老客户收取低价而向新客户收取高价，结果表明此定价机制会提升消费者剩余，而减少企业收益。

尽管已有文献对消费者寻求多样化行为对于企业竞争中的价格层面的影响做了相应研究，但结合质量水平竞争的研究较少。本书对消费者寻求多样化行为的刻画，建立在萨吉什和拉朱（Sajeesh and Raju，2010）的基础上。即将消费者寻求多样化行为定义为重复购买产品会减少消费者的购买欲望或降低支付意愿，此描述方式与吉文（Givon，1984）、卡恩（Kahn，1986）、芬伯格（Feinberg，1992）以及钦塔贡塔（Chintagunta，1998）等的定义一致。本书在霍特林模型（Hotelling，1929）的框架基础上，研究两阶段动态博弈情形下消费者寻求多样化行为对企业定质策略、定价策略的影响。

2.2 消费者习惯性消费行为研究

消费者习惯的形成在心理学、市场学研究中较为普遍，文献认为，消费者习惯的形成，是消费者对于产品本身的敏感度以及适应性的综合表现。如格罗夫斯和汤普森（Groves and Thompson，1970）、瑞德（Read，1999），即随着消费习惯的形成，消费者对产品的敏感度降低，适应性增加。心理学家通过个体研究观察到，消费者重复购买行为，不仅会增加消费者对某种产品的偏好，同时，也会增加消费者对于这一类型产品的喜好（Bertino and Beauchamp，1982，1986）。瓦特约（Wathieu，1997）和奥野（Okuno，2010）认为，消费者习惯的形成会增加消费者对某一类型产品的偏好，而且，奥野（Okuno，2010）通过数学建模的方式探讨了在差异化产品的双寡头竞争、考虑消费者习惯性消费的情形下，企业如何通过最大化产品差异获取最大利益。曼奈尔（Manel，2010）认为，消费者习惯的形成，会增加消费者重复购买时的满意度。切蒂（Chetty，2016）则认为，消费者习惯的形成依赖于消费者的风险偏好程度，即消费者害怕二次购买时因寻求多样化所带来的损失。萨吉什和拉朱（Sajeesh and Raju，2010）认为，消费者习惯性购买行为和消费者惰性有关，如车等（Che et al.，2007）的实证研究中表明，16% 的消费者存在惰性，因此，萨吉什和拉朱（Sajeesh and Raju，2010）通过数学建模的形式，将消费者习惯性消费行为刻画为消费者对此前未购买的产品会表现出较低的购买意愿。

在市场营销学中，从某种意义上，消费者习惯性消费的结果也可以看作消费者对某品牌的忠诚度。菲什巴赫和拉特恩（Fishbach and Rat-ner，2011）认为，消费者忠诚度的行为也可看作消费者寻求一致性的行为，或者由于消费者无意识的行为导致寻求一致性的行为。李妮蔚和李政（2006）对中国顾客忠诚度做了相应的文献述评，并对提高顾客忠诚度给予相应建议，如提高产品的质量与服务，提高企业的信誉，建立较好的顾客消费体验等。在对消费者购买决策行为研究中，胡洪亮（2005）针对习惯性购买行为也提出了企业应从广告、价格、引导消费者品牌忠诚以及产品体验上入手。朱丽（2011）表达了相似的观点，以此引导企业如何利用消费者习惯做出更有效的营销策略。王朋（2004）认为，消费者的习惯性或忠诚性会对新产品的扩散有阻碍作用，并通过惯性系数对巴斯（Bass）模型进行修正，得出在惯性消费或忠诚性情形下的新产品扩散模型。舒甘（Shugan，2005）指出，当今企业的消费者忠诚度培养项目不足，如企业实际上更注重短期回报而不是将来更大的优势，提出应将重心真正放在消费者身上。

关于消费者习惯性消费行为对企业影响的研究，尽管萨吉什和拉朱（Sajeesh and Raju，2010）与塞瑟拉曼和车（Seetharaman and Che，2009）对消费者习惯性消费行为的描述不同，萨吉什和拉朱认为，消费者习惯性消费行为使得消费者对此前未购买产品的购买意愿降低，塞瑟拉曼和车认为，消费者习惯性消费会促使消费者更偏好某一类型的产品，但关于消费行为对企业定位、定价的研究结果均认为，消费者习惯性消费行为将会使得企业获益。本书对消费者习惯性消费行为的刻画与奥野（Okuno，2010）、曼奈尔（Manel，2010）相似，即消费者习惯性消费者行为会促使消费者对此前购买的产品表现出更高的偏好。虽然书中没有考虑企业的产品定位，但着重研究消费者习惯性消费行为对企业竞争的影响，发现消费者习惯性消费行为并不一定使得企业受益。

2.3 价格竞争和质量竞争研究

产品的定价策略，对企业决策者一直都是比较重大的决策之一。已有文献对企业在价格层面竞争的研究比较丰富（Shepherd，1942；Mills，1956；Douglass，1987；Laffont，1994；Chevalier，2003）。莫里森（Morrison，1990）研究了航空业中动态定价的竞争策略。塞瑟拉曼（Seetharaman，2009）、萨吉什和拉朱（Sajeesh and Raju，2010）分别在霍特林模型框架下，研究了消费者寻求多样化行为对企业两阶段定价的影响。塞瑟拉曼（Seetharaman，2009）认为，企业第一阶段价格竞争比第二阶段更为激烈，即第一阶段提供较低的价格。而萨吉什和拉朱（Sajeesh and Raju，2010）认为，企业为了防止消费者寻求多样化，第二阶段会提供较低的价格，而第一阶段提供较高的价格。蒋传海（2010）指出，消费者存在转移成本时，企业在第二阶段竞争中可实施价格歧视策略，相比于统一定价，此时，消费者剩余增加而企业利润减少，但转移成本对于社会福利是负面的。李和贾恩（Li and Jain，2016）也分析了基于消费者行为的企业定价模式，发现当消费者存在公平关切时，基于消费者行为的定价（价格歧视）会使企业受益，但会使消费者剩余减少，而且，当消费者的公平关切较为强烈时，能减少消费者无效转换并提高社会福利。

随着物质文化越来越丰富，企业产品的竞争层面也逐渐多元化，除了上文提到的品牌竞争、价格竞争，企业产品质量或服务质量受到越来越多的关注。关于企业为何要注重产品质量、产品质量在企业竞争中的重要性、产品质量和市场需求的关系以及产品质量在经济学中的意义，可参考斯廷坎普（Steenkamp，1989）。谢克德（Shaked，1982）认为，企业通过产品差异化战略将减少企业产品在价格层面的竞争。一般情形下，高质量产品的生产成本要高于低质量的产品。穆尔士（Moorthy，1988）认为，企业应根据消费者对于产品质量的偏好程度，准确定位自身产品，为新进入的竞争者设下障碍，需要谨防企业产品的蚕食现象（cannibalization）。德赛（Desai，2001）也提到，在多产品线的企业中，消费者对于产品品质的不同偏好及同类型产品间的蚕食现象，如何影响企业对于产品线的设计。艾金格（Aiginger，1997）分析价格优势的销售模式和质量优势的销售模式带来的每单位产品价值，指导企业如何制定合理的价格并把控质量水平。林奇（Lynch，2001）研究了在线销售酒水对企业价格竞争和企业质量竞争的影响，指出尽管大量零售商认为在线销售酒水降低了消费者的搜寻成本，可能加剧企业的价格竞争，但其忽略了互联网也降低了消费者获取产品质量信息的成本，并建议零售商应该尽量加大产品的差异化。戴维斯（Davies，2004）研究了自有品牌和行业领导品牌之间的价格竞争和质量竞争，指出考虑到产品质量，行业领导品牌的定价比其他品牌产品的定价高。卡罗（Caro，2012）主要研究了企业如何通过选择价格策略和质量策略以及控制产品数量来减少消费者寻求多样化的行为。泽桑米尔和托马森（Zeithammer and Thomadsen，2013）研究了垂直差异化下，消费者寻求多样化行为对产品定价和产品定质的影响，得出数量折扣相对于单位产品定价并不一定会使得企业利润减少。邵（Shao，2015）指出，消费者的水平差异及纵向差异对企业产品差异化策略以及企业效益会产生不同的影响。那古尔尼和沃尔夫（Nagurney and Wolf，2014）对互联网服务提供商之间的定价竞争和定质竞争进行了实证分析。陈（Chen，2017）对于企业在价格竞争和服务质量竞争中，提出了顾客定制化的价格策略和含有退款的定价策略，认为顾客定制化的价格策略可能会加剧价格竞争，而含有退款的定价策略可能会缓和价格竞争，但这两种策略都将使得市场的总需求增加。更多的相关文献可参考，如布巴洛和加格尔（Bubaloand and Gaggero，2015）、程（Cheng，2015）、京（Jing，2016）以及赫尔和霍滕罗特（Herr and Hottenrott，2016）等。

既有文献对于企业在价格层面、质量层面的研究已经很成熟，但随着越来越多的企业更注重消费个体——消费者，尽管市场营销学、心理学考虑消费者行为的文献也很多，但是，将二者结合的文献较少。本书在德赛（Desai，2001）、萨吉什和拉朱（Sajeesh and Raju，2010）以及泽桑米尔和托马森（Zeithammer and Thomadsen，2013）的基础上，通过霍特林模型的框架，探究消费者寻求多样化行为对企业定质、定价的影响。

2.4　品牌影响的研究

品牌研究兴起于 20 世纪 50 年代，对于品牌知识相关的研究也始于实体层面（Brucks 1986），随着品牌消费和品牌人格化理论的出现，相关文献逐渐将品牌的研究从实体转移到无形属性上（Aaker，1997；Ournier，1998）。品牌影响作为品牌这种无形资产的重要组成部分（Keller，2002），使得企业经理们每年都需花数亿美元投放广告增加企业品牌对消费者的影响力。尹（Yoon，1995）指出，企业品牌较优，将有助于提高企业的市场份额。科特勒（Kotler，1997）也认为，对于某些生产相似产品或可替代性产品的企业而言，品牌就是企业的标志并对产品的销量产生较为重要的影响。凯勒（Keller，1993）指出，如果消费者对某产品的功能、价格、促销等活动的反应比其他类似的产品更强烈，那么，此产品被认为是具有正面的消费者基础的品牌资产。兰德尔（Randall，1998）提出，企业产品线垂直拓展时，发展高端市场和发展低端市场对企业的品牌资产将带来不同的影响。更多关于品牌介绍的文献，读者可参考，如韦德尔和张（Wedel and Zhang，2004）、斯威特（Swait，2007）以及孔西利奥和库珀（Consiglio and Kupor，2017）等。

既有大量文献通过实证研究阐述消费者的购买决策与品牌之间的关系。如斯威特和本 - 阿齐瓦（Swait and Ben - Akiva，1987a，1987b）、罗伯茨和拉廷（Roberts and Lattin，1991）、安德鲁斯和斯里尼瓦桑（Andrews and Srinivasan，1995）和姜（Chiang，1999）等。霍耶（Hoyer，1990）指出，企业建立品牌意识，将有助于消费者购买该企业的产品。珀西（Percy，1992）也认为，企业品牌意识将增加消费者潜在购买的可能性。特里普（Trijp，1996）研究表明，如果消费者对某品牌具有强烈的认同感，会增加消费者的购买动机并减少消费者寻求多样化的行为。王（Wang，2004）指出，若企业具有更强的品牌优势，消费者将会更大限度的购买该企业的产品，而不是购买品牌较差企业的产品。徐和李（Xu and Li，2015）通过定理研究发现，品牌影响力对消费者忠诚度具有显著影响。

在现有文献中，品牌在企业竞争模型中的刻画较少，在双寡头竞争的市场环境下，德赛（Desai，2001）考虑品牌对企业产品线中质量和价格的影响，得出品牌意识可以调节产品差异化并且缓解企业内部产品间的竞争。奈克（Naik，2008）研究在多寡头竞争情形下企业建立品牌意识的策略，结果表明，大型的品牌相较于小型的品牌反而需要较少投资。苏拉曼尼亚和拉吉（Subramanian and Raju，2013）在研究通信行业中运营商选择手机独家销售等问题时，也提到消费者对于不同运营商提供的服务以及不同手机品牌提供的手机会产生不同偏好对手机厂商策略的影响。

基于企业品牌在商业竞争以及消费者购买决策中扮演的重要角色，

本书引用苏拉曼尼亚和拉吉（Subramanian and Raju，2013）关于品牌对消费者购买行为的模型刻画的基础上，通过数学建模的形式将消费者与品牌的关系表现为消费者对较偏爱的品牌产品具有较强的购买意愿。此刻画方式与珀西（Percy，1992）、特里普（Trijp，1996）等研究消费者购买行为与品牌之间关系的描述一致。以此在研究消费者寻求多样化行为对企业竞争策略影响的同时，分析品牌影响力起到的作用。

2.5 渠道选择的研究

一直以来，渠道选择都被大量研究，关于制造商应该选择建立自销渠道还是依靠第三方零售商，研究人员对此做了许多不同的回答。如舍勒（Scherer，1971）、威廉森（Williamson，1976，1985）以及穆尔蒂（Moorthy，1988）等。科特尔（Kolter，1988）认为，传统的零售商销售产品的方式，将缓解制造商在产品价格层面的竞争。崔（Choi，1991）则指出，尽管经销商或代销商能够缓解企业产品之间的价格竞争，但是根据经销商的性质，如独家销售、委托销售等，将会给企业的利润带来较为不同的影响。已有文献指出，互联网降低了产品的分销成本且消费者获取产品信息更加便利，由此可能会加剧企业间的价格竞争。崔（Lal，1999）则认为，真实的情况可能并不完全如此，并指出在哪些情况下互联网销售才有可能降低企业产品的价格，而且，互联网销售企业可能形成价格垄断。随着互联网电商的发展，企业面临选择在线销售（自销渠道）或传统代销渠道的问题。陈云和王浣尘（2008）研究互联网下企业双渠道的销售模式得出，双渠道零售商与电子商务零售商以及传统零售商相比，双渠道零售商倾向于较高的定价。其他相关文献，读者可参考蒋和莫纳汉（Chiang and Monahan，2005）、杜克斯（Dukes，2006）、阿尔丁和斯塔勒（Aldin and Stahre，2009）、黄和斯瓦米纳坦（Huang and Swaminathan，2009）以及马哈尔和布雷肖尔（Mahar and Bretthauer，2009）等。

　　既有文献讨论渠道选择时，一般将消费者考虑为同质性，即不考虑消费者对渠道选择的影响。如，在运用古诺（Cournot）模型中，麦奎尔和施特林（Mcguire and Staelin，1983）研究了两个制造商和两个零售商组成的供应链结构，在批发价契约形式下发现，如果两个制造商的产品较为相似，制造商选择通过零售商销售产品会更优。考夫兰和沃内格尔特（Coughlan and Wernergelt，1989）表示，对于制造商而言，使用零售商销售产品将会更优。而牛和刘（Niu and Liu，2016）在上述两篇文献基础上，考虑零售商的运营成本会产生产品断货等风险，表明零售商销售模式并不总是最好的。瑶和刘（Yao and Liu，2005）也在价格竞争基础上通过对混合渠道和直销模式进行研究，得出只要制定合适的批发价格，传统的零售模式和直销模式是可以并存的。杜姆隆西里和凡（Dumrongsiri and Fan，2008）研究了具有直销模式和零售商销售模式的双渠道供应链，认为如果零售商的运营成本较高，而批发价格和消费者需求相对稳定时，双渠道销售模式要优于单独依靠零售商渠道的模式。然而，卡尔迪耶拉罗（Caldieraro，2016）在霍特林模型的基础上研究了市场上的新进入者和已有竞争者之间的竞争，其定义新进入者可以依靠自销或代销（将产品通过批发价卖给竞争者让其销售），考虑消费者是水平差异化而企业产品为垂直差异化，发现只要制定合适的批发价格就能有效地缓解渠道之间的价格竞争。

　　近年来，不少文献关注消费者行为对渠道选择的影响。在实证研究方面，爱德华兹和斯帕顿（Edwards and Spawton，1990）讨论了在酒类行业中消费者行为与渠道分布之间的关系。史（Shi，2014）研究了食品行业中消费者行为与渠道分布之间的关系，指导企业管理者能够通过消费者购买行为选择合理的销售渠道。切巴特夫（Chebatf，1995）则分析了消费者行为、渠道结构以及服务质量的关系，发现在不同的渠道结构（自销或代销）下，消费者行为对于服务质量的影响十分明显。

那柳（Nariu，2008）发现，消费者收集产品信息的行为，会影响产品的销售渠道以及促销方式。科斯凯拉（Koskela，2014）则发现，渠道不同使得消费者品牌认知度不同，从而影响消费者的购买行为，因而，企业可以通过渠道策略获益。阿尔泰努（Bǎlteanu，2016）认为，消费者行为会影响银行业务的新渠道，指出决策者要加强消费者对于新渠道的信心。罗德里格斯和卡韦苏多（Rodríguez and Cabezudo，2017）分析服装行业中的网络购物和手机网络购物发现，冲动型消费者和一般消费者对于渠道选择的不同。冲动型消费者倾向于选择手机网络购物渠道，一般消费者倾向于选择网络购物渠道。而在数学建模方面，苏和张（Su and Zhang，2008）在报童模型的基础上，考虑策略型消费者对渠道绩效的影响，即消费者可以预期将来的销量以及选择自身的最优购买时间，最大化自身效用。结果表明，在批发价契约下，代销渠道要优于自销渠道。申和张（Shen and Zhang，2009）讨论消费者不同类型下，即价格偏好和时间偏好（货物送达时间），对电子商务中制造商双渠道（自销和代销）的利润影响。舒尔曼和考夫兰（Shulman and Coughlan，2010）研究消费者退货行为对渠道收益的影响，发现制造商接受退货的商品，要比零售商接受退购的商品收益更大。

通过对已有文献梳理发现，对渠道选择的研究较为完善，在渠道选择中考虑消费者行为的实证研究也较多，但在数学建模分析中考虑消费者行为的文献较少。因此，本书在牛和刘（Niu and Liu，2016）对渠道选择的刻画以及卡尔迪耶拉罗（Caldieraro，2016）对消费者水平差异化建模的基础上，考虑两阶段竞争模型，研究消费者寻求多样化行为对供应商渠道或制造商渠道选择的影响。

2.6　本章小结

本章主要讨论了部分消费者寻求多样化行为对企业决策的影响，并对习惯性消费行为（寻求一致行为）进行简单概述。随后，分析了企业竞争中常见的决策层面，即价格层面和质量水平层面，接着，讨论了品牌意识在企业竞争中的影响，最后，将企业竞争的研究拓展到企业策略中关于渠道选择的研究，从而分析了消费者寻求多样化行为对渠道选择的影响。

因此，本书主要考虑消费者寻求多样化行为对企业竞争的影响，区别于以往只考虑企业价格层面的竞争策略，本书同时考虑企业质量层面的竞争策略。并且，在企业竞争中考虑品牌对其的影响，已有研究大多聚焦于双寡头市场竞争的情形，书中将竞争拓展到多寡头市场竞争的情形，以及首次将消费者寻求多样化行为与供应链渠道选择相结合进行研究。本书丰富了消费者寻求多样化行为对双寡头市场企业竞争的研究，并且，对供应链渠道选择的研究描述了新的方向。

第3章 消费者寻求多样化行为的
双寡头竞争

消费者重复购买或重复消费某种产品或服务，除了受到产品或服务本身的价格和质量水平的影响，还受到因重复购买或重复消费而产生的餍足感的影响。即企业需要面对消费者寻求多样化给企业竞争带来的影响，为了避免消费者寻求多样化导致市场份额减少，或为了吸引消费者重复购买或重复消费其产品或服务，企业往往会采取一些竞争策略。如，电子产品会通过软硬件升级吸引消费者重复购买（即价格承诺策略），旅游景点则会在淡季调整价格（即质量承诺策略），餐馆会通过提供代金券吸引消费者重复消费，电商平台会培养消费者的购买习惯来避免消费者寻求多样化，等等。因此，本章将着重研究消费者寻求多样化行为给对称性双寡头企业（即消费者对企业品牌偏好相同）的定质、定价带来的影响。

3.1 基本模型和基本假设

（1）本章使用霍特林模型框架（Hotelling，1929），假定有 A、B 两个企业，分别提供相互可替代的产品，且位于线条长度为 1 的市场两端，即 A 企业在 0 点，B 企业在 1 点，消费者均匀分布在两个企业之间。企业在两个连续的时间段向消费者提供产品，每个消费者在每个时间段有且只能买一个产品，当市场上不存在消费者寻求多样化行为时，消费者两个阶段均根据企业提供的价格水平和质量水平来决定自身的购买行为。

（2）企业有两种竞争策略。价格承诺策略和质量承诺策略。当企业选择价格承诺策略时，企业第一阶段先决定价格，再提供产品质量水平，而第二阶段仅改变产品的质量水平。当企业选择质量承诺时，企业第一阶段提供产品质量水平，再决定价格，而第二阶段仅改变产品的价格，企业和消费者的决策路径，如图 3 - 1 所示。

（3）本章消费者函数均建立在史（Shi，2013）和苏拉曼尼亚（Subramanian，2013）的基础上，消费者在企业 A 和企业 B 购买产品的效用函数分别为 $U_A = V - p_A + \beta \cdot s_A + a_A - h \cdot x$ 和 $U_B = V - p_B + \beta \cdot s_B + a_B - h \cdot (1 - x)$，V 为基础效用值，且足够大以至于消费者的效用值始终为正，p_i（i = A，B）为价格，s_i 为质量水平（或服务水平），β 为质量水平（或服务水平）的敏感系数。相对于德赛（Desai，2001），本书假定所有消费者对质量水平的感知系数相同，即消费者的垂直价值层面相同，仅考虑水平差异化层面，x 为消费者所处的位置，且 x ∈（0，1），h 为单位交通成本或单位购买成本，a_i 为消费者对企业的品牌偏好，本章令 $a_A = a_B$，即消费者对企业 A 和企业 B 的产品偏好相同。

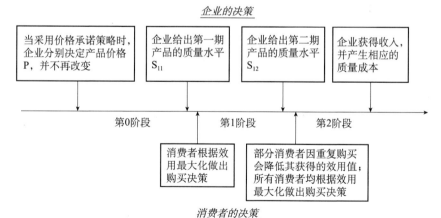

图 3 - 1　企业的决策次序和消费者的决策次序

资料来源：笔者根据模型假定，用 Visio 制图软件绘制而得。

（4）市场上有 θ（$0 < \theta < 1$）部分的消费者具有寻求多样化的行为，当这部分消费者重复购买同一企业的产品时，会产生餍足感，降低了第二次消费时的购买意愿（willingness to pay）l_i（消费者重复购买时的支付意愿降低 l_i），$l_i > 0$，即消费者重复购买企业 A 或企业 B 的产品的效用函数分别为：$U_A = V - p_A + \beta \cdot s_A + a_A - h \cdot x - l_A$ 或 $U_B = V - p_B + \beta \cdot s_B + a_B - h \cdot (1 - x) - l_B$。本章令 $l_A = l_B = l$，即消费者重复购买不同企业产品产生的餍足感相同。若 $l > h$，寻求多样化行为的边际消费者会位于市场之外，因此，本章所有的讨论仅限于 $l < h$ 的情形。在第二阶段，未寻求多样化的消费者和第一阶段类似采取购买决策，而寻求多样化的消费者由于重复购买，会降低所获得的效用，因此，部分寻求多样化的消费者会转而选择购买此前未购买过的企业的产品，而另一部分寻求多样化的消费者，仍旧会选择购买此前购买过的企业的产品。如图 3 - 2 所示。

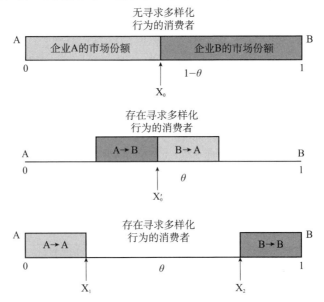

图 3 - 2　消费者寻求多样化行为时，第二阶段购买企业 A 的产品或
企业 B 的产品的消费者类型

资料来源：笔者根据模型假定，用 Visio 制图软件绘制而得。

（5）企业的成本函数均为 $c(s) = \frac{\alpha}{2} \cdot s^2$，若仅考虑产品的质量水平（服务水平）的成本，此成本函数与穆尔蒂（Moorthy，1984）、德赛（Desai，2001）、蒂亚吉（Tyagi，2004）、亚历山德罗夫（Alexandrov，2008）等的研究一致。质量水平（服务水平）的提升所产生的费用函数为凸函数，d 为企业的市场份额，α 为质量水平（服务水平）的系数，$\alpha > 0$。且假定 $2 \cdot h \cdot \alpha > \beta^2$，在两种竞争策略下，企业均存在均衡策略。

（6）企业每个阶段的利润函数为 $\pi = p \cdot d - \frac{\alpha}{2} \cdot s^2$，$d$ 为企业每个阶段的市场份额。

（7）上标 S 和上标 V 分别表示质量承诺策略和存在消费者寻求多样化行为的情形。下标中 0、1、2 分别表示无消费者寻求多样化行为、第一阶段和第二阶段的情形。

3.2 价格承诺策略的情形

3.2.1 基准模型：无消费者寻求多样化行为

为了得到一个基准模型，本小节先考虑无消费者寻求多样化行为的情形，即 $\theta = 0$。因此，消费者第二阶段的购买行为没有受到第一阶段的影响，在两个阶段中，企业策略保持不变，即两个阶段的竞争变为一个阶段的竞争。具体分析如下：

企业 A 和企业 B 同时决定产品的价格 p_A 和价格 p_B，接着，给出质量水平 s_A 和质量水平 s_B，消费者从两个企业购买产品的效用函数分别为：

$$U_A = V - p_A + \beta \cdot s_A + a_A - h \cdot x$$

$$U_B = V - p_B + \beta \cdot s_B + a_B - h \cdot (1 - x)$$

当 $U_A > U_B$ 时，消费者从企业 A 购买产品，当 $U_A < U_B$ 时，消费者从企业 B 购买产品，即企业 A 和企业 B 的市场份额分别为：

$$d_A = \frac{p_B - p_A + \beta \cdot (s_A - s_B) + h}{2 \cdot h} \qquad 式（3-1）$$

$$d_B = \frac{p_A - p_B + \beta \cdot (s_B - s_A) + h}{2 \cdot h} \qquad 式（3-2）$$

那么，企业 A 和企业 B 的利润函数分别为：

$$\pi_A = d_A \cdot p_A - \frac{\alpha}{2} \cdot s_A^2 = \frac{p_B - p_A + \beta \cdot (s_A - s_B) + h}{2 \cdot h} \cdot p_A - \frac{\alpha}{2} \cdot s_A^2$$

$$式（3-3）$$

$$\pi_B = d_B \cdot p_B - \frac{\alpha}{2} \cdot s_B^2 = \frac{p_A - p_B + \beta \cdot (s_B - s_A) + h}{2 \cdot h} \cdot p_B - \frac{\alpha}{2} \cdot s_B^2$$

$$式（3-4）$$

命题 3-1

在对称性双寡头市场下，当不存在消费者寻求多样化行为，且企业均选择价格承诺策略时，企业 A 和企业 B 的均衡定价分别为 $p_{A0} = p_{B0} = h$；均衡质量水平分别为 $s_{A0} = s_{B0} = \frac{\beta}{2\alpha}$。

在对称性双寡头市场环境下，企业 A 和企业 B 会选择相同的定质竞争策略、定价竞争策略，并且各自获得一半市场份额，每个阶段企业获得的利润均为：$\pi_{A0} = \pi_{B0} = \frac{h}{2 \cdot} - \frac{\beta^2}{8 \cdot \alpha}$。

3.2.2 考虑消费者寻求多样化行为

本小节讨论市场上部分消费者存在寻求多样化行为的情形，即 $0 < \theta < 1$，由于重复购买所产生的餍足感，消费者往往会降低二次购买意愿（或支付意愿）。本节企业的竞争为两阶段博弈。在第一阶段，企业同时决定产品的价格 p_A 和价格 p_B，并不再改变产品的价格，再决定产品质量水平 s_{A1} 和质量水平 s_{B1}。随后，消费者根据企业产品的价格及质量水平，最大化自身效用，制定购买决策，因此，企业 A 和企业 B 第一阶段的市场份额分别为：

$$d_{A1} = \frac{p_B - p_A + \beta \cdot (s_{A1} - s_{B1}) + h}{2 \cdot h}　　　　式（3-5）$$

$$d_{B1} = \frac{p_A - p_B + \beta \cdot (s_{B1} - s_{A1}) + h}{2 \cdot h}　　　　式（3-6）$$

在第二阶段，由于部分消费者重复购买会产生餍足感从而降低其二次购买的意愿，企业将通过调整产品质量水平以防止市场份额的流失。此时，企业 A 的市场份额来源于三部分。

第一部分，未寻求多样化行为的消费者。消费者根据企业 A 和企业 B 所提供的产品所获得的效用值大小进行购买决策，那么，这部分消费者为：

$$(1 - \theta) \cdot \frac{p_B - p_A + \beta \cdot (s_{A2} - s_{B2}) + h}{2 \cdot h}$$

第二部分，部分消费者由于重复购买会产生餍足感。因此，第一阶段购买企业 B 的产品。第二阶段由于餍足感，降低了消费者购买企业 B 的产品所带来的效用值 l，因此，这部分消费者购买企业 A 的产品和企业 B 的产品的无差异点为：$x_1' = \frac{p_B - p_A + \beta \cdot (s_{A2} - s_{B2}) + h + l}{2 \cdot h}$。而消费者第一阶段购买企业 A 和企业 B 的产品的无差异点为 $x_1 = \frac{p_B - p_A + \beta \cdot (s_{A1} - s_{B1}) + h}{2 \cdot h}$，则此时，购买企业 A 的产品将获得更高效用的消费者为 $\theta \cdot (x_1' - x_1)$，简化可得，这部分消费者为：

$$\theta \cdot \frac{\beta \cdot (s_{A2} - s_{B2}) - \beta \cdot (s_{A1} - s_{B1}) + l}{2 \cdot h}$$

第三部分，尽管部分消费者重复购买会产生餍足感，第一阶段购买企业 A 的产品，第二阶段购买企业 A 的产品仍旧会获得更高的效用。因此，这部分消费者购买企业 A 和企业 B 的产品的无差异点为 $x_2' = \frac{p_B - p_A + \beta \cdot (s_{A2} - s_{B2}) + h - l}{2 \cdot h}$，这部分消费者为：

$$\theta \cdot \frac{p_B - p_A + \beta \cdot (s_{A2} - s_{B2}) + h - l}{2 \cdot h}$$

则企业 A 第 2 阶段的市场份额为：

$$d_{A2} = \frac{p_B - p_A + h}{2 \cdot h} + (1 + \theta) \cdot \frac{\beta \cdot (s_{A2} - s_{B2})}{2 \cdot h} - \theta \cdot \frac{\beta \cdot (s_{A1} - s_{B1})}{2 \cdot h}$$

式（3－7）

同理，企业 B 第 2 阶段的市场份额为：

$$d_{B2} = \frac{p_A - p_B + h}{2 \cdot h} + (1 + \theta) \cdot \frac{\beta \cdot (s_{B2} - s_{A2})}{2 \cdot h} - \theta \cdot \frac{\beta \cdot (s_{B1} - s_{A1})}{2 \cdot h}$$

式（3－8）

由式（3－5）～式（3－8）可得，企业 A 和企业 B 两个阶段的总市场份额分别为：

$$d_A^T = \frac{p_B - p_A + h}{h} + (1 + \theta) \cdot \frac{\beta \cdot (s_{A2} - s_{B2})}{2 \cdot h} + (1 - \theta) \cdot \frac{\beta \cdot (s_{A1} - s_{B1})}{2 \cdot h}$$

式（3－9）

$$d_B^T = \frac{p_A - p_B + h}{h} + (1 + \theta) \cdot \frac{\beta \cdot (s_{B2} - s_{A2})}{2 \cdot h} + (1 - \theta) \cdot \frac{\beta \cdot (s_{B1} - s_{A1})}{2 \cdot h}$$

式（3－10）

企业 A 和企业 B 两个阶段的总利润函数为：

$$\pi_A = d_A^T \cdot p_A - \frac{\alpha}{2} \cdot s_{A1}^2 - \frac{\alpha}{2} \cdot s_{A2}^2 \qquad 式（3－11）$$

$$\pi_B = d_B^T \cdot p_B - \frac{\alpha}{2} \cdot s_{B1}^2 - \frac{\alpha}{2} \cdot s_{B2}^2 \qquad 式（3－12）$$

命题 3－2

在对称性双寡头市场下，当存在消费者寻求多样化行为，且企业均选择价格承诺策略时，企业 A 和企业 B 的均衡定价分别为 $p_A^v = p_B^v = h$；每个阶段的均衡质量水平分别为 $s_{A1}^v = s_{B1}^v = \frac{(1 - \theta) \cdot \beta}{2\alpha}$ 和 $s_{A2}^v = s_{B1}^v = \frac{(1 + \theta) \cdot \beta}{2\alpha}$，见图 3－3；此外，两个阶段的平均质量水平不变 $\frac{s_{i1}^v + s_{i2}^v}{2} = s_{i0}$（$i = A，B$），证明见附录。

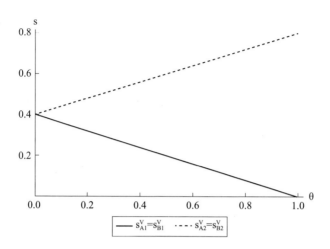

图 3 – 3 价格承诺策略时，质量水平随寻求多样化行为的消费者比例的变化

注：$\beta = 0.8$，$\alpha = 1$。

资料来源：笔者根据文中结论，用 Mathematic 软件绘制而得。

由命题 3 – 2 可知，在对称性市场环境下，消费者存在寻求多样化行为时，企业 A 和企业 B 会选择相同的竞争策略，并且各自获得一半市场份额，但消费者的寻求多样化行为不仅没有影响企业两个阶段的价格决策，也没有影响企业两个阶段的平均质量水平。

然而，消费者寻求多样化的行为对企业不同阶段质量水平决策产生了影响。换而言之，消费者寻求多样化行为对企业质量水平的决策产生了两个相反的影响。一方面，企业提高质量水平可以获得更多市场份额（需求效应）；另一方面，企业提高质量水平会增加质量成本（成本效应）。正因为这两种相对的影响作用得到了均衡的质量水平。相对于没有消费者寻求多样化行为时，消费者寻求多样化行为会使企业在第一阶段提供更低的质量水平，而在第二阶段提供更高的质量水平。而且，随着寻求多样化行为的消费者在市场中所占比重增加，两个阶段的质量水平差距会越大。企业意识到部分消费者有寻求多样化的行为，一旦购买了本企业的产品，就会产生餍足感，转而在第二阶段购买竞争对手的产品，所以，在第一阶段提供较低的质量水平，而在第二阶段，企业提供较高的质量水平，以防止消费者寻求多样化的行为导致该企业市场份额的减少。

命题 3 - 3

在对称性双寡头市场环境下，当存在消费者寻求多样化行为、企业均选择价格承诺策略时：（1）消费者平均剩余不变；（2）企业的利润随 θ 的增加而减少。

企业为阻止消费者寻求多样化行为，在第二阶段，企业会提高质量水平，但消费者寻求多样化行为使企业降低了第一阶段的质量水平。最终两个阶段的平均质量水平并没有改变，且企业的定价并未受到影响，因此，平均消费者剩余不变。消费者寻求多样化的行为没有影响企业定价，但增加企业的质量成本。企业在第二阶段提高产品质量水平阻止消费者寻求多样化，从而增加企业第二阶段的质量成本，虽然企业在第一阶段提供较低的质量水平而减少企业第一阶段的质量成本，但由于企业两个阶段的平均质量水平不变以及本书的质量成本函数假定为凸函数。因此，在企业收入不变的情形下，质量成本增加使得企业利润减少。

3.3　质量承诺策略的情形

3.3.1　基准模型：无消费者寻求多样化行为

为了得到一个基准，本节先考虑无消费者寻求多样化行为的情形，即 $\theta = 0$。消费者第二阶段的购买行为没有受到第一阶段的影响，因此，在两个阶段中，企业策略保持不变。即两个阶段的竞争变为一个阶段的竞争。具体分析如下：

企业 A 和企业 B 同时给出质量水平 s_A 和质量水平 s_B，接着，决定产品的价格 p_A 和价格 p_B，消费者从两个企业购买产品的效用函数分别为：

$$U_A = V - p_A + \beta \cdot s_A + a_A - h \cdot x$$

$$U_B = V - p_B + \beta \cdot s_B + a_B - h \cdot (1 - x)$$

当 $U_A > U_B$ 时，消费者愿意从企业 A 购买产品，当 $U_A < U_B$ 时，消费者愿意从企业 B 购买产品，即企业 A 和企业 B 的市场份额分别为：

$$d_A = \frac{p_B - p_A + \beta \cdot (s_A - s_B) + h}{2 \cdot h} \qquad 式（3-13）$$

$$d_B = \frac{p_A - p_B + \beta \cdot (s_B - s_A) + h}{2 \cdot h} \qquad 式（3-14）$$

那么，企业 A 和企业 B 的利润函数分别为：

$$\pi_A = d_A \cdot p_A - \frac{\alpha}{2} \cdot s_A^2 = \frac{p_B - p_A + \beta \cdot (s_A - s_B) + h}{2 \cdot h} \cdot p_A - \frac{\alpha}{2} \cdot s_A^2$$
$$式（3-15）$$

$$\pi_B = d_B \cdot p_B - \frac{\alpha}{2} \cdot s_B^2 = \frac{p_A - p_B + \beta \cdot (s_B - s_A) + h}{2 \cdot h} \cdot p_B - \frac{\alpha}{2} \cdot s_B^2$$
$$式（3-16）$$

命题 3-4

在对称性双寡头市场下，当不存在消费者寻求多样化行为、企业均选择质量承诺策略时，企业 A 和企业 B 的均衡定价分别为 $p_{A0}^S = p_{B0}^S = h$；均衡质量水平分别为 $s_{A0}^S = s_{B0}^S = \dfrac{\beta}{3\alpha}$。

在对称性双寡头市场环境下，企业 A 和企业 B 会选择相同的定质竞争策略、定价竞争策略，并各自获得一半市场份额，每个阶段企业获得的利润均为：$\pi_{A0}^S = \pi_{B0}^S = \dfrac{h}{2} - \dfrac{\beta^2}{18 \cdot \alpha}$。

相比于价格承诺策略，企业选择质量承诺策略时，每个阶段的利润更高。虽然企业在两种策略下的产品定价一致，但当企业选择质量承诺策略时，会给出较低的质量水平，从而使得其成本较低，导致企业利润增加。由于在质量承诺策略下，企业的决策顺序为先给出产品的质量水平，再决定产品价格，又由于本章仅考虑企业的质量成本，并且，企业在决策之初考虑到随后价格竞争的激烈因素，从而给出较低的质量水平。

3.3.2　考虑消费者寻求多样化行为

本节讨论市场上部分消费者寻求多样化的情形，即 $0 < \theta < 1$，由于重复购买所产生的餍足感，消费者往往会降低二次购买的意愿。与价格承诺类似，企业竞争分为两个阶段。在第一阶段，企业 A 和企业 B 同时决定其产品的质量水平 s_A 和质量水平 s_B，并不再改变质量水平，再决定产品价格 p_{A1} 和产品价格 p_{B1}。随后，消费者根据企业的定质、定价最大化自身效用以决定购买决策，因此，企业 A 和企业 B 的市场份额分别为：

$$d_{A1} = \frac{p_{B1} - p_{A1} + \beta \cdot (s_A - s_B) + h}{2 \cdot h} \qquad 式（3-17）$$

$$d_{B1} = \frac{p_{A1} - p_{B1} + \beta \cdot (s_B - s_A) + h}{2 \cdot h} \qquad 式（3-18）$$

在第二阶段，由于部分消费者二次购买会产生餍足感，企业将通过调整产品价格防止市场份额的流失。此时，企业 A 的市场份额来源于三部分。

第一部分，未寻求多样化行为的消费者，消费者根据企业 A 和企业 B 所提供的产品所获得的效用值大小进行购买决策，那么，这部分消费者为：

$$(1 - \theta) \cdot \frac{p_{B2} - p_{A2} + \beta \cdot (s_A - s_B) + h}{2 \cdot h}$$

第二部分，部分消费者由于重复购买会产生餍足感，因此，第一阶段购买企业 B 的产品，第二阶段由于餍足感，降低了购买企业 B 的产品所带来的效用值 l，此时，购买企业 A 的产品将获得更高效用，这部分消费者为：

$$\theta \cdot \frac{(p_{B2} - p_{A2}) - (p_{B1} - p_{A1}) + l}{2 \cdot h}$$

第三部分，尽管部分消费者重复购买会产生餍足感，第一阶段购买企业 A 的产品，而第二阶段购买企业 A 的产品仍旧会获得更高效用，这部分消费者为：

$$\theta \cdot \frac{p_{B2} - p_{A2} + \beta \cdot (s_A - s_B) + h - l}{2 \cdot h}$$

则企业 A 第二阶段的市场份额为：

$$d_{A2} = \frac{\beta \cdot (s_A - s_B) + h}{2 \cdot h} + (1 + \theta) \cdot \frac{p_{B2} - p_{A2}}{2 \cdot h} - \theta \cdot \frac{p_{B1} - p_{A1}}{2 \cdot h}$$

式 (3 - 19)

同理，企业 B 第二阶段的市场份额为：

$$d_{B2} = \frac{\beta \cdot (s_B - s_A) + h}{2 \cdot h} + (1 + \theta) \cdot \frac{p_{A2} - p_{B2}}{2 \cdot h} - \theta \cdot \frac{p_{A1} - p_{B1}}{2 \cdot h}$$

式 (3 - 20)

由式 (3 - 17) ~ 式 (3 - 20) 可得，企业 A 和企业 B 两个阶段的总利润函数为：

$$\pi_A = d_{A1} \cdot p_{A1} + d_{A2} \cdot p_{A2} - \frac{\alpha}{2} \cdot s_A^2 - \frac{\alpha}{2} \cdot s_A^2 \qquad 式 (3 - 21)$$

$$\pi_A = d_{B1} \cdot p_{B1} + d_{B2} \cdot p_{B2} - \frac{\alpha}{2} \cdot s_B^2 - \frac{\alpha}{2} \cdot s_B^2 \qquad 式 (3 - 22)$$

命题 3 - 5

在对称性双寡头市场下，当存在消费者寻求多样化行为，且企业均选择质量承诺策略时，企业 A 和企业 B 的均衡质量水平分别为：

$s_A^{SV} = s_B^{SV} = \dfrac{\beta \cdot (54 + 51 \cdot \theta - 10 \cdot \theta^2)}{6 \cdot \alpha \cdot (27 + 27 \cdot \theta - 4 \cdot \theta^2)}$，见图 3 - 4；在两个阶段中，

企业的均衡价格分别为：$p_{A1}^{SV} = p_{B1}^{SV} = \dfrac{(3 + 5 \cdot \theta) \cdot h}{3 \cdot (1 + \theta)}$ 和 $p_{A2}^{SV} = p_{B2}^{SV} = \dfrac{h}{1 + \theta}$，

见图 3 - 5，且 $p_{i1}^{SV} > p_{i2}^{SV}, i = A，B$；两个阶段的价格差随 θ 的增加而增

加，$\left(\dfrac{\partial \Delta (p_{i1}^{SV} - p_{i2}^{SV})}{\partial \theta} > 0, i = A, B \right)$，而质量水平随 θ 的增加而减少

$\left(\dfrac{\partial \Delta s_i^{SV}}{\partial \theta} > 0, i = A, B \right)$，证明见附录。

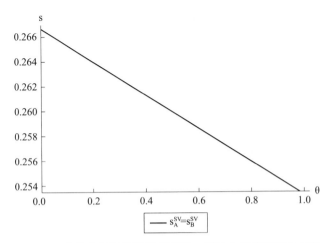

图 3 - 4　企业选择质量承诺策略时，质量水平随寻求多样化

行为的消费者比例变化

注：$\beta = 0.8$，$\alpha = 1$。

资料来源：笔者根据文中结论，用 Mathematic 软件绘制而得。

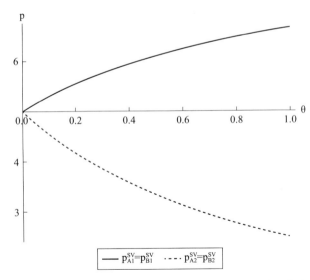

图 3 - 5　企业选择质量承诺策略时，价格随寻求多样化行为的消费者比例的变化

注：$h = 5$，$\beta = 0.8$，$\alpha = 1$。

资料来源：笔者根据文中结论，用 Mathematic 软件绘制而得。

与价格承诺策略不同，在质量承诺策略的情形下，消费者寻求多样化行为不仅影响了企业两个阶段的定价，即企业第一阶段会提供较高的价格，而第二阶段提供较低的价格，防止因消费者寻求多样化行为而导致市场份额减少，而且影响了企业产品的质量水平。

消费者寻求多样化行为同样以两种不同的方式影响企业定价，一是企业第二阶段希望通过降低价格防止市场份额流失（需求效应）；二是较低的价格会降低企业的销售额（利润效应）。即在这两种影响下，企业能得到均衡价格。因为企业第二阶段会降低价格，从而减少销售额，所以，企业不仅会在第一阶段提高价格，而且会降低质量水平，企业之所以会在第一阶段提高价格，是因为意识到第二阶段无法挽留住全部寻求多样化行为的消费者，而降低质量水平，是由于服务成本函数为凸函数的情形下，降低服务水平能降低更多成本，从而为企业第二阶段降价留有更大的弹性空间。

命题 3 – 6

在对称性双寡头市场下，当存在消费者寻求多样化行为，且企业均选择质量承诺策略时：1）消费者平均剩余增加；2）企业的利润减少，证明见附录。

尽管企业为阻止消费者寻求多样化行为而在第二阶段降低价格，且企业产品的质量水平降低以及第一阶段企业产品的定价更高，但企业产品两个阶段的平均价格更低，从而使得消费者剩余更高，见图 3 – 6。在消费者寻求多样化的情形下，首先，无论企业选择质量承诺策略还是价格承诺策略，其利润均会减少，但二者不同之处在于，企业选择价格承诺策略时，企业利润减少源于质量成本增加；而企业选择质量承诺策略时，虽然企业的质量成本减少，但是企业的销售收入减少得更多。其次，企业选择价格承诺策略时，对平均消费者剩余没有影响；但企业选择质量承诺策略时，平均消费者剩余会增加。由此可知，若企业选择价格承诺，可能会使得消费者寻求多样化的意愿降低。

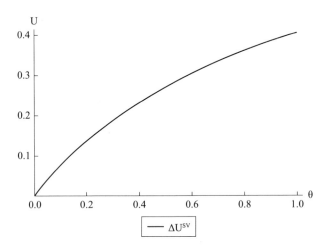

图 3 - 6 企业采用质量承诺策略时，平均消费者剩余差随寻求多样化行为的消费者比例的变化

注：$h = 5$，$\beta = 0.8$，$\alpha = 1$，$\Delta U^{SV} = \dfrac{U_{i1}^{SV} + U_{i2}^{SV}}{2} - U_{j0}$。

资料来源：笔者根据文中结论，用 Mathematic 软件绘制而得。

定理 3 - 1

在对称性双寡头市场下，当存在消费者寻求多样化行为时，企业均选择价格承诺策略或质量承诺策略，比较如下：

（1）当 $h > \dfrac{1439 \cdot \beta^2}{300 \cdot \alpha}$ 时，存在 $0 < \theta^* < 1$，使得 $\pi_i^{SV} = \pi_i^{V}$，（$i = A$，B）。

若 $\theta \in (0, \theta^*)$，企业选择质量承诺策略更优；否则，企业将选择价格承诺策略。

（2）当 $h < \dfrac{1439 \cdot \beta^2}{300 \cdot \alpha}$ 时，存在 $0 < \theta_0^* < 1$ 以及 $h^* < \dfrac{1439 \cdot \beta^2}{300 \cdot \alpha}$，使得 $\pi_i^{SV} = \pi_i^{V}$，（$i = A$，B），且当 $h^* < h < \dfrac{1439 \cdot \beta^2}{300 \cdot \alpha}$ 时，存在 θ_1^* 和 θ_2^*（$0 < \theta_1^* < \theta_0^* < \theta_2^* < 1$），均使得 $\pi_i^{SV} = \pi_i^{V}$。

（i）若 $h^* < h < \dfrac{1439 \cdot \beta^2}{300 \cdot \alpha}$，$\theta \in (\theta_1^*, \theta_2^*)$，企业选择价格承诺策

略更优；否则，企业将选择质量承诺策略。

（ii）若 $h < h^*$，企业将总是选择质量承诺策略，证明见附录。

当市场上不存在消费者寻求多样化的行为时，企业选择质量承诺策略会获利更多，但消费者剩余会更少。当市场上存在消费者寻求多样化行为时，企业无论选择质量承诺策略还是价格承诺策略，其利润均会减少，见图 3－7。如果消费者购买企业产品时的单位交通成本较高，且市场上寻求多样化行为的消费者人数足够多时，企业会选择价格承诺策略，见图 3－8，如果消费者购买时的单位交通成本足够低，企业选择质量承诺策略更有利，见图 3－9。因为企业选择质量承诺策略时，消费者寻求多样化行为会使平均消费者剩余增加，从而增加了消费者寻求多样化的意愿，导致企业利润减少，但企业选择价格承诺策略时，平均消费者剩余并没有变化，消费者寻求多样化的意愿可能会降低，从而减少寻求多样化行为的消费者数量，使得企业的损失减少。因此，在现实生活中，企业选择价格承诺的情景更多。如电子产品、服饰和旅游景点等。

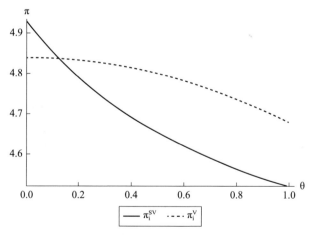

图 3－7　当企业选择质量承诺策略和价格承诺策略时，企业利润随寻求

多样化行为的消费者比例变化

注：$h = 5$，$\beta = 0.8$，$\alpha = 1$。

资料来源：笔者根据文中结论，用 Mathematic 软件绘制而得。

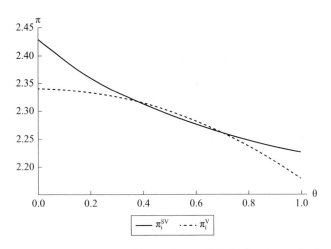

图3-8 企业选择质量承诺策略和价格承诺策略时，企业利润随寻求

多样化行为的消费者比例变化

注：$h=2.5$，$\beta=0.8$，$\alpha=1$。

资料来源：笔者根据文中结论，用 Mathematic 软件绘制而得。

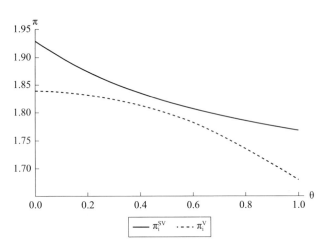

图3-9 企业选择质量承诺策略和价格承诺策略时，企业利润随寻求多样化

行为的消费者比例变化

注：$h=2$，$\beta=0.8$，$\alpha=1$。

资料来源：笔者根据文中结论，用 Mathematic 软件绘制而得。

3.4 拓展部分

基于对称的双寡头竞争市场，本节拟从三方面拓展研究消费者寻求多样化行为对企业竞争决策的影响。一是上文刻画了寻求多样化行为的消费者重复购买意愿降低，即 3.4.1 小节讨论当消费者重复购买时不仅支付意愿降低，而且，产品质量体验感降低时对企业定质定价的影响。二是消费者对于重复购买可能存在习惯性消费行为或者忠诚度等因素，从而导致寻求一致性的行为，即 3.4.2 小节讨论当消费者重复购买时存在习惯性消费行为的情形下对企业竞争决策的影响。三是由于部分行业短时间内不能调整其产品的价格或质量水平，即 3.4.3 小节分析若企业不调整产品价格或者质量水平，而采用代金券策略应对消费者寻求多样化的情形。

3.4.1 重复购买时质量感知降低的情形

本节在 3.2.2 小节和 3.3.2 小节的基础上，分析消费者重复购买时不仅购买意愿降低，而且对于产品的质量水平感知效用降低（Zeithammer and Thomadsen，2013），即此时，消费者重复购买企业 A 的产品或企业 B 的产品的效用函数分别为：$U_A = V - p_A + \phi \cdot \beta \cdot s_A + a_A - h \cdot x - l$ 和 $U_B = V - p_B + \phi \cdot \beta \cdot s_B + a_B - h \cdot (1 - x) - l$，$\phi$ 为重复购买时消费者对产品质量降低或服务水平降低的系数（$0 < \phi < 1$），其他假设同 3.1 节。

第一，讨论企业选择价格承诺策略的情形，即在第一阶段，企业同时决定产品的价格 p_A 和价格 p_B，并不再改变产品的价格，再决定产品质量水平 s_{A1} 和产品质量水平 s_{B1}。随后，消费者根据企业产品的价格及质量水平最大化自身效用决定购买决策，因此，企业 A、企业 B 第一阶段的市场份额分别为：

$$d_{A1} = \frac{p_B - p_A + \beta \cdot (s_{A1} - s_{B1}) + h}{2 \cdot h} \qquad \text{式（3 - 23）}$$

$$d_{B1} = \frac{p_A - p_B + \beta \cdot (s_{B1} - s_{A1}) + h}{2 \cdot h} \qquad \text{式（3 - 24）}$$

在第二阶段，由于部分消费者重复购买会产生餍足感从而降低其重复购买的意愿，企业将通过调整质量水平防止市场份额的流失。此时，企业 A 的市场份额来源于三部分。

第一部分，没有寻求多样化行为的消费者，消费者根据企业 A 和企业 B 所提供的产品所获得的效用值大小选择购买决策，那么，这部分消费者为：

$$(1 - \theta) \cdot \frac{p_B - p_A + \beta \cdot (s_{A2} - s_{B2}) + h}{2 \cdot h}$$

第二部分，部分消费者由于重复购买会产生餍足感，因此，第一阶段购买企业 B 的产品，由于餍足感，第二阶段降低了购买企业 B 的产品所带来的效用值：$l + (1 - \phi) \cdot s_{B2}$，此时，购买企业 A 的产品将获得更高的效用，这部分消费者为：

$$\theta \cdot \frac{\beta \cdot (s_{A2} - \phi \cdot s_{B2}) - \beta \cdot (s_{A1} - s_{B1}) + l}{2 \cdot h}$$

第三部分，尽管部分消费者重复购买会产生餍足感，第一阶段购买企业 A 的产品，而第二阶段购买企业 A 的产品仍旧会获得更高的效用，这部分消费者为：

$$\theta \cdot \frac{p_B - p_A + \beta \cdot (\phi \cdot s_{A2} - s_{B2}) + h - l}{2 \cdot h}$$

则企业 A 第二阶段的市场份额为：

$$d_{A2} = \frac{p_B - p_A + h}{2 \cdot h} + (1 + \phi \cdot \theta) \cdot \frac{\beta \cdot (s_{A2} - s_{B2})}{2 \cdot h} - \theta \cdot \frac{\beta \cdot (s_{A1} - s_{B1})}{2 \cdot h}$$

$$\text{式（3 - 25）}$$

同理，企业 B 第二阶段的市场份额为：

$$d_{B2} = \frac{p_A - p_B + h}{2 \cdot h} + (1 + \phi \cdot \theta) \cdot \frac{\beta \cdot (s_{B2} - s_{A2})}{2 \cdot h} - \theta \cdot \frac{\beta \cdot (s_{B1} - s_{A1})}{2 \cdot h}$$

$$式（3 - 26）$$

由式（3 - 23）~式（3 - 25）可得，企业 A 和企业 B 两个阶段的总市场份额分别为：

$$d_A^T = \frac{p_B - p_A + h}{h} + (1 + \phi \cdot \theta) \cdot \frac{\beta \cdot (s_{A2} - s_{B2})}{2 \cdot h} + (1 - \theta) \cdot \frac{\beta \cdot (s_{A1} - s_{B1})}{2 \cdot h}$$

$$式（3 - 27）$$

$$d_B^T = \frac{p_A - p_B + h}{h} + (1 + \phi \cdot \theta) \cdot \frac{\beta \cdot (s_{B2} - s_{A2})}{2 \cdot h} + (1 - \theta) \cdot \frac{\beta \cdot (s_{B1} - s_{A1})}{2 \cdot h}$$

$$式（3 - 28）$$

企业 A 和企业 B 两个阶段的总利润函数为：

$$\pi_A = d_A^T \cdot p_A - \frac{\alpha}{2} \cdot s_{A1}^2 - \frac{\alpha}{2} \cdot s_{A2}^2 \qquad 式（3 - 29）$$

$$\pi_B = d_B^T \cdot p_B - \frac{\alpha}{2} \cdot s_{B1}^2 - \frac{\alpha}{2} \cdot s_{B2}^2 \qquad 式（3 - 30）$$

命题 3 - 7

在对称性双寡头市场下，当存在消费者寻求多样化行为，且企业均选择价格承诺策略时，企业 A 和企业 B 的均衡定价分别为 $\tilde{p}_A^V = \tilde{p}_B^V = h$；每个阶段的均衡质量水平分别为 $\tilde{s}_{A1}^V = \tilde{s}_{B1}^V = \dfrac{(1 - \theta) \cdot \beta}{2\alpha}$ 和 $\tilde{s}_{A2}^V = \tilde{s}_{B2}^V = \dfrac{(1 + \phi \cdot \theta) \cdot \beta}{2\alpha}$，见图 3 - 10；此外，两个阶段的平均质量水平降低 $\dfrac{\tilde{s}_{i1}^V + \tilde{s}_{i1}^V}{2} < \tilde{s}_{i0}^V$，（i = A，B）。

由命题 3 - 7 可知，消费者寻求多样化行为并没有影响企业价格决策，但仍旧使得企业第一阶段提供较低的质量水平，而第二阶段提供较高的质量水平。但与命题 3 - 2 对比可知，当消费者重复购买对企业产品的质量水平的感知系数相对降低时（$0 < \phi < 1$），企业第

二阶段提供的质量水平相对较低，主要是因为消费者寻求多样化行为降低了对企业产品质量水平的感知系数，从而抑制了企业提供更高的质量水平。

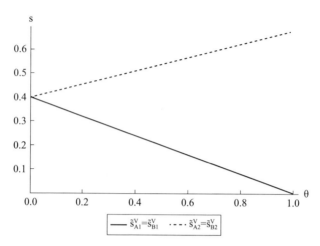

图 3 – 10 质量水平随寻求多样化行为的消费者比例的变化

注：$\beta = 0.8$，$\alpha = 1$，$\phi = 0.8$。

资料来源：笔者根据文中结论，用 Mathematic 软件绘制而得。

命题 3 – 8

在对称性双寡头市场下，当企业均选择价格承诺策略时：（1）消费者寻求多样化的行为，使消费者平均剩余减少；（2）若 $0 < \phi < \sqrt{2} - 1$ 或 $\theta < \dfrac{2 \cdot (1 - \phi)}{1 + \phi^2}$，消费者寻求多样化行为，使得企业利润增加；（3）若 $\sqrt{2} - 1 < \phi < 1$ 且 $\theta > \dfrac{2 \cdot (1 - \phi)}{1 + \phi^2}$，消费者寻求多样化行为，使得企业利润减少。

与上文一致，企业为阻止消费者寻求多样化行为，在第二阶段提高质量水平并降低第一阶段的质量水平，但最终企业两个阶段的平均质量水平降低。这主要是因为上文讨论中仅假定消费者重复购买时降低了购买意愿（willingness to pay），而本小节中假定消费者重复购买时不仅降低了购买意愿，而且，对企业产品的质量水平带来的体验感知效用系数降低（$0 < \phi < 1$）。因此，企业在第二阶段相对没有提供过高的质量水平，而企业的定价并没有受到影响，最终平均消费者剩余减少。另外，企业利润变化的因素取决于市场上消费者寻求多样化行为的比例以及消费者重复购买时对企业产品质量水平的体验感知效应降低的程度。如果消费者重复购买对产品质量的体验感知降低程度较大或消费者寻求多样化行为的人数较少，消费者寻求多样化行为会降低第二阶段企业产品质量水平层面的竞争，从而降低企业成本，加大企业利润。否则，消费者寻求多样化行为会加剧第二阶段企业产品质量水平层面的竞争，从而加大企业成本，降低企业利润，见图 3 – 11。

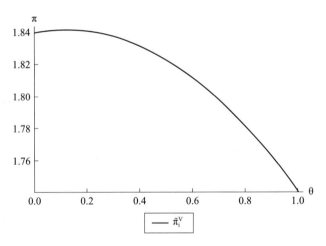

图 3 – 11　企业利润随寻求多样化行为的消费者比例的变化

注：$h = 2$，$\beta = 0.8$，$\alpha = 1$，$\phi = 0.8$。

资料来源：笔者根据文中结论，用 Mathematic 软件绘制而得。

第二，讨论企业选择质量承诺策略的情形，即在第一阶段，企业同时决定其产品的质量水平 s_A 和质量水平 s_B，并不再改变质量水平，再决定产品价格 p_{A1} 和产品价格 p_{B1}。随后，消费者根据企业的定质、定价，最大化自身效用以决定购买决策，因此，企业 A 和企业 B 的市场份额分别为：

$$d_{A1} = \frac{p_{B1} - p_{A1} + \beta \cdot (s_A - s_B) + h}{2 \cdot h} \qquad 式（3-31）$$

$$d_{B1} = \frac{p_{A1} - p_{B1} + \beta \cdot (s_B - s_A) + h}{2 \cdot h} \qquad 式（3-32）$$

在第二阶段，由于部分消费者二次购买会产生餍足感，企业将通过调整产品价格以防止市场份额的遗失。此时，企业 A 的市场份额来源于三部分。

第一部分，没有寻求多样化行为的消费者，消费者根据企业 A 和企业 B 所提供的产品所获得的效用值大小进行购买决策，那么，这部分消费者为：

$$(1 - \theta) \cdot \frac{p_{B2} - p_{A2} + \beta \cdot (s_A - s_B) + h}{2 \cdot h}$$

第二部分，部分消费者由于重复购买会产生餍足感，因此，第一阶段购买企业 B 的产品，由于餍足感，第二阶段降低了购买企业 B 的产品所带来的效用值 $l + (1 - \phi) \cdot s_{B2}$，此时，购买企业 A 的产品将获得更高的效用，这部分消费者为：

$$\theta \cdot \frac{(p_{B2} - p_{A2}) - (p_{B1} - p_{A1}) + (\phi - 1) \cdot \beta \cdot (s_A - s_B) + l}{2 \cdot h}$$

第三部分，尽管部分消费者重复购买会产生餍足感，第一阶段购买企业 A 的产品，而第二阶段购买企业 A 的产品仍旧会获得更高的效用，这部分消费者为：

$$\theta \cdot \frac{p_{B2} - p_{A2} + \phi \cdot \beta \cdot (s_A - s_B) + h - l}{2 \cdot h}$$

则企业 A 第二阶段的市场份额为：

$$d_{A2} = \frac{\beta \cdot (1 - 2 \cdot \theta + 2 \cdot \theta \cdot \phi) \cdot (s_A - s_B) + h}{2 \cdot h} + (1 + \theta) \cdot \frac{p_{B2} - p_{A2}}{2 \cdot h}$$

$$- \theta \cdot \frac{p_{B1} - p_{A1}}{2 \cdot h} \qquad 式（3-33）$$

同理，企业 B 第二阶段的市场份额为：

$$d_{B2} = \frac{\beta \cdot (1 - 2 \cdot \theta + 2 \cdot \theta \cdot \phi) \cdot (s_B - s_A) + h}{2 \cdot h} + (1 + \theta) \cdot \frac{p_{A2} - p_{B2}}{2 \cdot h}$$

$$- \theta \cdot \frac{p_{A1} - p_{B1}}{2 \cdot h} \qquad\qquad 式（3 - 34）$$

由式（3 - 31）~式（3 - 34）可得，企业 A 和企业 B 两个阶段的总利润函数为：

$$\pi_A = d_{A1} \cdot p_{A1} + d_{A2} \cdot p_{A2} - \frac{\alpha}{2} \cdot s_A^2 - \frac{\alpha}{2} \cdot s_A^2 \qquad 式（3 - 35）$$

$$\pi_A = d_{B1} \cdot p_{B1} + d_{B2} \cdot p_{B2} - \frac{\alpha}{2} \cdot s_B^2 - \frac{\alpha}{2} \cdot s_B^2 \qquad 式（3 - 36）$$

命题 3 - 9

在对称性双寡头市场下，当存在消费者寻求多样化行为，且企业均选择质量承诺策略时，企业 A 和企业 B 的均衡质量水平分别为：$\tilde{s}_A^{SV} = \tilde{s}_B^{SV} = \frac{\beta \cdot (54 + 51 \cdot \theta - 4 \cdot \theta^2 - 6 \cdot \phi \cdot \theta^2)}{6 \cdot \alpha \cdot (27 + 27 \cdot \theta - 4 \cdot \theta^2)}$；两个阶段企业的均衡价格分别为：$\tilde{p}_{A1}^{SV} = \tilde{p}_{B1}^{SV} = \frac{(3 + 5 \cdot \theta) \cdot h}{3 \cdot (1 + \theta)}$ 和 $\tilde{p}_{A2}^{SV} = \tilde{p}_{B2}^{SV} = \frac{h}{1 + \theta}$，且 $\tilde{p}_{i1}^{SV} > \tilde{p}_{i2}^{SV}$，$(i = A, B)$。

由命题 3 - 8 可知，消费者寻求多样化行为，既影响企业质量水平决策，也影响企业的价格决策。即第一阶段制定较高的价格，而第二阶段制定较低的价格。但与命题 3 - 5 对比可知，当消费者重复购买对企业产品质量水平的感知系数相对降低时（$0 < \phi < 1$），企业提供的质量水平相对较高。主要是因为消费者寻求多样化行为降低了对企业产品质量水平的感知系数，从而使得企业制定较高的质量水平，以便消费者第二阶段从产品的质量水平层面仍旧可以获得较高的效用，进而减少消费者寻求多样化。

命题 3 - 10

在对称性双寡头市场下，当存在消费者寻求多样化行为，且企业均选择质量承诺策略时：（1）若 $\phi < \dfrac{1}{6}$ 且 $\theta > \dfrac{3}{4 - 6 \cdot \phi}$，消费者寻求多样化行为使得企业的质量水平提高；（2）若 $\phi > \dfrac{1}{6}$ 或 $\theta < \dfrac{3}{4 - 6 \cdot \phi}$，消费者寻求多样化行为使得企业的质量水平降低；（3）消费者寻求多样化的行为，使消费者平均剩余增加，但企业利润减少。

与本章 3.3.2 小节相比，由于重复购买的消费者对质量水平感知系数降低时，并未影响企业的价格决策，但迫使企业提供相对较高的质量水平，增加企业成本，从而使得企业利润减少，但此时却会进一步提高平均消费者剩余。在部分行业（如旅游业、餐饮业、影视业），消费者重复购买时对产品（或服务）的感知体验层面会产生相对较低的效用，消费者寻求多样化行为会加剧这些行业的竞争，并提高消费者福利。

3.4.2 存在习惯性消费的情形

本节探讨市场上部分消费者存在习惯性消费行为的情形，假定市场上有 φ（$0 < \varphi < 1$ 且 $0 < \varphi + \theta < 1$）部分人重复购买时有习惯性消费行为，当这部分人重复购买时，由于习惯或忠诚等因素，将增加对此前消费的产品或服务的购买意愿 k，$k > 0$。即此时消费者重复购买企业 A 或企业 B 的产品的效用函数分别为 $U_A = V - p_A + \beta \cdot s_A + a_A - h \cdot x + k$ 和 $U_B = V - p_B + \beta \cdot s_B + a_B - h \cdot (1 - x) + k$。其他假设同本章 3.1 节。

本节仅讨论企业选择价格承诺策略的情形。企业的竞争为两阶段博弈，在第一阶段，企业各自决定产品的价格 p_A 和价格 p_B，并不再改变产品价格，再给出产品的质量水平 s_{A1} 和质量水平 s_{B1}。随后，消费者根据企业提供的价格和质量水平最大化自身效用以决定购买决策，因此，企业 A 和企业 B 的市场份额分别为：

$$d_{A1} = \frac{p_B - p_A + \beta \cdot (s_{A1} - s_{B1}) + h}{2 \cdot h} \qquad \text{式（3-37）}$$

$$d_{B1} = \frac{p_A - p_B + \beta \cdot (s_{B1} - s_{A1}) + h}{2 \cdot h} \qquad \text{式（3-38）}$$

在第二阶段，由于部分消费者在此前购买中产生习惯以及部分消费者由于重复购买而产生餍足感，企业将通过改变产品的质量水平防止市场份额的流失。此时，企业 A 的市场份额来源于四部分。

第一部分，没有寻求多样化行为和习惯性消费行为的消费者，消费者根据企业 A 和企业 B 所提供的产品所获得的效用值大小进行购买决策，那么，这部分消费者为：

$$(1 - \theta - \varphi) \cdot \frac{p_B - p_A + \beta \cdot (s_{A2} - s_{B2}) + h}{2 \cdot h}$$

第二部分，部分消费者由于重复购买会产生餍足感，因此，第一阶段购买企业 B 的产品，第二阶段由于餍足感，降低了购买企业 B 的产品所带来的效用值 l，此时，购买企业 A 的产品将获得更高的效用，这部分消费者为：

$$\theta \cdot \frac{\beta \cdot (s_{A2} - s_{B2}) - \beta \cdot (s_{A1} - s_{B1}) + l}{2 \cdot h}$$

第三部分，尽管部分消费者重复购买会产生餍足感，第一阶段购买企业 A 的产品，而第二阶段购买企业 A 的产品仍旧会获得更高的效用，这部分消费者为：

$$\theta \cdot \frac{p_B - p_A + \beta \cdot (s_{A2} - s_{B2}) + h - l}{2 \cdot h}$$

第四部分，部分消费者因为第一次阶段购买经历产生了习惯，第二阶段购买此前消费的产品或服务的意愿增加 k，由消费者效用函数可知，这部分消费者为：

$$\varphi \cdot \frac{p_B - p_A + \beta \cdot (s_{A1} - s_{B1}) + h}{2 \cdot h}$$

则企业 A 第二阶段的市场份额为：

$$d_{A2} = \frac{p_B - p_A + h}{2 \cdot h} + (1 + \theta - \varphi) \cdot \frac{\beta \cdot (s_{A2} - s_{B2})}{2 \cdot h} + (\varphi - \theta) \cdot \frac{\beta \cdot (s_{A1} - s_{B1})}{2 \cdot h}$$

式（3 - 39）

同理，企业 B 第二阶段的市场份额为：

$$d_{B2} = \frac{p_A - p_B + h}{2 \cdot h} + (1 + \theta - \varphi) \cdot \frac{\beta \cdot (s_{B2} - s_{A2})}{2 \cdot h} + (\varphi - \theta) \cdot \frac{\beta \cdot (s_{B1} - s_{A1})}{2 \cdot h}$$

式（3 - 40）

由式（3 - 37）~ 式（3 - 40）可得，企业 A 和企业 B 两个阶段的总市场份额分别为：

$$d_A^T = \frac{p_B - p_A + h}{h} + (1 + \theta - \varphi) \cdot \frac{\beta \cdot (s_{A2} - s_{B2})}{2 \cdot h} + (1 - \theta + \varphi) \cdot \frac{\beta \cdot (s_{A1} - s_{B1})}{2 \cdot h}$$

式（3 - 41）

$$d_B^T = \frac{p_A - p_B + h}{h} + (1 + \theta - \varphi) \cdot \frac{\beta \cdot (s_{B2} - s_{A2})}{2 \cdot h} + (1 - \theta + \varphi) \cdot \frac{\beta \cdot (s_{B1} - s_{A1})}{2 \cdot h}$$

式（3 - 42）

企业 A 和企业 B 两个阶段的总利润函数为：

$$\pi_A = d_A^T \cdot p_A - \frac{\alpha}{2} \cdot s_{A1}^2 - \frac{\alpha}{2} \cdot s_{A2}^2 \qquad 式（3 - 43）$$

$$\pi_B = d_B^T \cdot p_B - \frac{\alpha}{2} \cdot s_{B1}^2 - \frac{\alpha}{2} \cdot s_{B2}^2 \qquad 式（3 - 44）$$

命题 3 - 11

在对称性双寡头市场下，当消费者存在习惯性消费行为和寻求多样化行为，且企业均选择价格承诺策略时，企业 A 和企业 B 的均衡定价分别为 $p_A^{VH} = p_B^{VH} = h$；每个阶段的均衡质量水平分别为 $s_{A1}^{VH} = s_{B1}^{VH} = \frac{(1 + \varphi - \theta) \cdot \beta}{2\alpha}$ 和 $s_{A2}^{VH} = s_{B2}^{VH} = \frac{(1 + \theta - \varphi) \cdot \beta}{2\alpha}$，见图 3 - 12 和图 3 - 13；两个阶段的平均质量水平不变，$\frac{s_{i1}^{VH} + s_{i2}^{VH}}{2} = s_{i0}$，（$i = A，B$）。

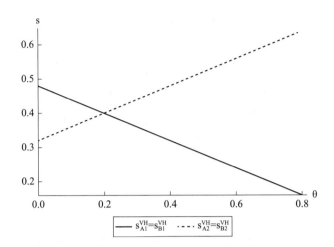

图 3 - 12　当习惯性消费行为的消费者比例一定时，质量水平随寻求多样化行为的消费者比例的变化

注：$\varphi = 0.2$，$\beta = 0.8$，$\alpha = 1$。

资料来源：笔者根据文中结论，用 Mathematic 软件绘制而得。

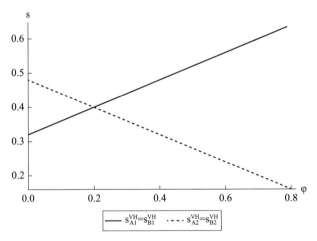

图 3 - 13　当寻求多样化行为的消费者比例一定时，质量水平随习惯性消费行为的消费者比例的变化

注：$\theta = 0.2$，$\beta = 0.8$，$\alpha = 1$。

资料来源：笔者根据文中结论，用 Mathematic 软件绘制而得。

存在消费者习惯性消费行为时，在价格承诺的情形下，企业两个阶段的平均质量水平仍旧不变，并且价格不受影响。由上文可知，此时，无论市场上存在习惯性消费行为的消费者占比较高，还是存在寻求多样化行为的消费者占比较高，企业的利润均将遭受损失。因此，防止消费者寻求多样化行为导致市场份额减少，企业需要培养消费者的习惯性消费行为（或忠诚度），但并不能过度培养导致企业第一个阶段的竞争加剧，从而遭受损失。

3.4.3　代金券策略的情形

本节探讨企业选择代金券策略的情形，即企业在第一阶段先决定给购买本企业产品的消费者价值为 C 的代金券（$C < l$），再决定产品的价格 p，随后，给出产品的质量水平，最后，消费者根据效用最大化决定购买行为，在第二阶段企业不再做任何决策，而此时，消费者重复购买企业 A 或企业 B 的产品的效用函数分别为：$U_A = V - p_A + \beta \cdot s_A + a_A - h \cdot x - l + C$ 和 $U_B = V - p_B + \beta \cdot s_B + a_B - h \cdot (1 - x) - l + C$。

为简化讨论，本节将代金券价值 C 看作外生变量，其并不影响本节的分析结果。此时，企业的竞争分为两个阶段。在第一阶段，企业各自决定产品的价格 p_A 和价格 p_B，再给出产品的质量水平 s_A 和质量水平 s_B，并不再改变价格和质量水平。随后，消费者根据企业提供的价格和质量水平最大化自身效用，以决定购买决策，因此，企业 A 和企业 B 的市场份额分别为：

$$d_{A1} = \frac{p_B - p_A + \beta \cdot (s_A - s_B) + h}{2 \cdot h} \qquad \text{式（3 - 45）}$$

$$d_{B1} = \frac{p_A - p_B + \beta \cdot (s_B - s_A) + h}{2 \cdot h} \qquad \text{式（3 - 46）}$$

在第二阶段，企业不再调整价格和服务水平，但由于部分消费者二次购买会产生餍足感，此时，企业 A 的市场份额来源于三部分。

第一部分，没有寻求多样化行为的消费者的购买决策和第一阶段一致，那么，这部分消费者为：

$$(1 - \theta) \cdot \frac{p_B - p_A + \beta \cdot (s_A - s_B) + h}{2 \cdot h}$$

第二部分，第一阶段购买企业 B 的产品，第二阶段由于餍足感，购买企业 A 的产品将获得更高的效用，这部分消费者为：

$$\theta \cdot \frac{1 - C}{2 \cdot h}$$

第三部分，尽管部分消费者重复购买会产生餍足感，第一阶段购买企业 A 的产品，而第二阶段购买企业 A 的产品仍旧会获得更高的效用，这部分消费者为：

$$\theta \cdot \frac{p_B - p_A + \beta \cdot (s_A - s_B) + h + C - 1}{2 \cdot h}$$

在两个阶段中，没有使用代金券购买企业 A 产品的消费者数量为：

$$d_{A2} = \frac{p_B - p_A + \beta \cdot (s_A - s_B) + h}{2 \cdot h} + \theta \cdot \frac{1 - C}{2 \cdot h} \qquad 式（3 - 47）$$

在两个阶段中，使用代金券购买企业 A 产品的消费者数量为：

$$d_{A3} = \frac{p_B - p_A + \beta \cdot (s_A - s_B) + h}{2 \cdot h} + \theta \cdot \frac{C - 1}{2 \cdot h} \qquad 式（3 - 48）$$

在两个阶段中，没有使用代金券购买企业 B 产品和使用代金券购买企业 B 产品的消费者数分别为：

$$d_{B2} = \frac{p_A - p_B + \beta \cdot (s_B - s_A) + h}{2 \cdot h} + \theta \cdot \frac{1 - C}{2 \cdot h} \qquad 式（3 - 49）$$

$$d_{B3} = \frac{p_A - p_B + \beta \cdot (s_B - s_A) + h}{2 \cdot h} + \theta \cdot \frac{C - 1}{2 \cdot h} \qquad 式（3 - 50）$$

由式（3 - 47）~式（3 - 50）可得企业 A 和企业 B 两个阶段的总利润函数为：

$$\pi_A = d_{A2} \cdot p_A + d_{A3} \cdot (p_A - C) - \frac{\alpha}{2} \cdot s_A^2 - \frac{\alpha}{2} \cdot s_A^2 \qquad 式（3 - 51）$$

$$\pi_B = d_{B2} \cdot p_B + d_{B3} \cdot (p_B - C) - \frac{\alpha}{2} \cdot s_B^2 - \frac{\alpha}{2} \cdot s_B^2 \qquad 式（3 - 52）$$

命题 3 − 12

在对称性双寡头市场下，当存在消费者寻求多样化行为，且企业均选择代金券策略时，企业 A 和企业 B 的均衡价格和质量水平分别为 $p_A^D = p_B^D = h + \dfrac{C}{2}$ 和 $s_A^D = s_B^D = \dfrac{\beta}{2 \cdot \alpha}$。

市场上存在消费者寻求多样化行为下，企业选择代金券策略时，会提高产品的定价，但不会改变产品的质量水平，由于企业对于第二阶段重复购买的消费者会变相收取更低的价格，因此，可防止消费者寻求多样化。

命题 3 − 13

在对称性双寡头市场下，当存在消费者寻求多样化行为，且企业均选择代金券策略时，一是消费者平均剩余减少；二是企业的利润增加。

当企业选择代金券策略时，消费者寻求多样化的行为会使平均消费者剩余减少，此时，不同于价格承诺和质量承诺，企业能从寻求多样化的行为中获利。而此种策略在现实生活中比较常见，商家利用消费者寻求多样化的行为，通常对会员收取较低的费用，而对非会员收取较高的费用，而此时的会员带有被动意味。如理发店、网吧和通信行业等，往往采取会员（办理会员不收费用）充值一定金额送一定金额的形式（即平均每次的费用较定价要低很多），以此捆绑消费者，而对于不愿意办理会员的消费者收取较高的单次购买费用。换而言之，商家通过这种方式对寻求多样化行为的消费者实行价格惩罚。

3.5　本章小结

消费者寻求多样化行为在日常生活中非常普遍，企业决策者不能忽视消费者寻求多样化行为的存在，既有文献大多将消费者看作一个整体，而本书将消费者看作不同的个体，本章主要研究了对称性双寡头的市场情形，考虑了消费者寻求多样化行为对企业定质、企业定价的影响，既有研究认为，消费者寻求多样化行为会使得企业达成默契合谋，即减缓竞争使企业获益。而本章研究发现，在价格承诺策略的情形下，消费者寻求多样化行为使企业在第二阶段提高产品的质量水平而在第一阶段降低产品的质量水平；而在质量承诺的情形下，消费者寻求多样化行为不仅使企业在第一阶段制定较高的价格且在第二阶段制定较低的价格，而且，使得企业在第一阶段会降低产品的质量水平，相较于价格承诺策略，在质量承诺策略的情形下消费者寻求多样化行为使平均消费者剩余增加。但无论在哪种策略的情形下，消费者寻求多样化行为均损害企业的利益。

在拓展分析中，首先，分析消费者重复购买时不仅支付意愿减少且对产品质量水平感知效用降低的情形，研究表明，相对于消费者重复购买仅仅降低支付意愿，在价格承诺策略时，消费者寻求多样化行为会缓解第二阶段企业产品质量水平的竞争，并且可能使企业获益但降低消费者平均剩余。在质量承诺策略时，消费者寻求多样化行为会加剧第一阶段企业产品质量水平的竞争，并使企业遭受损失但增加消费者平均剩余。其次，分析消费者重复购买中与消费者寻求多样化行为的对立行为，即习惯性消费行为，发现消费者习惯的形成或者忠诚度等因素将降低企业因避免消费者寻求多样化行为造成的损失。因此，企业可以通过增强产品的习惯属性或用户黏性来应对消费者寻求多样化行为的现象。最后，简单分析代金券策略，即企业实行价格歧视，对寻求多样化的消费者实行价格惩罚并从中获取利益，但减少了消费者平均剩余。

本章通过竞争策略的类型以及行为因素，多角度分析消费者寻求多样化行为给企业竞争带来的影响，从而多方位、多层次地为企业管理者在实践中提供理论指导。如管理者在面对消费者寻求多样化行为的情境下，除了通过培养消费者习惯性消费行为，也可根据行业特点制定合理的定质策略、定价策略。

附录证明

命题 3 - 2

证明：

采用倒推法，首先，第二阶段企业 A 和企业 B 分别选择质量水平 s_{A2} 和质量水平 s_{B2} 以最大化自身利润，由式（3 - 11）～式（3 - 12）可得：

$$\frac{\partial \pi_A}{\partial s_{A2}} = \frac{(1 + \theta) \cdot \beta}{2 \cdot h} \cdot p_A - \alpha \cdot s_{A2}$$

$$\frac{\partial \pi_B}{\partial s_{B2}} = \frac{(1 + \theta) \cdot \beta}{2 \cdot h} \cdot p_B - \alpha \cdot s_{B2}$$

因为上式满足 $\frac{\partial^2 \pi_A}{\partial s_{A2}^2} < 0$ 和 $\frac{\partial^2 \pi_B}{\partial s_{B2}^2} < 0$，即可得：

$$s_{A2} = \frac{(1 + \theta) \cdot \beta}{2 \cdot h \cdot \alpha} \cdot p_A \qquad \text{式（1A. 1）}$$

$$s_{B2} = \frac{(1 + \theta) \cdot \beta}{2 \cdot h \cdot \alpha} \cdot p_B \qquad \text{式（1A. 2）}$$

其次，企业 A 和企业 B 分别选择第一阶段质量水平 s_{A1} 和质量水平 s_{B1} 最大化自身利益，将式（1A. 1）～式（1A. 2）代入式（3 - 11）～式（3 - 12）可得：

$$\frac{\partial \pi_A}{\partial s_{A1}} = \frac{(1 - \theta) \cdot \beta}{2 \cdot h} \cdot p_A - \alpha \cdot s_{A1}$$

$$\frac{\partial \pi_B}{\partial s_{B1}} = \frac{(1 - \theta) \cdot \beta}{2 \cdot h} \cdot p_B - \alpha \cdot s_{B1}$$

因为上式满足 $\frac{\partial^2 \pi_A}{\partial s_{A1}^2} < 0$ 和 $\frac{\partial^2 \pi_B}{\partial s_{B1}^2} < 0$，即可得：

$$s_{A1} = \frac{(1 - \theta) \cdot \beta}{2 \cdot h \cdot \alpha} \cdot p_A \qquad \text{式（1A. 3）}$$

$$s_{B1} = \frac{(1 - \theta) \cdot \beta}{2 \cdot h \cdot \alpha} \cdot p_B \qquad \text{式（1A. 4）}$$

最后，企业 A 和企业 B 分别决定各自的零售价格 p_A 和零售价格 p_B 最大化收益，将式（1A.1）～式（1A.4）代入式（3－11）～式（3－12）可得：

$$\frac{\partial \pi_A}{\partial p_A} = \frac{p_B - 2 \cdot p_A + h}{h} \cdot + (1 + \theta^2) \cdot \frac{\beta^2 \cdot (2 \cdot p_A - p_B)}{2 \cdot h^2 \cdot \alpha} - (1 + \theta^2) \cdot \frac{\beta^2 \cdot p_A}{2 \cdot h^2 \cdot \alpha}$$

$$\frac{\partial \pi_B}{\partial p_B} = \frac{p_A - 2 \cdot p_B + h}{h} \cdot + (1 + \theta^2) \cdot \frac{\beta^2 \cdot (2 \cdot p_B - p_A)}{2 \cdot h^2 \cdot \alpha} - (1 + \theta^2) \cdot \frac{\beta^2 \cdot p_B}{2 \cdot h^2 \cdot \alpha}$$

因为 $2 \cdot h \cdot \alpha > \beta^2$ 和 $0 < \theta < 1$，因此，上式满足 $\frac{\partial^2 \pi_A}{\partial p_A^2} = \frac{\partial^2 \pi_B}{\partial p_B^2} = -\frac{2}{h} +$

$(1 + \theta^2) \cdot \frac{\beta^2}{2 \cdot h^2 \cdot \alpha} < 0$，即企业的最优定价为 $p_A^V = p_B^V = h$，将均衡价格代入式（1A.1）～式（1A.4）可得第一阶段最优质量水平为 $s_{A1}^V = s_{B1}^V = \frac{(1 - \theta) \cdot \beta}{2 \cdot \alpha}$，以及第二阶段最优质量水平为 $s_{A2}^V = s_{B2}^V = \frac{(1 + \theta) \cdot \beta}{2 \cdot \alpha}$。

命题 3 – 5

证明：

采用倒推法，首先，第二阶段企业 A 和企业 B 分别决定产品价格 p_{A2} 和产品价格 p_{B2} 以最大化自身利润，由式（3－21）～式（3－22）可得：

$$\frac{\partial \pi_A}{\partial p_{A2}} = \frac{\beta \cdot (s_A - s_B) + h}{2 \cdot h} + (1 + \theta) \cdot \frac{p_{B2} - 2p_{A2}}{2 \cdot h} - \theta \cdot \frac{p_{B1} - p_{A1}}{2 \cdot h}$$

$$\frac{\partial \pi_B}{\partial p_{B2}} = \frac{\beta \cdot (s_B - s_A) + h}{2 \cdot h} + (1 + \theta) \cdot \frac{p_{A2} - 2p_{B2}}{2 \cdot h} - \theta \cdot \frac{p_{A1} - p_{B1}}{2 \cdot h}$$

因为上式满足 $\frac{\partial^2 \pi_A}{\partial p_{A2}^2} < 0$ 和 $\frac{\partial^2 \pi_B}{\partial p_{B2}^2} < 0$，即可得：

$$p_{A2} = \frac{3 \cdot h + \beta \cdot (s_A - s_B) - \theta \cdot (p_{B1} - p_{A1})}{3 \cdot (1 + \theta)} \qquad 式（2A.1）$$

$$P_{B2} = \frac{3 \cdot h + \beta \cdot (s_B - s_A) - \theta \cdot (p_{A1} - p_{B1})}{3 \cdot (1 + \theta)} \qquad 式（2A.2）$$

其次，企业 A 和企业 B 分别决定第一阶段价格 p_{A1} 和价格 p_{B1} 来最大化自身利益，将式（2A.1）～式（2A.2）代入式（3－21）～式（3－22）可得：

$$\frac{\partial \pi_A}{\partial p_{A1}} = \frac{p_{B1} - 2p_{A1} + \beta \cdot (s_A - s_B) + h}{2 \cdot h} + \frac{3 \cdot h + \beta \cdot (s_A - s_B) - \theta \cdot (p_{B1} - p_{A1})}{9 \cdot h \cdot (1 + \theta)} \cdot \theta$$

$$\frac{\partial \pi_A}{\partial p_{B1}} = \frac{p_{A1} - 2p_{B1} + \beta \cdot (s_B - s_A) + h}{2 \cdot h} + \frac{3 \cdot h + \beta \cdot (s_B - s_A) - \theta \cdot (p_{A1} - p_{B1})}{9 \cdot h \cdot (1 + \theta)} \cdot \theta$$

因为 $0 < \theta < 1$，上式满足 $\dfrac{\partial^2 \pi_A}{\partial p_{A1}^2} = \dfrac{\partial^2 \pi_B}{\partial p_{B1}^2} = -\dfrac{1}{h} + \dfrac{\theta^2}{9 \cdot h \cdot (1 + \theta)} < 0$，即可得：

$$p_{A1} = \frac{3 + 5 \cdot \theta}{3 \cdot (1 + \theta)} \cdot h + \frac{(9 + 11 \cdot \theta) \cdot \beta}{27 + 27 \cdot \theta - 4 \cdot \theta^2} \cdot (s_A - s_B) \qquad \text{式（2A.3）}$$

$$p_{B1} = \frac{3 + 5 \cdot \theta}{3 \cdot (1 + \theta)} \cdot h + \frac{(9 + 11 \cdot \theta) \cdot \beta}{27 + 27 \cdot \theta - 4 \cdot \theta^2} \cdot (s_B - s_A) \qquad \text{式（2A.4）}$$

最后，企业 A 和企业 B 分别决定各自质量水平 s_A 和质量水平 s_B 最大化收益，将式（2A.1）～式（2A.4）代入式（3－21）～式（3－22）可得：

$$\frac{\partial \pi_A}{\partial s_A} = \frac{(9 + 11 \cdot \theta) \cdot \beta}{27 + 27 \cdot \theta - 4 \cdot \theta^2} \cdot \left[\frac{\beta \cdot (s_A - s_B) + h}{2 \cdot h} - \frac{(9 + 11 \cdot \theta) \cdot \beta \cdot (s_A - s_B)}{h \cdot (27 + 27 \cdot \theta - 4 \cdot \theta^2)} \right]$$

$$+ \left[\frac{3 + 5 \cdot \theta}{3 \cdot (1 + \theta)} \cdot h + \frac{(9 + 11 \cdot \theta) \cdot \beta}{27 + 27 \cdot \theta - 4 \cdot \theta^2} \cdot (s_A - s_B) \right] \cdot$$

$$\left[\frac{\beta}{2 \cdot h} - \frac{(9 + 11 \cdot \theta) \cdot \beta}{h \cdot (27 + 27 \cdot \theta - 4 \cdot \theta^2)} \right]$$

$$+ \frac{3 \cdot h + \beta \cdot (s_A - s_B) + \theta \cdot \dfrac{(18 + 22 \cdot \theta) \cdot \beta \cdot (s_A - s_B)}{27 + 27 \cdot \theta - 4 \cdot \theta^2}}{9 \cdot h \cdot (1 + \theta)} \cdot$$

$$\left[\beta + \frac{(18 + 22 \cdot \theta) \cdot \theta \cdot \beta}{27 + 27 \cdot \theta - 4 \cdot \theta^2} \right] - 2 \cdot \alpha \cdot s_A$$

$$\frac{\partial \pi_B}{\partial s_B} = \frac{(9 + 11 \cdot \theta) \cdot \beta}{27 + 27 \cdot \theta - 4 \cdot \theta^2} \cdot \left[\frac{\beta \cdot (s_B - s_A) + h}{2 \cdot h} - \frac{(9 + 11 \cdot \theta) \cdot \beta \cdot (s_B - s_A)}{h \cdot (27 + 27 \cdot \theta - 4 \cdot \theta^2)} \right]$$

$$+ \left[\frac{3+5 \cdot \theta}{3 \cdot (1+\theta)} \cdot h + \frac{(9+11 \cdot \theta) \cdot \beta}{27+27 \cdot \theta - 4 \cdot \theta^2} \cdot (s_B - s_A) \right] \cdot$$

$$\left[\frac{\beta}{2 \cdot h} - \frac{(9+11 \cdot \theta) \cdot \beta}{h \cdot (27+27 \cdot \theta - 4 \cdot \theta^2)} \right]$$

$$+ \frac{3 \cdot h + \beta \cdot (s_B - s_A) + \theta \cdot \dfrac{(18+22 \cdot \theta) \cdot \beta \cdot (s_B - s_A)}{27+27 \cdot \theta - 4 \cdot \theta^2}}{9 \cdot h \cdot (1+\theta)} \cdot$$

$$\left[\beta + \frac{(18+22 \cdot \theta) \cdot \theta \cdot \beta}{27+27 \cdot \theta - 4 \cdot \theta^2} \right] - 2 \cdot \alpha \cdot s_B$$

由上式可得：

$$\frac{\partial^2 \pi_A}{\partial s_A^2} = \frac{\partial^2 \pi_B}{\partial s_B^2} = \frac{2 \cdot (9+11 \cdot \theta) \cdot \beta}{27+27 \cdot \theta - 4 \cdot \theta^2} \cdot \left[\frac{\beta}{2 \cdot h} - \frac{(9+11 \cdot \theta) \cdot \beta}{h \cdot (27+27 \cdot \theta - 4 \cdot \theta^2)} \right]$$

$$+ \frac{1}{9 \cdot h \cdot (1+\theta)} \cdot \left[\beta + \frac{(18+22 \cdot \theta) \cdot \theta \cdot \beta}{27+27 \cdot \theta - 4 \cdot \theta^2} \right]^2 - 2 \cdot \alpha$$

令 $f(\theta) = \dfrac{2 \cdot (9+11 \cdot \theta) \cdot \beta}{27+27 \cdot \theta - 4 \cdot \theta^2} \cdot \left[\dfrac{\beta}{2 \cdot h} - \dfrac{(9+11 \cdot \theta) \cdot \beta}{h \cdot (27+27 \cdot \theta - 4 \cdot \theta^2)} \right]$ 和

$g(\theta) = \dfrac{1}{9 \cdot h \cdot (1+\theta)} \cdot \left[\beta + \dfrac{(18+22 \cdot \theta) \cdot \theta \cdot \beta}{27+27 \cdot \theta - 4 \cdot \theta^2} \right]^2$，因为 $0 < \theta < 1$，可

知：$f(\theta) < f(0) = \dfrac{\beta^2}{9 \cdot h}$ 和 $g(\theta) < g(1) = \dfrac{9 \cdot \beta^2}{50 \cdot h}$，由此可知：$\dfrac{\partial^2 \pi_A}{\partial s_A^2} = \dfrac{\partial^2 \pi_B}{\partial s_B^2} <$

$\left(\dfrac{1}{9} + \dfrac{9}{50} \right) \cdot \dfrac{\beta^2}{h} - 2 \cdot \alpha$，又因为 $2 \cdot h \cdot \alpha > \beta^2$，即 $\dfrac{\partial^2 \pi_A}{\partial s_A^2} = \dfrac{\partial^2 \pi_B}{\partial s_B^2} < 0$。

因此，企业的最优质量水平为 $s_A^{SV} = s_B^{SV} = \dfrac{\beta \cdot (54+51 \cdot \theta - 10 \cdot \theta^2)}{6 \cdot \alpha \cdot (27+27 \cdot \theta - 4 \cdot \theta^2)}$，

将最优质量水平代入式（2A.1）~式（2A.4）可得，第一阶段最优定价

为 $p_{A1}^{SV} = p_{B1}^{SV} = \dfrac{(3+5 \cdot \theta) \cdot h}{3 \cdot (1+\theta)}$，以及第二阶段最优定价为 $p_{A2}^{SV} = p_{B2}^{SV} = \dfrac{h}{1+\theta}$。

因为 $p_{i1}^{SV} = h + \dfrac{2 \cdot \theta \cdot h}{3 \cdot (1+\theta)}$，而 $p_{i2}^{SV} = h - \dfrac{3 \cdot \theta \cdot h}{3 \cdot (1+\theta)}$，（$i = A$，$B$）。

即 $p_{i1}^{SV} > p_{i2}^{SV}$。$p_{i1}^{SV} - p_{i2}^{SV} = \dfrac{5 \cdot \theta \cdot h}{3 \cdot (1+\theta)} = \dfrac{5 \cdot h}{3} \cdot \left(1 - \dfrac{1}{1+\theta} \right)$，即两个阶段的

价格差随消费者寻求多样化行为的人数增加而增加。又因为 $\dfrac{\partial s_i^{SV}}{\partial \theta} =$

$-\dfrac{\beta \cdot (27 + 36 \cdot \theta + 22 \cdot \theta^2)}{2 \cdot \alpha \cdot (27 + 27 \cdot \theta - 4 \cdot \theta^2)^2} < 0$，即企业的质量水平随消费者寻求多样化行为的人数增加而减少。

命题 3 – 6

证明：

由命题 3 – 5 可知，

$$\frac{p_{i1}^{SV} + p_{i2}^{SV}}{2} = h - \frac{\theta \cdot h}{6 \cdot (1 + \theta)}$$

由上文消费者效用函数可得：

$$\frac{U_{i1}^{SV} + U_{i2}^{SV}}{2} - U_{i0} = \frac{\theta \cdot h}{6 \cdot (1 + \theta)} + \frac{\beta^2 \cdot (54 + 51 \cdot \theta - 10 \cdot \theta^2)}{6 \cdot \alpha \cdot (27 + 27 \cdot \theta - 4 \cdot \theta^2)} - \frac{\beta^2}{3 \cdot \alpha}$$

令 $f(\theta) = \dfrac{\theta \cdot h}{6 \cdot (1 + \theta)}$，$g(\theta) = \dfrac{\beta^2 \cdot (54 + 51 \cdot \theta - 10 \cdot \theta^2)}{6 \cdot \alpha \cdot (27 + 27 \cdot \theta - 4 \cdot \theta^2)}$，可得

$\dfrac{\partial f(\theta)}{\partial \theta} > 0, \dfrac{\partial^2 f(\theta)}{\partial \theta^2} < 0, \dfrac{\partial g(\theta)}{\partial \theta} < 0, \dfrac{\partial^2 g(\theta)}{\partial \theta^2} > 0$，因为 $0 < \theta < 1$ 和 $2 \cdot h \cdot \alpha >$

β^2，由此可知 $\dfrac{\partial f(\theta)}{\partial \theta} + \dfrac{\partial g(\theta)}{\partial \theta} > 0$，则 $\dfrac{U_{i1}^{SV} + U_{i2}^{SV}}{2} - U_{i0} > 0$，即平均消费者剩

余增加。

将命题 3 – 5 中的均衡价格和质量水平代入式（3 – 21）～式（3 – 22）

可得：

$$\pi_i^{SV} = \pi_{i1}^{SV} + \pi_{i2}^{SV} = \frac{h \cdot (6 + 5 \cdot \theta)}{6 \cdot (1 + \theta)} - \frac{\beta^2}{36 \cdot \alpha} \cdot \left(\frac{54 + 51 \cdot \theta - 10 \cdot \theta^2}{27 + 27 \cdot \theta - 4 \cdot \theta^2} \right)^2$$

因此，可得：

$$\frac{\partial \pi_i^{SV}}{\partial \theta} = \frac{-h}{6 \cdot (1 + \theta)^2} + \beta^2 \cdot \frac{(54 + 51 \cdot \theta - 10 \cdot \theta^2) \cdot (27 + 36 \cdot \theta + 22 \cdot \theta^2)}{6 \cdot \alpha \cdot (27 + 27 \cdot \theta - 4 \cdot \theta^2)^3}$$

令 $H(\theta) = \dfrac{-h}{6 \cdot (1 + \theta)^2}$。

$$G(\theta) = -\beta^2 \cdot \frac{(54 + 51 \cdot \theta - 10 \cdot \theta^2) \cdot (27 + 36 \cdot \theta + 22 \cdot \theta^2)}{6 \cdot \alpha \cdot (27 + 27 \cdot \theta - 4 \cdot \theta^2)^3}$$ 由以

上式可得$\dfrac{\partial H(\theta)}{\partial \theta} > 0$ 和$\dfrac{\partial G(\theta)}{\partial \theta} > 0$，且$\dfrac{\partial^2 H(\theta)}{\partial \theta^2} < 0$ 和$\dfrac{\partial^2 G(\theta)}{\partial \theta^2} < 0$，又因为

$0 < \theta < 1$ 和$2 \cdot h \cdot \alpha > \beta^2$，可知：

$$H(0) = \frac{-h}{6} < G(0) = -\frac{\beta^2}{81 \cdot \alpha} < 0$$

$$H(1) = \frac{-h}{24} < G(0) = -\frac{323 \cdot \beta^2}{30000 \cdot \alpha} < 0$$

由此可得，$H(\theta) - G(\theta) < 0$，即$\dfrac{\partial \pi_i^{SV}}{\partial \theta} < 0$，则消费者寻求多样化行

为会使企业利润减少。

定理 3 - 1

证明：

由上文可知，企业选择价格承诺和选择质量承诺时总利润分别为：

$$\pi_i^V = h - \frac{\beta^2}{4 \cdot \alpha} \cdot (1 + \theta^2)$$

$$\pi_i^{SV} = \frac{h \cdot (6 + 5 \cdot \theta)}{6 \cdot (1 + \theta)} - \frac{\beta^2}{36 \cdot \alpha} \cdot \left(\frac{54 + 51 \cdot \theta - 10 \cdot \theta^2}{27 + 27 \cdot \theta - 4 \cdot \theta^2} \right)^2$$

由上式可得：

$$\pi_i^{SV} - \pi_i^V = \frac{h}{6 \cdot (1 + \theta)} + \frac{\beta^2}{36 \cdot \alpha} \cdot \left[9 \cdot \theta^2 - \left(\frac{54 + 51 \cdot \theta - 10 \cdot \theta^2}{27 + 27 \cdot \theta - 4 \cdot \theta^2} \right)^2 \right] - \frac{h}{6} + \frac{\beta^2}{4 \cdot \alpha}$$

令$F(\theta) = \pi_i^{SV} - \pi_i^V$ 和$f(\theta) = \dfrac{\partial F(\theta)}{\partial \theta}$，可得：

$$f(\theta) = -\frac{h}{6 \cdot (1 + \theta)^2} + \frac{\beta^2}{6 \cdot \alpha} \cdot \left[3 \cdot \theta + \frac{(54 + 51 \cdot \theta - 10 \cdot \theta^2)}{(27 + 27 \cdot \theta - 4 \cdot \theta^2)^3} \right]$$ 令

$H(\theta) = -\dfrac{h}{6 \cdot (1 + \theta)^2}$ 和$h(\theta) = 3 \cdot \theta + \dfrac{(54 + 51 \cdot \theta - 10 \cdot \theta^2)}{(27 + 27 \cdot \theta - 4 \cdot \theta^2)^3}$，因为

$0 < \theta < 1$，可得$\dfrac{\partial H(\theta)}{\partial \theta} > 0$ 和$\dfrac{\partial h(\theta)}{\partial \theta} > 0$。即$\dfrac{\partial f(\theta)}{\partial \theta} > 0$，又因为$2 \cdot h \cdot \alpha >$

β^2，可得 $f(0) = -\dfrac{1}{6} \cdot \left(h - \dfrac{2 \cdot \beta^2}{27 \cdot \alpha} \right) < 0$，又 $f(1) = -\dfrac{h}{24} + \dfrac{15323 \cdot \beta^2}{30000 \cdot \alpha}$。

又因为 $F(0) = \dfrac{5 \cdot \beta^2}{36 \cdot \alpha} > 0$，以及 $F(1) = -\dfrac{h}{12} + \dfrac{1439 \cdot \beta^2}{3600 \cdot \alpha}$。

如果 $F(1) > 0$，即 $h > \dfrac{1439 \cdot \beta^2}{300 \cdot \alpha}$，如果 $F(1) < 0$，$h < \dfrac{1439 \cdot \beta^2}{300 \cdot \alpha}$。

（1）如果 $f(1) = -\dfrac{h}{24} + \dfrac{15323 \cdot \beta^2}{30000 \cdot \alpha} < 0$，即 $h > \dfrac{15323 \cdot \beta^2}{1250 \cdot \alpha}$。当 $0 < \theta < 1$，可知 $f(\theta) < 0$，即 $F(\theta)$ 随 θ 递减，又因为 $F(0) > 0$，$F(1) = -\dfrac{h}{12} + \dfrac{1439 \cdot \beta^2}{3600 \cdot \alpha} < 0$，因此，存在 $0 < \theta^* < 1$，如果 $\theta \in (0, \theta^*)$，企业选择质量承诺更优，否则，企业将选择价格承诺。

（2）如果 $f(1) = -\dfrac{h}{24} + \dfrac{15323 \cdot \beta^2}{30000 \cdot \alpha} > 0$，即 $h < \dfrac{15323 \cdot \beta^2}{1250 \cdot \alpha}$。当 $0 < \theta < 1$，可知 $F(\theta)$ 随 θ 先递减、后递增。

（i）如果 $\dfrac{1439 \cdot \beta^2}{300 \cdot \alpha} < h < \dfrac{15323 \cdot \beta^2}{1250 \cdot \alpha}$，$F(0) > 0$，$F(1) = -\dfrac{h}{12} + \dfrac{1439 \cdot \beta^2}{3600 \cdot \alpha} < 0$。因此，存在 $0 < \tilde{\theta}^* < 1$，如果 $\theta \in (0, \tilde{\theta}^*)$，企业选择质量承诺更优；否则，企业将选择价格承诺。

（ii）如果 $h < \dfrac{1439 \cdot \beta^2}{300 \cdot \alpha}$，即 $F(0) > 0$ 和 $F(1) > 0$。因为 $\dfrac{\partial F(\theta)}{\partial h} < 0$，即 $F(\theta)$ 随 h 递减，因此，存在 $0 < \theta_0^* < 1$ 和 $h^* < \dfrac{1439 \cdot \beta^2}{300 \cdot \alpha}$，使得 $F(\theta_0^*, h^*) = 0$，当 $h^* < h < \dfrac{1439 \cdot \beta^2}{300 \cdot \alpha}$，$F(\theta_0^*, h) < 0$。因此，存在 $0 < \theta_1^* < \theta_0^* < \theta_2^*$，如果 $\theta \in (\theta_1^*, \theta_2^*)$，企业选择价格承诺更优；否则，企业将选择质量承诺。当 $h < h^*$，企业始终选择质量承诺。

第4章 品牌效应和消费者寻求多样化行为的双寡头竞争

第3章主要研究在对称性双寡头市场中，即消费者对企业的品牌偏好一致，部分消费者寻求多样化行为对企业竞争策略以及消费者剩余产生的影响。但在现实生活中，各企业之间存在不同的品牌影响力，即消费者对于不同企业的品牌有不同偏好。特里普（Trijp, 1996）研究表明，如果消费者对某品牌具有强烈的认同感，这会增加消费者的购买动机并减少消费者寻求多样化的行为。本章研究消费者寻求多样化行为对非对称性（品牌影响相异）双寡头市场竞争的影响。

4.1 基本模型和基本假设

（1）在第3章模型假设的基础上，本章令 $a_A \neq a_B$，即不同企业产品的品牌影响偏好相异，不失一般性，令 $a_A > a_B$，即消费者对企业 A 的产品更偏好，且 $a_A = \dfrac{a}{2}$ 和 $a_B = -\dfrac{a}{2}$（$a > 0$）。

（2）下标 0、下标 1 和下标 2 分别表示无消费者寻求多样化行为、第一阶段和第二阶段的情形。上标 S、V 以及 a 分别表示质量承诺策略、存在消费者寻求多样化行为以及非对称性市场。

4.2 价格承诺策略的情形

本章先讨论价格承诺策略的情形，即企业在第一阶段制定产品（服务）的价格并给出质量水平后，第二阶段只改变产品（服务）的质量水平（服务水平）而不再改变价格。且本节仍假定 $l_A = l_B = l$（$l > 0$），即寻求多样化的消费者重复购买时，对企业 A 产品和企业 B 产品的餍足感相同。

4.2.1　基准模型：无消费者寻求多样化行为

为了得到一个基准，本节先考虑无消费者寻求多样化行为的情形，即 $\theta = 0$。因此，消费者第二阶段的购买行为没有受到第一阶段的影响，两个阶段中企业策略保持不变，即两个阶段的竞争变为一个阶段的竞争。具体分析如下：

企业 A 和企业 B 同时决定产品的价格 p_A 和价格 p_B，即给出质量水平 s_A 和质量水平 s_B，消费者从两个企业购买产品的效用函数分别为：

$$U_A = V - p_A + \beta \cdot s_A + \frac{a}{2} - h \cdot x$$

$$U_B = V - p_B + \beta \cdot s_B - \frac{a}{2} - h \cdot (1 - x)$$

当 $U_A > U_B$ 时，消费者愿意从企业 A 购买产品；当 $U_A < U_B$ 时，消费者愿意从企业 B 购买产品。即企业 A 的市场份额和企业 B 的市场份额分别为：

$$d_A = \frac{p_B - p_A + \beta \cdot (s_A - s_B) + a + h}{2 \cdot h} \qquad 式（4-1）$$

$$d_B = \frac{p_A - p_B + \beta \cdot (s_B - s_A) - a + h}{2 \cdot h} \qquad 式（4-2）$$

那么，企业 A 的利润函数和企业 B 的利润函数分别为：

$$\pi_A = \frac{p_B - p_A + \beta \cdot (s_A - s_B) + a + h}{2 \cdot h} \cdot p_A - \frac{\alpha}{2} \cdot s_A^2 \qquad 式（4-3）$$

$$\pi_B = \frac{p_A - p_B + \beta \cdot (s_B - s_A) - a + h}{2 \cdot h} \cdot p_B - \frac{\alpha}{2} \cdot s_B^2 \qquad 式（4-4）$$

本节假定 $4 \cdot h \cdot \alpha > \beta^2$ 和 $a < \left| \frac{3 \cdot h \cdot \alpha - \beta^2}{\alpha} \right|$，仅当满足此条件时，

本节所有均衡解和分析才有意义。

命题 4-1

在非对称性双寡头市场下，当不存在消费者寻求多样化行为，且企业均选择价格承诺策略时，企业 A 的均衡价格和企业 B 的均衡价格分别为 $p_{A0}^a = h + \dfrac{h \cdot \alpha \cdot a}{3 \cdot h \cdot \alpha - \beta^2}$ 和 $p_{B0}^a = h - \dfrac{h \cdot \alpha \cdot a}{3 \cdot h \cdot \alpha - \beta^2}$；均衡质量水平分别为 $s_{A0}^a = \dfrac{\beta}{2 \cdot h \cdot \alpha} \cdot \left(h + \dfrac{h \cdot \alpha \cdot a}{3 \cdot h \cdot \alpha - \beta^2} \right)$ 和 $s_{B0}^a = \dfrac{\beta}{2 \cdot h \cdot \alpha} \cdot \left(h - \dfrac{h \cdot \alpha \cdot a}{3 \cdot h \cdot \alpha - \beta^2} \right)$。

与对称性双寡头市场中企业 A 的策略和企业 B 的策略一致性相比，在非对称性市场环境下，企业会选择差异化的竞争策略，即企业 A 和企业 B 均采取不同的定质策略、定价策略。从而体现出差异化市场中，企业寻求差异化策略应对竞争。

推论 4-1：在非对称性双寡头市场下，当不存在消费者寻求多样化行为，且企业均选择价格承诺策略时：

（1）若 $a < \dfrac{3 \cdot h \cdot \alpha - \beta^2}{\alpha}$，则 $p_{A0}^a > p_{B0}^a$、$s_{A0}^a > s_{B0}^a$ 和 $d_{A0}^a > d_{B0}^a$，即品牌影响较强的企业提供高质、高价的产品，而且获得更多的市场份额。

（2）若 $a < \dfrac{\beta^2 - 3 \cdot h \cdot \alpha}{\alpha}$，则 $p_{A0}^a < p_{B0}^a$、$s_{A0}^a < s_{B0}^a$ 和 $d_{A0}^a < d_{B0}^a$，即品牌影响较弱的企业提供高质、高价的产品，而且获得更多的市场份额。

由推论 4-1 可知，品牌影响较强的企业并不总是定价更高及提供更高的质量水平，而且，品牌影响较强的企业市场份额可能会更少且利润更低，即企业并不总能从其品牌优势中获利。当消费者购买的单位交通成本足够低时，即消费者选择成本较低，会使品牌影响较强的企业遭受损失。换而言之，品牌影响较弱的企业通过提供较高质量水平弥补了品牌带来的劣势，从而获得更大市场份额。

然而，在选择成本较高的市场，品牌影响较强的企业往往能从品牌中获得较高的利益。如女性包包市场，路易威登（LV）、普拉达和蔻驰等知名国际奢侈品品牌能利用其品牌影响优势提供高质、高价的产品获得较高收益，而国产品牌很难打破壁垒与这些奢侈品品牌分庭抗礼。总之，受限于不同的市场环境，消费者品牌意识的差异化，并不一定能为某些品牌影响较优的企业带来更高利润。

4.2.2 考虑消费者寻求多样化行为

本节讨论市场中部分消费者寻求多样化行为的情形，即 $0 < \theta < 1$，由于重复购买产生的餍足感，消费者往往会降低二次购买的意愿。本节企业的竞争为两阶段博弈，在第一阶段，企业同时决定产品的价格 p_A 和产品价格 p_B，并不再改变产品的价格，再决定产品质量水平 s_{A1} 和产品质量水平 s_{B1}。随后，消费者根据企业产品的价格及质量水平最大化自身效用决定购买决策，因此，企业 A 第一阶段的市场份额和企业 B 第一阶段的市场份额分别为：

$$d_{A1} = \frac{p_B - p_A + \beta \cdot (s_{A1} - s_{B1}) + a + h}{2 \cdot h} \qquad \text{式（4-5）}$$

$$d_{B1} = \frac{p_A - p_B + \beta \cdot (s_{B1} - s_{A1}) - a + h}{2 \cdot h} \qquad \text{式（4-6）}$$

在第二阶段，由于部分消费者重复购买会产生餍足感，企业将通过调整质量水平防止市场份额流失。此时，企业 A 的市场份额来源于三部分。

第一部分，无寻求多样化行为的消费者，消费者根据企业 A、企业 B 所提供的产品所获得的效用值大小进行购买决策，那么，这部分消费者为：

$$(1 - \theta) \cdot \frac{p_B - p_A + \beta \cdot (s_{A2} - s_{B2}) + a + h}{2 \cdot h}$$

第二部分，部分消费者由于重复购买会产生餍足感，因此，第一阶段购买企业 B 的产品，由于餍足感，第二阶段降低了购买企业 B 的产品带来的效用值 l。此时，购买企业 A 的产品将获得更高效用，这部分消费者为：

$$\theta \cdot \frac{\beta \cdot (s_{A2} - s_{B2}) - \beta \cdot (s_{A1} - s_{B1}) + l}{2 \cdot h}$$

第三部分，尽管部分消费者重复购买会产生餍足感，第一阶段购买企业 A 的产品，而第二阶段购买企业 A 的产品仍旧会获得更高的效用，这部分消费者为：

$$\theta \cdot \frac{p_B - p_A + \beta \cdot (s_{A2} - s_{B2}) + a + h - l}{2 \cdot h}$$

则企业 A 第二阶段的市场份额为：

$$d_{A2} = \frac{p_B - p_A + a + h}{2 \cdot h} + (1 + \theta) \cdot \frac{\beta \cdot (s_{A2} - s_{B2})}{2 \cdot h} - \theta \cdot \frac{\beta \cdot (s_{A1} - s_{B1})}{2 \cdot h}$$

式（4-7）

同理，企业 B 第二阶段的市场份额为：

$$d_{B2} = \frac{p_A - p_B - a + h}{2 \cdot h} + (1 + \theta) \cdot \frac{\beta \cdot (s_{B2} - s_{A2})}{2 \cdot h} - \theta \cdot \frac{\beta \cdot (s_{B1} - s_{A1})}{2 \cdot h}$$

式（4-8）

由式（4-5）~式（4-8）可得，企业 A 两个阶段的总市场份额和企业 B 两个阶段的总市场份额分别为：

$$d_A^T = \frac{p_B - p_A + a + h}{h} + (1 + \theta) \cdot \frac{\beta \cdot (s_{A2} - s_{B2})}{2 \cdot h} + (1 - \theta) \cdot \frac{\beta \cdot (s_{A1} - s_{B1})}{2 \cdot h}$$

式（4-9）

$$d_B^T = \frac{p_A - p_B - a + h}{h} + (1 + \theta) \cdot \frac{\beta \cdot (s_{B2} - s_{A2})}{2 \cdot h} + (1 - \theta) \cdot \frac{\beta \cdot (s_{B1} - s_{A1})}{2 \cdot h}$$

式（4-10）

企业 A 两阶段的总利润函数和企业 B 两阶段的总利润函数分别为：

$$\pi_A = d_A^T \cdot p_A - \frac{\alpha}{2} \cdot s_{A1}^2 - \frac{\alpha}{2} \cdot s_{A2}^2 \qquad 式（4-11）$$

$$\pi_B = d_B^T \cdot p_B - \frac{\alpha}{2} \cdot s_{B1}^2 - \frac{\alpha}{2} \cdot s_{B2}^2 \qquad 式（4-12）$$

仅当 $4 \cdot h \cdot \alpha > \beta \cdot (1 + \theta^2)$，$0 < \left| \dfrac{2 \cdot \beta^2 \cdot \theta}{3 \cdot h \cdot \alpha - \beta^2 \cdot \theta^2 - \beta^2} \right| \cdot a < l < h -$

$$\left| \frac{h \cdot \alpha + \beta^2 \cdot \theta - \beta^2 \cdot \theta^2}{3 \cdot h \cdot \alpha - \beta^2 \cdot \theta^2 - \beta^2} \right| \cdot a \; 和 \; 0 < a < \left| \frac{3 \cdot h \cdot \alpha - \beta^2 \cdot \theta^2 - \beta^2}{h \cdot \alpha + 3 \cdot \beta^2 \cdot \theta - \beta^2 \cdot \theta^2} \right| \cdot h \; 时,$$

企业之间的均衡解才成立,且本节的讨论才有意义,分析过程见命题 4 - 2 的证明部分。

命题 4 - 2

在非对称性双寡头市场下,当存在消费者寻求多样化行为,且企业均选择价格承诺策略时,企业 A 的均衡价格和企业 B 的均衡价格分别为 $p_A^{aV} = h + \dfrac{h \cdot \alpha \cdot a}{3 \cdot h \cdot \alpha - \beta^2 \cdot \theta^2 - \beta^2}$ 和 $p_B^{aV} = h - \dfrac{h \cdot \alpha \cdot a}{3 \cdot h \cdot \alpha - \beta^2 \cdot \theta^2 - \beta^2}$,见图 4 - 1;两阶段的均衡质量水平分别为:$s_{A1}^{aV} = \dfrac{\beta \cdot (1 - \theta)}{2 \cdot h \cdot \alpha} \cdot \left(h + \dfrac{h \cdot \alpha \cdot a}{3 \cdot h \cdot \alpha - \beta^2 \cdot \theta^2 - \beta^2} \right)$ 和

$s_{B1}^{aV} = \dfrac{\beta \cdot (1 - \theta)}{2 \cdot h \cdot \alpha} \cdot \left(h - \dfrac{h \cdot \alpha \cdot a}{3 \cdot h \cdot \alpha - \beta^2 \cdot \theta^2 - \beta^2} \right)$,以及 $s_{A2}^{aV} = \dfrac{\beta \cdot (1 + \theta)}{2 \cdot h \cdot \alpha} \cdot$

$\left(h + \dfrac{h \cdot \alpha \cdot a}{3 \cdot h \cdot \alpha - \beta^2 \cdot \theta^2 - \beta^2} \right)$ 和 $s_{B2}^{aV} = \dfrac{\beta \cdot (1 + \theta)}{2 \cdot h \cdot \alpha} \cdot \left(h - \dfrac{h \cdot \alpha \cdot a}{3 \cdot h \cdot \alpha - \beta^2 \cdot \theta^2 - \beta^2} \right)$,

且 $s_{i1}^{aV} < s_{i2}^{aV}$($i = A$,$B$),见图 4 - 2,证明见附录。

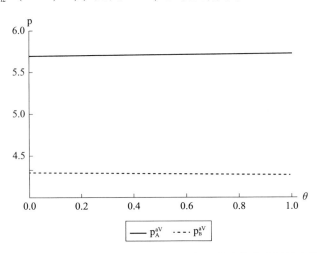

图 4 - 1 企业产品价格随寻求多样化行为的消费者比例的变化

注:$h = 5$,$a = 2$,$\beta = 0.8$,$\alpha = 1$。

资料来源:笔者根据文中结论,用 Mathematic 软件绘制而得。

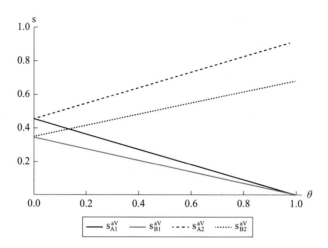

图 4 - 2　企业质量水平随寻求多样化行为的消费者比例的变化

注：$h = 5$，$a = 2$，$\beta = 0.8$，$\alpha = 1$。

资料来源：笔者根据文中结论，用 Mathematic 软件绘制而得。

由命题 4 - 2 可知，相比于对称性双寡头市场，在非对称性双寡头市场中企业做出不同的决策，但企业仍然在第二阶段提供较高的质量水平，而在第一阶段提供较低的质量水平。

命题 4 - 3

在非对称性双寡头市场下，当存在消费者寻求多样化行为，企业均选择价格承诺策略，$0 < \dfrac{2 \cdot \beta^2 \cdot \theta}{3 \cdot h \cdot \alpha - \beta^2 \cdot \theta^2 - \beta^2} \cdot a < l < h - \dfrac{h \cdot \alpha + \beta^2 \cdot \theta - \beta^2 \cdot \theta^2}{3 \cdot h \cdot \alpha - \beta^2 \cdot \theta^2 - \beta^2} \cdot$

a，且令 $\tilde{a}(\theta) = \dfrac{(3 \cdot h \cdot \alpha - \beta^2 - \beta^2 \cdot \theta^2)^2}{(5 \cdot h \cdot \alpha - \beta^2 - \beta^2 \cdot \theta^2) \cdot \alpha}$ 时：

（1）品牌较优的企业要价更高而且提供较高的质量水平，即 $p_A^{aV} > p_B^{aV}$ 和 $s_{Aj}^{aV} > s_{Bj}^{aV}$，（$j = 1$，$2$）。且品牌较优的企业利润更高，即 $\pi_A^{aV} > \pi_B^{aV}$。

（2）当 $2 \cdot h^2 \cdot \alpha^2 > (3 \cdot \beta^2 \cdot \theta - \beta^2 \cdot \theta^2) \cdot (3 \cdot h \cdot \alpha - \beta^2 - \beta^2 \cdot \theta^2)$ 时，

i）如果 $a \in [0, \tilde{a}(\theta)]$，即品牌影响力的差异不太明显，消费者寻求多样化的行为会损害品牌较优的企业。

ii）如果 $a \in \left[\tilde{a}(\theta), \dfrac{h \cdot (3 \cdot h \cdot \alpha - \beta^2 \cdot \theta^2 - \beta^2)}{h \cdot \alpha + 3 \cdot \beta^2 \cdot \theta - \beta^2 \cdot \theta^2}\right]$，即品牌影响力的差异足够明显，消费者寻求多样化的行为会使品牌较优的企业受益。

当 $2 \cdot h^2 \cdot \alpha^2 < (3 \cdot \beta^2 \cdot \theta - \beta^2 \cdot \theta^2) \cdot (3 \cdot h \cdot \alpha - \beta^2 - \beta^2 \cdot \theta^2)$ 时，

iii）由于品牌影响力的差异不够明显，消费者寻求多样化的行为会损害品牌较优的企业。

然而，消费者寻求多样化的行为总是使品牌较弱的企业遭受损失，但品牌较优（较弱）企业的利润，随品牌影响力 a 的增加（减少）而增加（减少），证明见附录。

命题 4－4

在非对称性双寡头市场下，当存在消费者寻求多样化行为，企业均选择价格承诺策略，$0 < \dfrac{2 \cdot \beta^2 \cdot \theta}{\beta^2 \cdot \theta^2 + \beta^2 - 3 \cdot h \cdot \alpha} \cdot a < 1 < h - \dfrac{h \cdot \alpha + \beta^2 \cdot \theta - \beta^2 \cdot \theta^2}{\beta^2 \cdot \theta^2 + \beta^2 - 3 \cdot h \cdot \alpha} \cdot a$，且令 $\tilde{a}(\theta) = \dfrac{(3 \cdot h \cdot \alpha - \beta^2 - \beta^2 \cdot \theta^2)^2}{(5 \cdot h \cdot \alpha - \beta^2 - \beta^2 \cdot \theta^2) \cdot \alpha}$ 时：

（1）品牌较弱的企业要价更高而且提供较高的质量水平，即 $p_A^{aV} < p_B^{aV}$ 和 $s_{Aj}^{aV} < s_{Bj}^{aV}$，（j＝1，2），且品牌较弱的企业利润更高，即 $\pi_A^{aV} < \pi_B^{aV}$；

（2）当 $\dfrac{h \cdot \alpha \cdot (5 \cdot h \cdot \alpha - \beta^2 - \beta^2 \cdot \theta^2)}{(h \cdot \alpha + 3 \cdot \beta^2 \cdot \theta - \beta^2 \cdot \theta^2) \cdot (\beta^2 + \beta^2 \cdot \theta^2 - 3 \cdot h \cdot \alpha)} > 1$ 时，

i）如果 $a \in [0, \tilde{a}(\theta)]$，即品牌影响力的差异不太明显，消费者寻求多样化的行为会损害品牌较优的企业。

ii）如果 $a \in \left[\tilde{a}(\theta), \dfrac{h \cdot (\beta^2 \cdot \theta^2 + \beta^2 - 3 \cdot h \cdot \alpha)}{h \cdot \alpha + 3 \cdot \beta^2 \cdot \theta - \beta^2 \cdot \theta^2}\right]$，即品牌影响力

的差异足够明显，消费者寻求多样化的行为使品牌较优的企业受益。

当 $\dfrac{h \cdot \alpha \cdot (5 \cdot h \cdot \alpha - \beta^2 - \beta^2 \cdot \theta^2)}{(h \cdot \alpha + 3 \cdot \beta^2 \cdot \theta - \beta^2 \cdot \theta^2) \cdot (\beta^2 + \beta^2 \cdot \theta^2 - 3 \cdot h \cdot \alpha)} < 1$ 时，

iii）由于品牌影响力的差异不够明显，消费者寻求多样化的行为会损害品牌较优的企业。

然而，消费者寻求多样化的行为总是使品牌较弱的企业遭受损失，但品牌较优（较弱）企业的利润随品牌影响力 a 的增加（减少）而减少（增加），证明见附录。

鉴于在大多数行业中，均存在品牌较优的企业相较于品牌较差的企业获得更多收益，即受益于品牌影响力，且由命题 4 - 4 可知，品牌较弱的企业获益所满足的条件极为苛刻，因此，下文仅对 $3 \cdot h \cdot \alpha - \beta^{2 \cdot \theta^2} - \beta^2 > 0$ 的情形做进一步讨论，即品牌较优的企业将制定更高的价格且提供更高的质量水平。

命题 4 - 5

在非对称性双寡头市场下，当存在消费者寻求多样化行为，企业均选择价格承诺策略时，且 $a < \dfrac{h \cdot (3 \cdot h \cdot \alpha - \beta^2 \cdot \theta^2 - \beta^2)}{h \cdot \alpha + 3 \cdot \beta^2 \cdot \theta - \beta^2 \cdot \theta^2}$ 时，

（1）当 $0 < \theta < \dfrac{27 - \sqrt{185}}{34}$ 时，如果 $a \in [0, \tilde{a}(\theta)]$，即品牌影响力的差异不太明显，消费者寻求多样化行为会损害品牌较优的企业；如果 $a \in \left[\tilde{a}(\theta), \dfrac{h \cdot (3 \cdot h \cdot \alpha - \beta^2 \cdot \theta^2 - \beta^2)}{h \cdot \alpha + 3 \cdot \beta^2 \cdot \theta - \beta^2 \cdot \theta^2} \right]$，即品牌影响力的差异足够明显，消费者寻求多样化行为会使品牌较优的企业受益。

（2）当 $\dfrac{27 - \sqrt{185}}{34} < \theta < 1$ 时，存在 $\dfrac{\beta^2 \cdot (1 + \theta^2)}{3 \cdot \alpha} < h_1^* <$

$\dfrac{3 \cdot \beta^2 \cdot \theta \cdot (1 + \theta)}{4 \cdot \alpha} < h_2^*$，如果 $h_1^* < h < h_2^*$，消费者寻求多样化行为会损害品牌较优的企业；否则，与命题4 – 5（1）的结论相似。

图4 – 3 ~ 图4 – 4 可以对命题4 – 5 中部分结论有更清晰的表达。上文分析中都假定市场上寻求多样化行为的消费者数量 θ 为外界给定，接下来，对 θ 的性质进行分析，由上文可知 $a < \dfrac{h \cdot (3 \cdot h \cdot \alpha - \beta^2 \cdot \theta^2 - \beta^2)}{h \cdot \alpha + 3 \cdot \beta^2 \cdot \theta - \beta^2 \cdot \theta^2}$，

而且 $0 < \theta < 1$，即当且仅当 $a < \dfrac{h \cdot (3 \cdot h \cdot \alpha - 2 \cdot \beta^2)}{h \cdot \alpha + 2 \cdot \beta^2}$ 和 $3 \cdot h \cdot \alpha > 2 \cdot \beta^2$

时，对于任一给定的寻求多样化行为的消费者比例，后文的分析均成立，证明见附录。

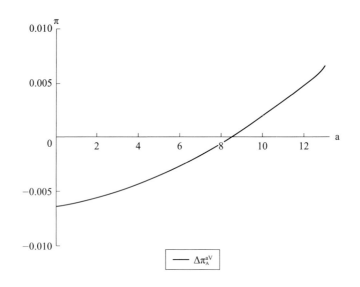

图4 – 3　当寻求多样化行为的消费者比例一定时，

品牌更优的企业随品牌影响力度的变化

注：$h = 5$，$\beta = 0.8$，$\alpha = 1$，$\theta = 0.2$，$\Delta \pi_A^{aV} = \pi_A^{aV} - \pi_{A0}^a$。

资料来源：笔者根据文中结论，用 Mathematic 软件绘制而得。

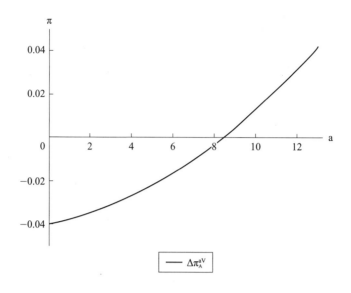

图 4-4　当寻求多样化行为的消费者比例一定时，品牌更优企业的利润差随品牌影响力度的变化

注：$h=5$，$\beta=0.8$，$\alpha=1$，$\theta=0.5$，$\Delta\pi_A^{aV}=\pi_A^{aV}-\pi_{A0}^a$。

资料来源：笔者根据文中结论，用 Mathematic 软件绘制而得。

命题 4-6

在非对称性双寡头市场下，当存在消费者寻求多样化行为，企业均选择价格承诺策略，且 $a<\dfrac{h\cdot(3\cdot h\cdot\alpha-2\cdot\beta^2)}{h\cdot\alpha+2\cdot\beta^2}$ 时，

（1）随着寻求多样化的消费者人数 θ 增加，p_A^{aV} 和 s_{A2}^{aV} 递增，p_B^{aV}、s_{A1}^{aV} 和 s_{B1}^{aV} 递减，如果企业间的品牌差异较小，s_{B2}^{aV} 递增；否则，s_{B2}^{aV} 先递增，后递减。

（2）随着寻求多样化的消费者人数 θ 增加，企业间的价格差异（$p_A^{aV}-p_B^{aV}$）以及第二阶段的质量水平差异（$s_{A2}^{aV}-s_{B2}^{aV}$）逐渐增加，而且，企业间两个阶段的质量水平差异（（$s_{A2}^{aV}-s_{B2}^{aV}$）-（$s_{A1}^{aV}-s_{B1}^{aV}$））也逐渐增加。

（3）随着寻求多样化的消费者人数 θ 增加，企业 A 第一阶段的需求 d_{A1}^{aV}、企业 B 第二阶段的需求 d_{B2}^{aV} 以及企业 B 两个阶段的总需求 d_B^{aVT} 逐渐减少，而企业 B 第一阶段的需求 d_{B1}^{aV}、企业 A 第二阶段的需求 d_{A2}^{aV} 以及企业 A 两个阶段的总需求 d_A^{aVT} 逐渐增加。

由命题 4 – 6 可知，消费者寻求多样化行为对企业产品的定价、质量水平以及企业各阶段的需求产生不同影响，并且，对企业之间的差异化产生显著影响。图 4 – 5 ~ 图 4 – 6 可以对命题 4 – 6 中部分结论有更清晰的表达。

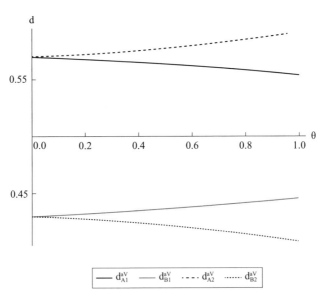

图 4 – 5　企业两个阶段各自的需求随寻求多样化行为的消费者比例的变化

注：$h = 5$，$a = 2$，$\beta = 0.8$，$\alpha = 1$。

资料来源：笔者根据文中结论，用 Mathematic 软件绘制而得。

定理 4 – 1

在非对称性双寡头市场下，当存在消费者寻求多样化行为，企业均选择价格承诺策略，存在 $\dfrac{2 \cdot \beta^2}{\alpha} < h^*$，且 $a < \dfrac{h \cdot (3 \cdot h \cdot \alpha - 2 \cdot \beta^2)}{h \cdot \alpha + 2 \cdot \beta^2}$ 和

$2 \cdot h \cdot \alpha > \beta^2$ 时，

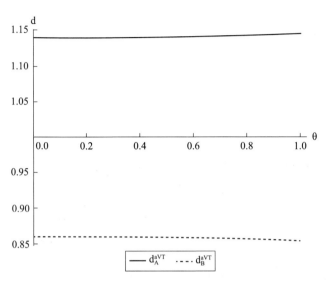

图 4 - 6 企业两个阶段的总需求随寻求多样化行为的消费者比例的变化

注：$h = 5$，$a = 2$，$\beta = 0.8$，$\alpha = 1$。

资料来源：笔者根据文中结论，用 Mathematic 软件绘制而得。

（i）当 $h > h^*$ 时，若 $a > \dfrac{(3 \cdot h \cdot \alpha - \beta^2)^2}{\alpha \cdot (5 \cdot h \cdot \alpha - \beta^2)}$，即品牌影响力的差异足够大，品牌较优的企业利润随 θ 的增加而增加；若 $\dfrac{(3 \cdot h \cdot \alpha - 2 \cdot \beta^2)^2}{\alpha \cdot (5 \cdot h \cdot \alpha - 2 \cdot \beta^2)} < a < \dfrac{(3 \cdot h \cdot \alpha - \beta^2)^2}{\alpha \cdot (5 \cdot h \cdot \alpha - \beta^2)}$，即品牌影响力的差异不太明显，品牌更优的企业利润随 θ 增加先减少、后增加；若 $a < \dfrac{(3 \cdot h \cdot \alpha - 2 \cdot \beta^2)^2}{\alpha \cdot (5 \cdot h \cdot \alpha - 2 \cdot \beta^2)}$，即品牌影响力的差异足够小，品牌更优的企业利润随 θ 增加而减少；

（ii）当 $\dfrac{2 \cdot \beta^2}{3 \cdot \alpha} < h < \dfrac{\beta^2}{\alpha}$，或者 $\dfrac{2 \cdot \beta^2}{\alpha} < h < h^*$ 时，若 $a < \dfrac{(3 \cdot h \cdot \alpha - 2 \cdot \beta^2)^2}{\alpha \cdot (5 \cdot h \cdot \alpha - 2 \cdot \beta^2)}$，即品牌影响力的差异足够小，品牌较优的企业利

润随 θ 增加而减少；若 $\dfrac{(3 \cdot h \cdot \alpha - 2 \cdot \beta^2)^2}{\alpha \cdot (5 \cdot h \cdot \alpha - 2 \cdot \beta^2)} < a < \dfrac{h \cdot (3 \cdot h \cdot \alpha - 2 \cdot \beta^2)}{h \cdot \alpha + 2 \cdot \beta^2}$，即品牌影响力差异不太明显，品牌较优的企业利润随 θ 增加先减少、后增加；

（iii）当 $\dfrac{\beta^2}{\alpha} < h < \dfrac{2 \cdot \beta^2}{\alpha}$ 时，品牌较优的企业利润随 θ 增加而减少；

（iv）品牌较差的企业利润，总是随 θ 增加而减少。

由定理 4 – 1 可知，市场上消费者寻求多样化行为对品牌影响不同的企业产生不同的影响，但总是会损害品牌影响较差的企业，然而，消费者寻求多样化行为对品牌较优企业产生的影响，既取决于市场上消费者寻求多样化行为人数的比例，也在很大程度上取决于企业间品牌影响的差异性，见图 4 – 7 ～ 图 4 – 10。

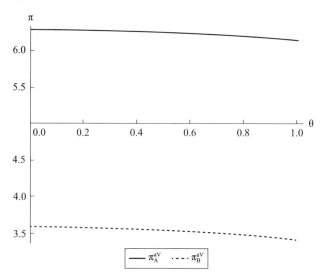

图 4 – 7　企业两个阶段的总利润随寻求多样化行为的消费者比例的变化

注：h = 5，a = 2，β = 0.8，α = 1。

资料来源：笔者根据文中结论，用 Mathematic 软件绘制而得。

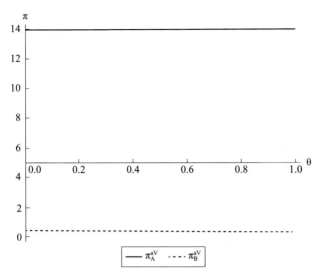

图 4 - 8　企业两个阶段的总利润随寻求多样化行为的消费者比例的变化

注：$h = 5$，$a = 10$，$\beta = 0.8$，$\alpha = 1$。

资料来源：笔者根据文中结论，用 Mathematic 软件绘制而得。

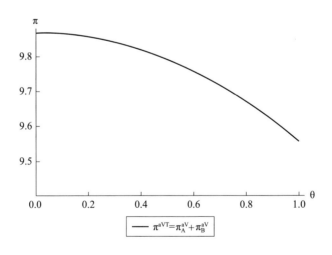

图 4 - 9　市场上两个阶段的总利润随寻求多样化行为的消费者比例的变化

注：$h = 5$，$a = 2$，$\beta = 0.8$，$\alpha = 1$。

资料来源：笔者根据文中结论，用 Mathematic 软件绘制而得。

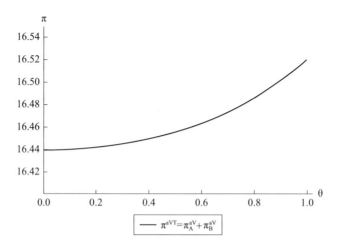

图 4 - 10　市场上两个阶段的总利润随寻求多样化行为的消费者比例的变化

注：$h = 5$，$a = 12$，$\beta = 0.8$，$\alpha = 1$。

资料来源：笔者根据文中结论，用 Mathematic 软件绘制而得。

4.3　质量承诺策略的情形

在 4.2 节中，讨论了企业选择价格承诺策略的情形，即企业两个阶段的价格不变，因此，本节讨论企业选择质量承诺策略的情形，即企业在第一阶段给出产品的质量水平并决定价格，企业在第二阶段只调整产品的价格而不再改变质量水平，且假定 $l_A = l_B = l$（$l > 0$），即寻求多样化的消费者对企业 A 产品和企业 B 产品的餍足感相同。

4.3.1　基准模型：无消费者寻求多样化行为

为了得到一个基准模型，本节先考虑无消费者寻求多样化行为的情形，即 $\theta = 0$。因此，消费者第二阶段的购买行为没有受到第一阶段的影响，两个阶段中企业策略保持不变，即两个阶段的竞争变为一个阶段的竞争。具体分析如下：

企业 A 和企业 B 同时给出质量水平 s_A 和质量水平 s_B，接着，决定产

品的价格 p_A 和价格 p_B，消费者从两个企业购买产品的效用函数分别为：

$$U_A = V - p_A + \beta \cdot s_A + \frac{a}{2} - h \cdot x$$

$$U_B = V - p_B + \beta \cdot s_B - \frac{a}{2} - h \cdot (1 - x)$$

当 $U_A > U_B$ 时，消费者愿意从企业 A 购买产品；当 $U_A < U_B$ 时，消费者愿意从企业 B 购买产品，即企业 A 的市场份额和企业 B 的市场份额分别为：

$$d_A = \frac{p_B - p_A + \beta \cdot (s_A - s_B) + a + h}{2 \cdot h} \qquad \text{式（4-13）}$$

$$d_B = \frac{p_A - p_B + \beta \cdot (s_B - s_A) - a + h}{2 \cdot h} \qquad \text{式（4-14）}$$

那么，企业 A 的利润函数和企业 B 的利润函数分别为：

$$\pi_A = d_A \cdot p_A - \frac{\alpha}{2} \cdot s_A^2 = \frac{p_B - p_A + \beta \cdot (s_A - s_B) + a + h}{2 \cdot h} \cdot p_A - \frac{\alpha}{2} \cdot s_A^2$$

$$\text{式（4-15）}$$

$$\pi_B = d_B \cdot p_B - \frac{\alpha}{2} \cdot s_B^2 = \frac{p_A - p_B + \beta \cdot (s_B - s_A) - a + h}{2 \cdot h} \cdot p_B - \frac{\alpha}{2} \cdot s_B^2$$

$$\text{式（4-16）}$$

命题 4-7

在对称性双寡头市场下，当不存在消费者寻求多样化行为，且企业均选择质量承诺策略时，企业 A 产品和企业 B 产品的均衡质量水平分别为：$s_{A0}^a = \frac{\beta}{3 \cdot \alpha} + \frac{\beta \cdot a}{9 \cdot h \cdot \alpha - 2 \cdot \beta^2}$ 和 $s_{B0}^a = \frac{\beta}{3 \cdot \alpha} - \frac{\beta \cdot a}{9 \cdot h \cdot \alpha - 2 \cdot \beta^2}$；均衡价格分别为 $p_{A0}^a = h + \frac{3 \cdot h \cdot \alpha \cdot a}{9 \cdot h \cdot \alpha - 2 \cdot \beta^2}$ 和 $p_{B0}^a = h - \frac{3 \cdot h \cdot \alpha \cdot a}{9 \cdot h \cdot \alpha - 2 \cdot \beta^2}$。

与对称性双寡头市场中企业 A 的策略一致性和企业 B 的策略一致性相比，在非对称性市场环境下，企业总会选择差异化的竞争策略，即企业 A 和企业 B 均采取不同的定质策略、定价策略。

4.3.2　考虑消费者寻求多样化行为

本节讨论市场上部分消费者寻求多样化的情形，即 $0 < \theta < 1$，由于重复购买将产生餍足感，消费者往往会降低二次购买的意愿。与价格承诺策略类似，企业竞争分为两阶段。

在第一阶段，企业同时决定产品的质量水平 s_A 和产品质量水平 s_B，并不再改变质量，接着，决定产品价格 p_{A1} 和产品价格 p_{B1}。随后，消费者最大化自身效用做出购买决策，因此，企业 A 的市场份额和企业 B 的市场份额分别为：

$$d_{A1} = \frac{p_{B1} - p_{A1} + \beta \cdot (s_A - s_B) + a + h}{2 \cdot h} \qquad 式（4-17）$$

$$d_{B1} = \frac{p_{A1} - p_{B1} + \beta \cdot (s_B - s_A) - a + h}{2 \cdot h} \qquad 式（4-18）$$

在第二阶段，由于部分消费者二次购买会产生餍足感，企业将通过调整产品价格以防止市场份额丢失。此时，企业 A 的市场份额来源于三部分。

第一部分，没有寻求多样化行为的消费者，消费者根据企业 A 的产品和企业 B 的产品所获得的效用值大小进行购买决策，那么，这部分消费者为：

$$(1 - \theta) \cdot \frac{p_{B2} - p_{A2} + \beta \cdot (s_A - s_B) + a + h}{2 \cdot h}$$

第二部分，部分消费者由于重复购买会产生餍足感，因此，第一阶段购买企业 B 的产品，由于餍足感，第二阶段降低了购买企业 B 的产品带来的效用值 l。此时，购买企业 A 的产品将获得更高的效用，这部分消费者为：

$$\theta \cdot \frac{(p_{B2} - p_{A2}) - (p_{B1} - p_{A1}) + l}{2 \cdot h}$$

第三部分，尽管部分消费者重复购买会产生餍足感，第一阶段购买企业 A 的产品，而第二阶段购买企业 A 的产品仍旧会获得更高的效用，

这部分消费者为:

$$\theta \cdot \frac{p_{B2} - p_{A2} + \beta \cdot (s_A - s_B) + a + h - l}{2 \cdot h}$$

则企业 A 第二阶段的市场份额为:

$$d_{A2} = \frac{\beta \cdot (s_A - s_B) + h + a}{2 \cdot h} + (1 + \theta) \cdot \frac{p_{B2} - p_{A2}}{2 \cdot h} - \theta \cdot \frac{p_{B1} - p_{A1}}{2 \cdot h}$$

$$式 (4 - 19)$$

同理,企业 B 第二阶段的市场份额为:

$$d_{B2} = \frac{\beta \cdot (s_B - s_A) + h - a}{2 \cdot h} + (1 + \theta) \cdot \frac{p_{A2} - p_{B2}}{2 \cdot h} - \theta \cdot \frac{p_{A1} - p_{B1}}{2 \cdot h}$$

$$式 (4 - 20)$$

由式 (4 - 17) ~ 式 (4 - 20) 可得,企业 A 两个阶段和企业 B 两个阶段的总利润函数为:

$$\pi_A = d_{A1} \cdot p_{A1} + d_{A2} \cdot p_{A2} - \frac{\alpha}{2} \cdot s_A^2 - \frac{\alpha}{2} \cdot s_A^2 \qquad 式 (4 - 21)$$

$$\pi_A = d_{B1} \cdot p_{B1} + d_{B2} \cdot p_{B2} - \frac{\alpha}{2} \cdot s_B^2 - \frac{\alpha}{2} \cdot s_B^2 \qquad 式 (4 - 22)$$

命题 4 - 8

在对称性双寡头市场下,当存在消费者寻求多样化行为,且企业均选择质量承诺策略时,企业 A 的均衡质量水平和企业 B 的均衡质量水平分别为:

$$s_A^{aSV} = \frac{\beta \cdot (54 + 51 \cdot \theta - 10 \cdot \theta^2)}{6 \cdot \alpha \cdot (27 + 27 \cdot \theta - 4 \cdot \theta^2)} +$$

$$\frac{a \cdot \beta \cdot (1 + \theta) \cdot (162 + 171 \cdot \theta - 8 \cdot \theta^2)}{2 \cdot h \cdot \alpha \cdot (27 + 27 \cdot \theta - 4 \cdot \theta^2)^2 - 2 \cdot \beta^2 \cdot (1 + \theta) \cdot (162 + 171 \cdot \theta - 8 \cdot \theta^2)}$$

$$s_B^{aSV} = \frac{\beta \cdot (54 + 51 \cdot \theta - 10 \cdot \theta^2)}{6 \cdot \alpha \cdot (27 + 27 \cdot \theta - 4 \cdot \theta^2)} -$$

$$\frac{a \cdot \beta \cdot (1 + \theta) \cdot (162 + 171 \cdot \theta - 8 \cdot \theta^2)}{2 \cdot h \cdot \alpha \cdot (27 + 27 \cdot \theta - 4 \cdot \theta^2)^2 - 2 \cdot \beta^2 \cdot (1 + \theta) \cdot (162 + 171 \cdot \theta - 8 \cdot \theta^2)};$$

两个阶段中,企业的均衡价格分别为:

$$p_{A1}^{aSV} = \frac{3 + 5 \cdot \theta}{3 \cdot (1 + \theta)} \cdot h +$$

$$\frac{a \cdot h \cdot \alpha \cdot (9 + 11 \cdot \theta) \cdot (27 + 27 \cdot \theta - 4 \cdot \theta^2)}{h \cdot \alpha \cdot (27 + 27 \cdot \theta - 4 \cdot \theta^2)^2 - \beta^2 \cdot (1 + \theta) \cdot (162 + 171 \cdot \theta - 8 \cdot \theta^2)}、$$

$$p_{B1}^{aSV} = \frac{3 + 5 \cdot \theta}{3 \cdot (1 + \theta)} \cdot h -$$

$$\frac{a \cdot h \cdot \alpha \cdot (9 + 11 \cdot \theta) \cdot (27 + 27 \cdot \theta - 4 \cdot \theta^2)}{h \cdot \alpha \cdot (27 + 27 \cdot \theta - 4 \cdot \theta^2)^2 - \beta^2 \cdot (1 + \theta) \cdot (162 + 171 \cdot \theta - 8 \cdot \theta^2)}、$$

$$p_{A2}^{aSV} = \frac{h}{(1 + \theta)} +$$

$$\frac{a \cdot h \cdot \alpha \cdot (9 + 6 \cdot \theta) \cdot (27 + 27 \cdot \theta - 4 \cdot \theta^2)}{h \cdot \alpha \cdot (27 + 27 \cdot \theta - 4 \cdot \theta^2)^2 - \beta^2 \cdot (1 + \theta) \cdot (162 + 171 \cdot \theta - 8 \cdot \theta^2)} 和$$

$$p_{B2}^{aSV} = \frac{h}{(1 + \theta)} -$$

$$\frac{a \cdot h \cdot \alpha \cdot (9 + 6 \cdot \theta) \cdot (27 + 27 \cdot \theta - 4 \cdot \theta^2) \cdot (9 + 6 \cdot \theta)}{h \cdot \alpha \cdot (27 + 27 \cdot \theta - 4 \cdot \theta^2)^2 - \beta^2 \cdot (1 + \theta) \cdot (162 + 171 \cdot \theta - 8 \cdot \theta^2)},$$

且 $p_{i1}^{aSV} > p_{i2}^{aSV}$（$i = A$，$B$），证明见附录。

与对称性市场一致，当企业选择质量承诺策略时，第一阶段会制定较高的价格，第二阶段会制定较低的价格，避免消费者寻求多样化导致市场份额减少，而且，企业策略与上文非对称性市场中企业选择价格承诺策略时类似，如图 4 – 11 ～图 4 – 15 所示，即企业将制定差异化的策略面对差异化的市场。企业决策者需要仔细洞悉本企业产品的品牌影响力及消费者特性，制定合理的竞争策略。

由图 4 – 16 ～图 4 – 20 可得，当企业品牌影响力差异较小时，无论品牌较优企业的利润还是品牌较差企业的利润，都可能随消费者寻求多样化行为的人数比例的增加而减少，而当企业品牌影响力差异较大时，品牌较差企业的利润可能随消费者寻求多样化人数的增加而增加，而品牌较优企业的利润可能随消费者寻求多样化人数的增加而先减少、后增加，且市场的总利润也可能随消费者寻求多样化人数的增加，先减少、后增加。因此，企业竞争时不仅需要考虑市场上品牌影响差异的大小，也需要考虑消费者的行为特性。

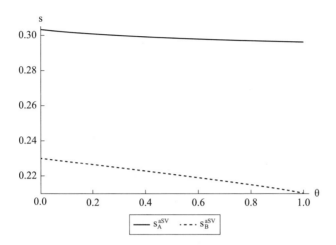

图 4 - 11　当企业选择质量承诺时，质量水平随寻求多样化行为的消费者

比例的变化

注：$a = 2$，$h = 5$，$\beta = 0.8$，$\alpha = 1$。

资料来源：笔者根据文中结论，用 Mathematic 软件绘制而得。

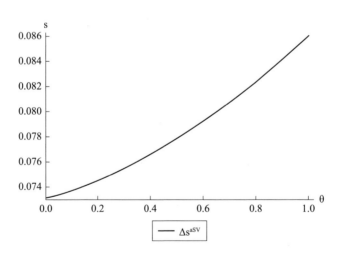

图 4 - 12　当企业选择质量承诺时，质量水平差随寻求多样化行为的

消费者比例的变化

注：$a = 2$，$h = 5$，$\beta = 0.8$，$\alpha = 1$，$\Delta s^{aSV} = s_A^{aSV} - s_B^{aSV}$。

资料来源：笔者根据文中结论，用 Mathematic 软件绘制而得。

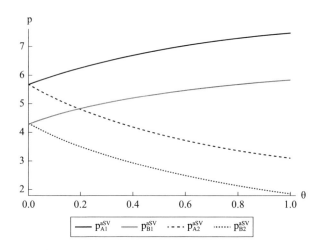

图 4 – 13 当企业选择质量承诺策略时，价格随寻求多样化行为的
消费者比例的变化

注：$a = 2$，$h = 5$，$\beta = 0.8$，$\alpha = 1$。

资料来源：笔者根据文中结论，用 Mathematic 软件绘制而得。

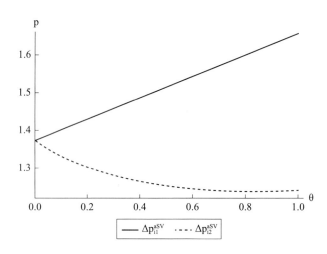

图 4 – 14 当企业选择质量承诺策略时，每阶段的价格差随寻求多样化
行为的消费者比例的变化

注：$a = 2$，$h = 5$，$\beta = 0.8$，$\alpha = 1$，$\Delta p_{i1}^{aSV} = p_{A1}^{aSV} - p_{B1}^{aSV}$，$\Delta p_{i2}^{aSV} = p_{A2}^{aSV} - p_{B2}^{aSV}$。

资料来源：笔者根据文中结论，用 Mathematic 软件绘制而得。

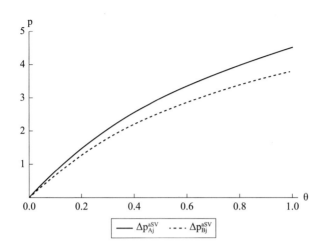

图 4 - 15　当企业选择质量承诺策略时，企业两阶段的价格差随寻求多样化行为的消费者比例的变化

注：$a = 2$，$h = 5$，$\beta = 0.8$，$\alpha = 1$，$\Delta p_{Aj}^{aSV} = p_{A1}^{aSV} - p_{A2}^{aSV}$，$\Delta p_{Bj}^{aSV} = p_{B1}^{aSV} - p_{B2}^{aSV}$。

资料来源：笔者根据文中结论，用 Mathematic 软件绘制而得。

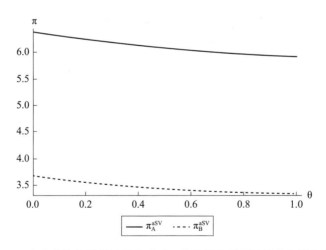

图 4 - 16　当企业选择质量承诺策略时，企业的总利润随寻求多样化行为的消费者比例的变化

注：$a = 2$，$h = 5$，$\beta = 0.8$，$\alpha = 1$。

资料来源：笔者根据文中结论，用 Mathematic 软件绘制而得。

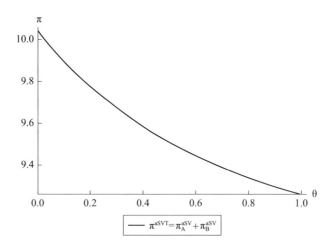

图 4 – 17　当企业选择质量承诺策略时，市场的总利润随寻求多样化行为的
消费者比例的变化

注：a = 2，h = 5，β = 0.8，α = 1。

资料来源：笔者根据文中结论，用 Mathematic 软件绘制而得。

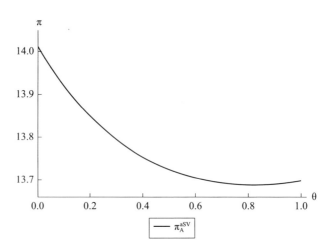

图 4 – 18　当企业选择质量承诺策略时，企业 A 的利润随寻求多样化行为的
消费者比例的变化

注：a = 10，h = 5，β = 0.8，α = 1。

资料来源：笔者根据文中结论，用 Mathematic 软件绘制而得。

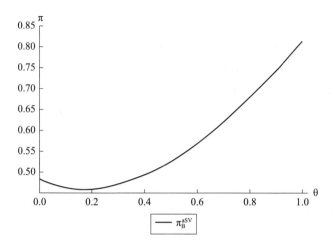

图 4 - 19　当企业选择质量承诺策略时，企业 B 的利润随寻求多样化

行为的消费者比例的变化

注：a = 10，h = 5，β = 0.8，α = 1。

资料来源：笔者根据文中结论，用 Mathematic 软件绘制而得。

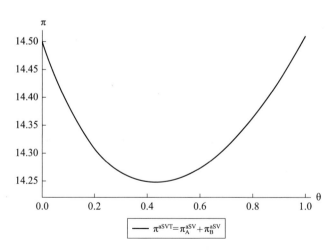

图 4 - 20　当企业选择质量承诺策略时，市场的利润随寻求多样化行为的

消费者比例的变化

注：a = 10，h = 5，β = 0.8，α = 1。

资料来源：笔者根据文中结论，用 Mathematic 软件绘制而得。

4.4　拓展部分

上文讨论企业对于消费者重复购买存在寻求多样化的行为时，分别分析企业选择价格承诺策略和选择质量承诺策略两种情形，第3章拓展部分讨论了重复购买时，消费者存在习惯性消费行为的情形。因此，在本节中，首先，简单讨论消费者重复购买时存在习惯性消费行为的情形。其次，由于企业产品的品牌影响力不一致，因此，可能导致消费者重复购买时，对不同企业的餍足感不一致的情形，即 $l_A \neq l_B$。最后，由于企业产品的品牌影响力不一致，企业提供相同质量水平产品的成本可能不相等，因此，第三部分主要验证企业质量水平的成本系数不一致时，此前结论是否成立。

4.4.1　消费者存在习惯性消费的情形

本节探讨市场上部分消费者存在习惯性消费行为的情形，假定市场上有 φ（$0 < \varphi < 1$）部分消费者重复购买，有习惯性消费，即当这部分消费者重复购买时，由于习惯或忠诚等因素，将增加对此前消费的产品或服务的购买意愿 k，且本小节中假定企业选择价格承诺策略的情形，为简化分析，假定市场上不存在寻求多样化行为的消费者，即 $\theta = 0$。本小节企业的竞争为两阶段博弈。在第一阶段，企业各自决定产品的价格 p_A、价格 p_B，并不再改变产品价格，接着，给出产品的质量水平 s_{A1}、质量水平 s_{B1}。随后，消费者最大化自身效用作出购买决策，因此，企业 A 的市场份额和企业 B 的市场份额分别为：

$$d_{A1} = \frac{p_B - p_A + \beta \cdot (s_{A1} - s_{B1}) + a + h}{2 \cdot h} \qquad \text{式（4-23）}$$

$$d_{B1} = \frac{p_A - p_B + \beta \cdot (s_{B1} - s_{A1}) - a + h}{2 \cdot h} \qquad \text{式（4-24）}$$

在第二阶段，由于部分消费者有习惯性消费行为，企业通过调整质量水平最大化自身利益，此时，企业 A 的市场份额来源于两部分。

第一部分，无习惯性消费行为的消费者，仍旧根据企业的定价以及提供的质量水平最大化自身效用决定购买决策，那么，这部分消费者为：

$$(1 - \varphi) \cdot \frac{p_B - p_A + \beta \cdot (s_{A2} - s_{B2}) + a + h}{2 \cdot h}$$

第二部分，部分消费者因为第一次购买经历产生了习惯（或忠诚度），第二阶段会更愿意购买此前购买的产品。此时，若消费者第一阶段购买了企业 A 的产品，第二阶段购买企业 A 的产品所获得的效用为：$U_A = V - p_A + \beta \cdot s_{A2} - h \cdot x + \frac{a}{2} + k$，在非对称性市场环境下可知，这部分消费者仍然为第一阶段购买企业 A 的产品而获得习惯的消费者人群，即为：

$$\varphi \cdot \frac{p_B - p_A + \beta \cdot (s_{A1} - s_{B1}) + a + h}{2 \cdot h}$$

则企业 A 第二阶段的市场份额为：

$$d_{A2} = \frac{p_B - p_A + a + h}{2 \cdot h} + (1 - \varphi) \cdot \frac{\beta \cdot (s_{A2} - s_{B2})}{2 \cdot h} + \varphi \cdot \frac{\beta \cdot (s_{A1} - s_{B1})}{2 \cdot h}$$

$$式（4-25）$$

同理，企业 B 第二阶段的市场份额为：

$$d_{B2} = \frac{p_A - p_B - a + h}{2 \cdot h} + (1 - \varphi) \cdot \frac{\beta \cdot (s_{B2} - s_{A2})}{2 \cdot h} + \varphi \cdot \frac{\beta \cdot (s_{B1} - s_{A1})}{2 \cdot h}$$

$$式（4-26）$$

由式（4-23）～式（4-26）可得，企业 A 两个阶段和企业 B 两个阶段的总市场份额分别为：

$$d_A^T = \frac{p_B - p_A + a + h}{h} + (1 - \varphi) \cdot \frac{\beta \cdot (s_{A2} - s_{B2})}{2 \cdot h} + (1 + \varphi) \cdot \frac{\beta \cdot (s_{A1} - s_{B1})}{2 \cdot h}$$

$$式（4-27）$$

$$d_B^T = \frac{p_A - p_B - a + h}{h} + (1 - \varphi) \cdot \frac{\beta \cdot (s_{B2} - s_{A2})}{2 \cdot h} + (1 + \varphi) \cdot \frac{\beta \cdot (s_{B1} - s_{A1})}{2 \cdot h}$$

式（4 - 28）

企业 A 两个阶段和企业 B 两个阶段的总利润函数分别为：

$$\pi_A = d_A^T \cdot p_A - \frac{\alpha}{2} \cdot s_{A1}^2 - \frac{\alpha}{2} \cdot s_{A2}^2 \qquad 式（4 - 29）$$

$$\pi_B = d_B^T \cdot p_B - \frac{\alpha}{2} \cdot s_{B1}^2 - \frac{\alpha}{2} \cdot s_{B2}^2 \qquad 式（4 - 30）$$

当且仅当 $2 \cdot h \cdot \alpha > \beta^2$，$a < h \cdot \left| \dfrac{3 \cdot h \cdot \alpha - \beta^2 \cdot \varphi^2 - \beta^2}{h \cdot \alpha} \right|$ 且 $a < h \cdot$ $\left| \dfrac{3 \cdot h \cdot \alpha - \beta^2 \cdot \varphi^2 - \beta^2}{\beta^2 \cdot \varphi^2 + \beta^2 \cdot \varphi - h \cdot \alpha} \right|$ 时，企业各个阶段的需求、价格和服务水平均为非负，即本节的讨论才有意义。

命题 4 - 9

在非对称性双寡头市场下，当存在习惯性消费行为，且企业均选择价格承诺策略时，企业 A 的均衡价格和企业 B 的均衡价格分别为 $p_A^{aH} = h + \dfrac{h \cdot \alpha \cdot a}{3 \cdot h \cdot \alpha - \beta^2 \cdot \varphi^2 - \beta^2}$ 和 $p_B^{aH} = h - \dfrac{h \cdot \alpha \cdot a}{3 \cdot h \cdot \alpha - \beta^2 \cdot \varphi^2 - \beta^2}$，见图 4 - 21；两个阶段的均衡质量水平分别为：$s_{A1}^{aH} = \dfrac{\beta \cdot (1 + \varphi)}{2 \cdot h \cdot \alpha} \cdot \left(h + \dfrac{h \cdot \alpha \cdot a}{3 \cdot h \cdot \alpha - \beta^2 \cdot \varphi^2 - \beta^2} \right)$ 和 $s_{B1}^{aH} = \dfrac{\beta \cdot (1 + \varphi)}{2 \cdot h \cdot \alpha} \cdot \left(h - \dfrac{h \cdot \alpha \cdot a}{3 \cdot h \cdot \alpha - \beta^2 \cdot \varphi^2 - \beta^2} \right)$，以及 $s_{A2}^{aH} = \dfrac{\beta \cdot (1 - \varphi)}{2 \cdot h \cdot \alpha} \cdot$ $\left(h + \dfrac{h \cdot \alpha \cdot a}{3 \cdot h \cdot \alpha - \beta^2 \cdot \varphi^2 - \beta^2} \right)$ 和 $s_{B2}^{aH} = \dfrac{\beta \cdot (1 - \varphi)}{2 \cdot h \cdot \alpha} \cdot \left(h - \dfrac{h \cdot \alpha \cdot a}{3 \cdot h \cdot \alpha - \beta^2 \cdot \varphi^2 - \beta^2} \right)$，见图 4 - 22，且 $s_{i1}^{aH} > s_{i2}^{aH}$（$i = A$，$B$）。

与对称性市场中存在习惯性消费行为的情形类似，企业第二阶段将会提供较低的质量水平，而第一阶段提供较高的质量水平，因此，无论是在对称性市场还是非对称性市场，企业均可培养消费者的习惯或忠诚度来缓解因消费者寻求多样化行为给企业带来竞争加剧的影响。

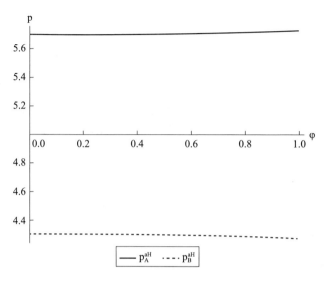

图4－21　企业价格随习惯性消费行为的消费者比例的变化

注：h＝5，a＝2，β＝0.8，α＝1。

资料来源：笔者根据文中结论，用 Mathematic 软件绘制而得。

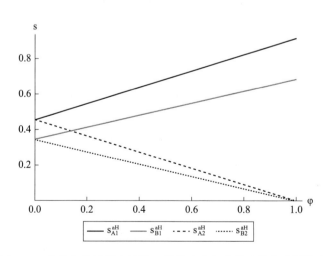

图4－22　企业产品质量水平随习惯性消费行为的消费者比例的变化

注：h＝5，a＝2，β＝0.8，α＝1。

资料来源：笔者根据文中结论，用 Mathematic 软件绘制而得。

4.4.2　消费者有不同餍足感的情形

上文讨论消费者寻求多样化行为时，均认为消费者对不同企业的餍足感相同，但不同品牌的产品带给消费者的体验不尽一致，因而，消费者重复消费或购买不同品牌产品的餍足感不相同。即 $l_A \neq l_B$。本节企业的竞争仍然设为两阶段博弈，假定企业选择价格承诺策略的情形下，类似于 4.2.2 小节的研究，即企业 A 第一阶段和企业 B 第一阶段的市场份额分别为：

$$d_{A1} = \frac{p_B - p_A + \beta \cdot (s_{A1} - s_{B1}) + a + h}{2 \cdot h} \qquad 式（4-31）$$

$$d_{B1} = \frac{p_A - p_B + \beta \cdot (s_{B1} - s_{A1}) - a + h}{2 \cdot h} \qquad 式（4-32）$$

同理，在第二阶段，企业 A 的市场份额也来源于三部分。

第一部分，没有寻求多样化行为的消费者，消费者根据企业 A 提供的产品和企业 B 提供的产品所获得的效用值大小进行购买决策，那么，这部分消费者为：

$$(1 - \theta) \cdot \frac{p_B - p_A + \beta \cdot (s_{A2} - s_{B2}) + a + h}{2 \cdot h}$$

第二部分，部分消费者由于重复购买会产生餍足感，因此，第一阶段购买企业 B 的产品，由于餍足感，第二阶段降低了购买企业 B 的产品所带来的效用值 l_B，此时，购买企业 A 的产品将获得更高的效用。这部分消费者为：

$$\theta \cdot \frac{\beta \cdot (s_{A2} - s_{B2}) - \beta \cdot (s_{A1} - s_{B1}) + l_B}{2 \cdot h}$$

第三部分，尽管部分消费者重复购买会产生餍足感，第一阶段购买企业 A 的产品，降低了消费企业 A 产品的效用 l_A，而第二阶段购买企业 A 的产品仍旧会获得更高的效用，这部分消费者为：

$$\theta \cdot \frac{p_B - p_A + \beta \cdot (s_{A2} - s_{B2}) + a + h - l_A}{2 \cdot h}$$

则企业 A 第二阶段、企业 B 第二阶段的市场份额分别为：

$$d_{A2} = \frac{p_B - p_A + a + \theta \cdot (l_B - l_A) + h}{2 \cdot h} + (1 + \theta) \cdot \frac{\beta \cdot (s_{A2} - s_{B2})}{2 \cdot h}$$

$$- \theta \cdot \frac{\beta \cdot (s_{A1} - s_{B1})}{2 \cdot h} \qquad 式（4 - 33）$$

$$d_{B2} = \frac{p_A - p_B - a - \theta \cdot (l_B - l_A) + h}{2 \cdot h} + (1 + \theta) \cdot \frac{\beta \cdot (s_{B2} - s_{A2})}{2 \cdot h}$$

$$- \theta \cdot \frac{\beta \cdot (s_{B1} - s_{A1})}{2 \cdot h} \qquad 式（4 - 34）$$

由式（4 - 31）~ 式（4 - 34）可得，企业 A 两个阶段和企业 B 两个阶段的总市场份额分别为：

$$d_A^T = \frac{p_B - p_A + a + \dfrac{\theta \cdot (l_B - l_A)}{2} + h}{h} + (1 + \theta) \cdot \frac{\beta \cdot (s_{A2} - s_{B2})}{2 \cdot h}$$

$$+ (1 - \theta) \cdot \frac{\beta \cdot (s_{A1} - s_{B1})}{2 \cdot h} \qquad 式（4 - 35）$$

$$d_B^T = \frac{p_A - p_B - a - \dfrac{\theta \cdot (l_B - l_A)}{2} + h}{h} + (1 + \theta) \cdot \frac{\beta \cdot (s_{B2} - s_{A2})}{2 \cdot h}$$

$$+ (1 - \theta) \cdot \frac{\beta \cdot (s_{B1} - s_{A1})}{2 \cdot h} \qquad 式（4 - 36）$$

企业 A 两个阶段和企业 B 两个阶段的总利润函数为：

$$\pi_A = d_A^T \cdot p_A - \frac{\alpha}{2} \cdot s_{A1}^2 - \frac{\alpha}{2} \cdot s_{A2}^2 \qquad 式（4 - 37）$$

$$\pi_B = d_B^T \cdot p_B - \frac{\alpha}{2} \cdot s_{B1}^2 - \frac{\alpha}{2} \cdot s_{B2}^2 \qquad 式（4 - 38）$$

本节仅讨论 $3 \cdot h \cdot \alpha - \beta^2 \cdot \theta^2 - \beta^2 > 0$ 的情形，即品牌较优的企业会制定较高的价格，并提供较高的质量水平，且品牌影响力满足：$0 < a <$

$$\frac{3 \cdot h \cdot \alpha - \beta^2 \cdot \theta^2 - \beta^2}{h \cdot \alpha + 3 \cdot \beta^2 \cdot \theta - \beta^2 \cdot \theta^2} \cdot h - \frac{3 \cdot \beta^2 \cdot \theta + \beta^2 - 2 \cdot h \cdot \alpha}{h \cdot \alpha + 3 \cdot \beta^2 \cdot \theta - \beta^2 \cdot \theta^2} \cdot \theta \cdot \frac{l_B - l_A}{2}，否$$

则，命题 4 - 10 中的均衡解无意义。

命题 4 – 10

在非对称性双寡头市场下，当存在消费者寻求多样化行为，且企业均选择价格承诺策略时，企业 A 的均衡价格和企业 B 的均衡价格分别为：$\tilde{p}_A^{aV} =$

$$h + \frac{h \cdot \alpha \cdot \left(a + \theta \cdot \dfrac{l_B - l_A}{2}\right)}{3 \cdot h \cdot \alpha - \beta^2 \cdot \theta^2 - \beta^2} \text{ 和 } \tilde{p}_B^{aV} = h - \frac{h \cdot \alpha \cdot \left(a + \theta \cdot \dfrac{l_B - l_A}{2}\right)}{3 \cdot h \cdot \alpha - \beta^2 \cdot \theta^2 - \beta^2}; \text{ 两个阶段的均}$$

衡质量水平分别为：$\tilde{s}_{A1}^{aV} = \dfrac{\beta \cdot (1 - \theta)}{2 \cdot h \cdot \alpha} \cdot \left[h + \dfrac{h \cdot \alpha \cdot \left(a + \theta \cdot \dfrac{l_B - l_A}{2}\right)}{3 \cdot h \cdot \alpha - \beta^2 \cdot \theta^2 - \beta^2} \right]$ 和

$\tilde{s}_{B1}^{aV} = \dfrac{\beta \cdot (1 - \theta)}{2 \cdot h \cdot \alpha} \cdot \left[h - \dfrac{h \cdot \alpha \cdot \left(a + \theta \cdot \dfrac{l_B - l_A}{2}\right)}{3 \cdot h \cdot \alpha - \beta^2 \cdot \theta^2 - \beta^2} \right]$，以及 $\tilde{s}_{A2}^{aV} = \dfrac{\beta \cdot (1 + \theta)}{2 \cdot h \cdot \alpha} \cdot$

$\left[h + \dfrac{h \cdot \alpha \cdot \left(a + \theta \cdot \dfrac{l_B - l_A}{2}\right)}{3 \cdot h \cdot \alpha - \beta^2 \cdot \theta^2 - \beta^2} \right]$ 和 $\tilde{s}_{B2}^{aV} = \dfrac{\beta \cdot (1 + \theta)}{2 \cdot h \cdot \alpha} \cdot \left[h - \dfrac{h \cdot \alpha \cdot \left(a + \theta \cdot \dfrac{l_B - l_A}{2}\right)}{3 \cdot h \cdot \alpha - \beta^2 \cdot \theta^2 - \beta^2} \right]$，

见图 4 – 23 和图 4 – 24。

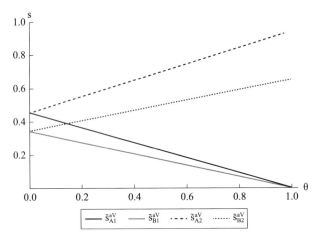

图 4 – 23　企业产品质量水平随寻求多样化行为的消费者比例的变化

注：$h = 5$，$a = 2$，$\beta = 0.8$，$\alpha = 1$，$l_B - l_A = 1$。

资料来源：笔者根据文中结论，用 Mathematic 软件绘制而得。

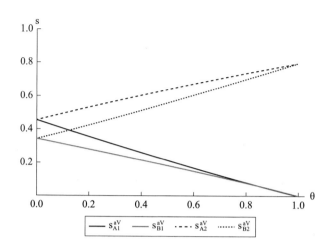

图4-24　企业产品质量水平随寻求多样化行为的消费者比例的变化

注：$h = 5$，$a = 2$，$\beta = 0.8$，$\alpha = 1$，$l_A - l_B = 4$。

资料来源：笔者根据文中结论，用 Mathematic 软件绘制而得。

本节仅讨论 $3 \cdot h \cdot \alpha - \beta^2 \cdot \theta^2 - \beta^2 > 0$ 的情形，即品牌较优的企业会制定较高的价格并提供较高的质量水平，且品牌影响力满足：$0 < a <$

$$\frac{3 \cdot h \cdot \alpha - \beta^2 \cdot \theta^2 - \beta^2}{h \cdot \alpha + 3 \cdot \beta^2 \cdot \theta - \beta^2 \cdot \theta^2} \cdot h - \frac{3 \cdot \beta^2 \cdot \theta + \beta^2 - 2 \cdot h \cdot \alpha}{h \cdot \alpha + 3 \cdot \beta^2 \cdot \theta - \beta^2 \cdot \theta^2} \cdot \theta \cdot \frac{l_B - l_A}{2},$$

否则，命题4-10中的均衡解无意义。

由命题4-10可知，存在消费者寻求多样化行为的情形下，相比于消费者重复购买对不同企业的产品产生相同的餍足感时，在此种情境下，消费者重复购买不同企业的产品产生的餍足感之差，也影响了企业之间的定质、定价。企业决策不仅需要考虑自身品牌因素，也要考虑自身产品属性的因素。

命题4-11

在非对称性双寡头市场下，当存在消费者寻求多样化行为，且企业均选择价格承诺策略时：

（1）若 $l_B - l_A > 0$，则 $\tilde{p}_A^{aV} > \tilde{p}_B^{aV}$，$\tilde{s}_{Aj}^{aV} > \tilde{s}_{Bj}^{aV}$，$(i = 1, 2)$；

（2）若 $-a < \dfrac{l_B - l_A}{2} \cdot \theta < 0$，则 $\tilde{p}_A^{aV} > \tilde{p}_B^{aV}$，$\tilde{s}_{Aj}^{aV} > \tilde{s}_{Bj}^{aV}$，$(i = 1, 2)$；

（3）若 $\dfrac{l_B - l_A}{2} \cdot \theta < -a$，则 $\tilde{p}_A^{aV} < \tilde{p}_B^{aV}$，$\tilde{s}_{Aj}^{aV} < \tilde{s}_{Bj}^{aV}$，$(i = 1, 2)$。

由命题 4 – 11 可知，见图 4 – 25 和图 4 – 26，相比于寻求多样化的消费者重复购买不同企业的产品时产生餍足感的情形不同，若寻求多样化的消费者对品牌影响更优的企业产生较低的餍足感，则会加大企业间的差异化。即价格差距以及质量水平之间的差距会增加。反之，则会缩小企业之间的差异化。而且，当市场上存在寻求多样化行为的消费者时，品牌影响较差的企业可以通过培养消费者对本企业产品的认可度或提供较好的购物体验等方式，即减少其重复购买时的餍足感或增加其重复购买的欲望，从而逆转企业在竞争中的弱势局面。

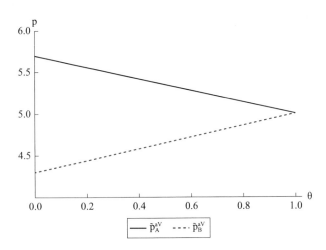

图 4 – 25　企业产品价格随寻求多样化行为的消费者比例的变化

注：$h = 5$，$a = 2$，$\beta = 0.8$，$\alpha = 1$，$l_A - l_B = 4$。

资料来源：笔者根据文中结论，用 Mathematic 软件绘制而得。

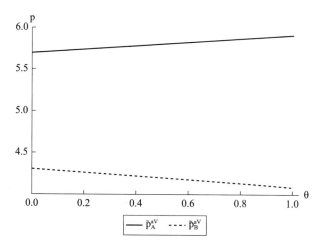

图 4 - 26　企业产品价格随寻求多样化行为的消费者比例的变化

注：$h = 5$，$a = 2$，$\beta = 0.8$，$\alpha = 1$，$l_B - l_A = 1$。

资料来源：笔者根据文中结论，用 Mathematic 软件绘制而得。

4.4.3　质量水平的成本系数相异

上文假定企业 A 产品和企业 B 产品的质量水平的成本系数相同且均为 α，因此，为了完善非对称性双寡头市场的讨论，本节假定企业 A 产品质量水平的成本系数为 α_A，而企业 B 产品质量水平的成本系数为 α_B，且 $\alpha_A \neq \alpha_B$。本节仅讨论价格承诺策略的情形，分析过程同 4.2.2 小节，即企业 A 两个阶段和企业 B 两个阶段的总市场份额分别为：

$$d_A^T = \frac{p_B - p_A + a + h}{h} + (1 + \theta) \cdot \frac{\beta \cdot (s_{A2} - s_{B2})}{2 \cdot h} + (1 - \theta) \cdot \frac{\beta \cdot (s_{A1} - s_{B1})}{2 \cdot h}$$

$$\text{式（4 - 39）}$$

$$d_B^T = \frac{p_A - p_B - a + h}{h} + (1 + \theta) \cdot \frac{\beta \cdot (s_{B2} - s_{A2})}{2 \cdot h} + (1 - \theta) \cdot \frac{\beta \cdot (s_{B1} - s_{A1})}{2 \cdot h}$$

$$\text{式（4 - 40）}$$

企业 A 两个阶段和企业 B 两个阶段的总利润函数分别为：

$$\pi_A = d_A^T \cdot p_A - \frac{\alpha_A}{2} \cdot s_{A1}^2 - \frac{\alpha_A}{2} \cdot s_{A2}^2 \qquad 式（4-41）$$

$$\pi_B = d_B^T \cdot p_B - \frac{\alpha_B}{2} \cdot s_{B1}^2 - \frac{\alpha_B}{2} \cdot s_{B2}^2 \qquad 式（4-42）$$

命题 4-12

在非对称性双寡头市场下，当存在消费者寻求多样化行为，且企业均选择价格承诺策略时，企业 A 的均衡价格和企业 B 的均衡价格分别为：

$$\hat{p}_A^{aV} = \frac{6 \cdot h^2 \cdot \alpha_A \cdot \alpha_B - 2 \cdot h \cdot \beta^2 \cdot (1+\theta^2) \cdot \alpha_A + 2 \cdot h \cdot \alpha_A \cdot \alpha_B \cdot a}{6 \cdot h \cdot \alpha_A \cdot \alpha_B - \beta^2 \cdot (1+\theta^2) \cdot (\alpha_A + \alpha_B)} 和 \hat{p}_B^{aV} =$$

$$\frac{6 \cdot h^2 \cdot \alpha_A \cdot \alpha_B - 2 \cdot h \cdot \beta^2 \cdot (1+\theta^2) \cdot \alpha_B - 2 \cdot h \cdot \alpha_A \cdot \alpha_B \cdot a}{6 \cdot h \cdot \alpha_A \cdot \alpha_B - \beta^2 \cdot (1+\theta^2) \cdot (\alpha_A + \alpha_B)}; 两个阶段的均衡$$

质量水平分别为 $\hat{s}_{A1}^{aV} = \beta \cdot (1-\theta) \cdot \dfrac{3 \cdot h \cdot \alpha_B - \beta^2 \cdot (1+\theta^2) + \alpha_B \cdot a}{6 \cdot h \cdot \alpha_A \cdot \alpha_B - \beta^2 \cdot (1+\theta^2) \cdot (\alpha_A + \alpha_B)}$

和 $\hat{s}_{B1}^{aV} = \beta \cdot (1-\theta) \cdot \dfrac{3 \cdot h \cdot \alpha_A - \beta^2 \cdot (1+\theta^2) - \alpha_A \cdot a}{6 \cdot h \cdot \alpha_A \cdot \alpha_B - \beta^2 \cdot (1+\theta^2) \cdot (\alpha_A + \alpha_B)}$，以及 $\hat{s}_{A2}^{aV} = \beta \cdot$

$(1+\theta) \cdot \dfrac{3 \cdot h \cdot \alpha_B - \beta^2 \cdot (1+\theta^2) + \alpha_B \cdot a}{6 \cdot h \cdot \alpha_A \cdot \alpha_B - \beta^2 \cdot (1+\theta^2) \cdot (\alpha_A + \alpha_B)}$ 和 $\hat{s}_{B2}^{aV} = \beta \cdot (1+\theta) \cdot$

$\dfrac{3 \cdot h \cdot \alpha_A - \beta^2 \cdot (1+\theta^2) - \alpha_A \cdot a}{6 \cdot h \cdot \alpha_A \cdot \alpha_B - \beta^2 \cdot (1+\theta^2) \cdot (\alpha_A + \alpha_B)}$。

推论 4-2： 在非对称性双寡头市场下，当存在消费者寻求多样化行为，企业产品质量水平的成本系数相异，且企业均选择价格承诺策略时，企业仍在第二阶段提供较高的质量水平，而在第一阶段提供较低的质量水平。

由图 4-27~图 4-30 可知，在非对称性双寡头竞争市场中，且品牌较优的企业质量成本系数较大，在某种程度上，只要品牌差异相较于企业之间的质量成本系数差异更大时，消费者寻求多样化行为总使得企业产品之间的差异性增加，而且能缓解企业之间的竞争。即上文相关结论仍然成立。否则，消费者寻求多样化行为使得企业产品之间的差异性减小，由上文可知，此时也会损害市场的总利益。

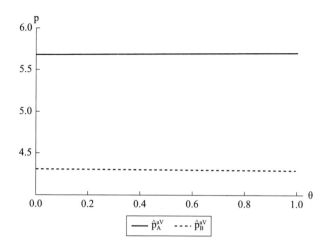

图4－27 企业产品价格随寻求多样化行为的消费者比例的变化

注：$h = 5$，$a = 2$，$\beta = 0.8$，$\alpha_A = 1$，$\alpha_B = 0.9$。

资料来源：笔者根据文中结论，用 Mathematic 软件绘制而得。

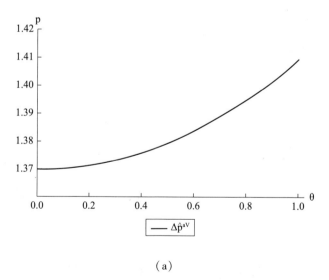

（a）

注：$h = 5$，$a = 2$，$\beta = 0.8$，$\alpha_A = 1.1$，$\alpha_B = 1$，$\Delta \hat{p}^{aV} = \hat{p}_A^{aV} - \hat{p}_B^{aV}$。

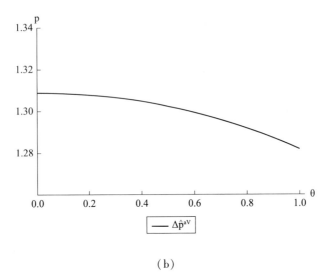

（b）

注：$h=5$，$a=2$，$\beta=0.8$，$\alpha_A=1.5$，$\alpha_B=1$，$\Delta\hat{p}^{aV}=\hat{p}_A^{aV}-\hat{p}_B^{aV}$。

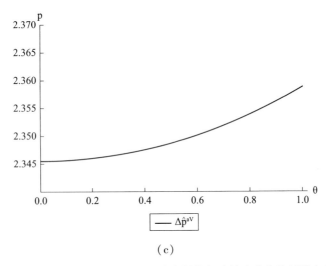

（c）

图 4 - 28　企业产品价格差随寻求多样化行为的消费者比例的变化

注：$h=5$，$a=3.5$，$\beta=0.8$，$\alpha_A=1.5$，$\alpha_B=1$，$\Delta\hat{p}^{aV}=\hat{p}_A^{aV}-\hat{p}_B^{aV}$。

资料来源：笔者根据文中结论，用 Mathematic 软件绘制而得。

4.5 本章小结

本章主要研究非对称性环境下双寡头竞争情形，即企业的品牌影响不一致，因而消费者对不同品牌产品的偏好不一致。讨论消费者寻求多样化情形下，分别对价格承诺策略情形下企业、质量承诺策略情形下企业的最优决策有何影响。相较于对称性市场，非对称性市场中企业会制定差异化策略，但企业品牌更优的企业并不总是选择高质策略、高价策略，而品牌较劣势的企业也并不总是选择低质策略、低价策略，并且，消费者寻求多样化行为可能会使得市场上企业的总利润增加。即消费者寻求多样化行为，在非对称性竞争市场反而缓解了企业之间的竞争。而消费者的习惯性消费行为与寻求多样化行为仍然表现为相反的情形，即企业也可以培养消费者的购物体验、习惯或忠诚度等行为，减缓部分消费者寻求多样化带来的不利影响。此外，品牌较弱的企业可通过增加产品的黏性，减弱消费者重复消费的餍足感，从而利用消费者寻求多样化增加企业的竞争力并从中获益。

尽管企业品牌影响力的不同来自很多方面，也是企业决策的一个重点（如广告、宣传投入等），但本书将其看作外生变量，并发现品牌影响更优，并不总是会让企业受益，品牌影响较弱的企业并不总是在竞争中处于劣势。即企业决策者需要审慎市场的竞争环境，做出最优的竞争策略；否则，将使企业遭受重大损失。

附录证明：

命题 4 - 2

证明：

采用倒推法，首先，第二阶段的企业 A 和企业 B 分别选择质量水

平 s_{A2} 和质量水平 s_{B2} 以最大化自身利润，由式（4 - 11）和式（4 - 12）可得：

$$\frac{\partial \pi_A}{\partial s_{A2}} = \frac{(1 + \theta) \cdot \beta}{2 \cdot h} \cdot p_A - \alpha \cdot s_{A2}$$

$$\frac{\partial \pi_B}{\partial s_{B2}} = \frac{(1 + \theta) \cdot \beta}{2 \cdot h} \cdot p_B - \alpha \cdot s_{B2}$$

因为上式满足 $\frac{\partial^2 \pi_A}{\partial s_{A2}^2} < 0$ 和 $\frac{\partial^2 \pi_B}{\partial s_{B2}^2} < 0$，即可得：

$$s_{A2} = \frac{(1 + \theta) \cdot \beta}{2 \cdot h \cdot \alpha} \cdot p_A \qquad \text{式（1B.1）}$$

$$s_{B2} = \frac{(1 + \theta) \cdot \beta}{2 \cdot h \cdot \alpha} \cdot p_B \qquad \text{式（1B.2）}$$

其次，企业 A 和企业 B 分别选择第一阶段的质量水平 s_{A1} 和质量水平 s_{B1} 最大化自身利益，将式（1B.1）和式（1B.2）代入式（4 - 11）和式（4 - 12）可得：

$$\frac{\partial \pi_A}{\partial s_{A1}} = \frac{(1 - \theta) \cdot \beta}{2 \cdot h} \cdot p_A - \alpha \cdot s_{A1}$$

$$\frac{\partial \pi_B}{\partial s_{B1}} = \frac{(1 - \theta) \cdot \beta}{2 \cdot h} \cdot p_B - \alpha \cdot s_{B1}$$

因为上式满足 $\frac{\partial^2 \pi_A}{\partial s_{A1}^2} < 0$ 和 $\frac{\partial^2 \pi_B}{\partial s_{B1}^2} < 0$，即可得：

$$s_{A1} = \frac{(1 - \theta) \cdot \beta}{2 \cdot h \cdot \alpha} \cdot p_A \qquad \text{式（1B.3）}$$

$$s_{B1} = \frac{(1 - \theta) \cdot \beta}{2 \cdot h \cdot \alpha} \cdot p_B \qquad \text{式（1B.4）}$$

最后，企业 A 和企业 B 分别决定各自的零售价格 p_A 和零售价格 p_B 最大化收益，将式（1B.1）～式（1B.4）代入式（4 - 11）和式（4 - 12）可得：

$$\frac{\partial \pi_A}{\partial p_A} = \frac{p_B - 2 \cdot p_A + a + h}{h} + (1 + \theta^2) \cdot \frac{\beta^2 \cdot (p_A - p_B)}{2 \cdot h^2 \cdot \alpha}$$

$$\frac{\partial \pi_B}{\partial p_B} = \frac{p_A - 2 \cdot p_B - a + h}{h} + (1 + \theta^2) \cdot \frac{\beta^2 \cdot (p_B - p_A)}{2 \cdot h^2 \cdot \alpha}$$

因为 $0 < \theta < 1$，仅当 $4 \cdot h \cdot \alpha > \beta^2 \cdot (1 + \theta^2)$，上式满足：$\frac{\partial^2 \pi_A}{\partial p_A^2} =$

$\frac{\partial^2 \pi_B}{\partial p_B^2} = -\frac{2}{h} + (1 + \theta^2) \cdot \frac{\beta^2}{2 \cdot h^2 \cdot \alpha} < 0$，即企业的最优定价为：$p_A^{aV} =$

$h + \frac{h \cdot \alpha \cdot a}{3 \cdot h \cdot \alpha - \beta^2 \cdot \theta^2 - \beta^2}$ 和 $p_B^{aV} = h - \frac{h \cdot \alpha \cdot a}{3 \cdot h \cdot \alpha - \beta^2 \cdot \theta^2 - \beta^2}$，将均衡

价格代入式（1B.1）~ 式（1B.4），可得两个阶段的均衡质量水平分

别为：

$$s_{A1}^{aV} = \frac{\beta \cdot (1 - \theta)}{2 \cdot h \cdot \alpha} \cdot \left(h + \frac{h \cdot \alpha \cdot a}{3 \cdot h \cdot \alpha - \beta^2 \cdot \theta^2 - \beta^2} \right)$$

和 $s_{B1}^{aV} = \frac{\beta \cdot (1 - \theta)}{2 \cdot h \cdot \alpha} \cdot \left(h - \frac{h \cdot \alpha \cdot a}{3 \cdot h \cdot \alpha - \beta^2 \cdot \theta^2 - \beta^2} \right)$，

以及 $s_{A2}^{aV} = \frac{\beta \cdot (1 + \theta)}{2 \cdot h \cdot \alpha} \cdot \left(h + \frac{h \cdot \alpha \cdot a}{3 \cdot h \cdot \alpha - \beta^2 \cdot \theta^2 - \beta^2} \right)$

和 $s_{B2}^{aV} = \frac{\beta \cdot (1 + \theta)}{2 \cdot h \cdot \alpha} \cdot \left(h - \frac{h \cdot \alpha \cdot a}{3 \cdot h \cdot \alpha - \beta^2 \cdot \theta^2 - \beta^2} \right)$。

将企业均衡价格和企业质量水平代入式（4 - 5）~ 式（4 - 8）

可得：

$$d_{A1}^{aV} = \frac{1}{2 \cdot h} \cdot \left(h + a \cdot \frac{h \cdot \alpha - \beta^2 \cdot \theta^2 - \beta^2 \cdot \theta}{3 \cdot h \cdot \alpha - \beta^2 \cdot \theta^2 - \beta^2} \right)$$

$$d_{B1}^{aV} = \frac{1}{2 \cdot h} \cdot \left(h - a \cdot \frac{h \cdot \alpha - \beta^2 \cdot \theta^2 - \beta^2 \cdot \theta}{3 \cdot h \cdot \alpha - \beta^2 \cdot \theta^2 - \beta^2} \right)$$

$$d_{A2}^{aV} = \frac{1}{2 \cdot h} \cdot \left(h + a \cdot \frac{h \cdot \alpha + \beta^2 \cdot \theta^2 + \beta^2 \cdot \theta}{3 \cdot h \cdot \alpha - \beta^2 \cdot \theta^2 - \beta^2} \right)$$

$$d_{B2}^{aV} = \frac{1}{2 \cdot h} \cdot \left(h - a \cdot \frac{h \cdot \alpha + \beta^2 \cdot \theta^2 + \beta^2 \cdot \theta}{3 \cdot h \cdot \alpha - \beta^2 \cdot \theta^2 - \beta^2} \right)$$

由均衡解可知，企业 A 的总利润和企业 B 的总利润分别为：

$$\pi_A^{aV} = \frac{4 \cdot h \cdot \alpha - \beta^2 \cdot (1 + \theta^2)}{4 \cdot \alpha} \cdot \left(1 + \frac{\alpha \cdot a}{3 \cdot h \cdot \alpha - \beta^2 \cdot \theta^2 - \beta^2}\right)^2$$

$$\pi_B^{aV} = \frac{4 \cdot h \cdot \alpha - \beta^2 \cdot (1 + \theta^2)}{4 \cdot \alpha} \cdot \left(1 - \frac{\alpha \cdot a}{3 \cdot h \cdot \alpha - \beta^2 \cdot \theta^2 - \beta^2}\right)^2$$

为了使分析有意义，除了企业价格、质量水平和需求为非负，企业各个阶段的市场份额及各个部分的市场份额也均为非负，即第一阶段的市场份额为非负，第二阶段各个企业三部分的市场份额均为非负。

在企业 A 第二阶段的需求分析中，第一阶段购买企业 B 的市场份额而第二阶段转而购买企业 A 的市场份额为非负可得：

$$-\frac{2 \cdot \beta^2 \cdot \theta}{3 \cdot h \cdot \alpha - \beta^2 \cdot \theta^2 - \beta^2} \cdot a < 1 < h - \frac{h \cdot \alpha + \beta^2 \cdot \theta - \beta^2 \cdot \theta^2}{3 \cdot h \cdot \alpha - \beta^2 \cdot \theta^2 - \beta^2} \cdot a$$

在企业 A 第二阶段的需求分析中，第一阶段购买企业 A 而第二阶段继续购买企业 A 的市场份额为非负可得：

$$\frac{2 \cdot \beta^2 \cdot \theta}{3 \cdot h \cdot \alpha - \beta^2 \cdot \theta^2 - \beta^2} \cdot a < 1 < h + \frac{h \cdot \alpha + \beta^2 \cdot \theta - \beta^2 \cdot \theta^2}{3 \cdot h \cdot \alpha - \beta^2 \cdot \theta^2 - \beta^2} \cdot a$$

由此可得：

$$0 < \left|\frac{2 \cdot \beta^2 \cdot \theta}{3 \cdot h \cdot \alpha - \beta^2 \cdot \theta^2 - \beta^2}\right| \cdot a < 1 < h - \left|\frac{h \cdot \alpha + \beta^2 \cdot \theta - \beta^2 \cdot \theta^2}{3 \cdot h \cdot \alpha - \beta^2 \cdot \theta^2 - \beta^2}\right| \cdot a$$

$$0 < a < \left|\frac{3 \cdot h \cdot \alpha - \beta^2 \cdot \theta^2 - \beta^2}{h \cdot \alpha + 3 \cdot \beta^2 \cdot \theta - \beta^2 \cdot \theta^2}\right| \cdot h$$

命题 4 - 3 和命题 4 - 4

证明：

由均衡解可知，企业 A 的总利润和企业 B 的总利润分别为：

$$\pi_A^{aV} = \frac{4 \cdot h \cdot \alpha - \beta^2 \cdot (1 + \theta^2)}{4 \cdot \alpha} \cdot \left(1 + \frac{\alpha \cdot a}{3 \cdot h \cdot \alpha - \beta^2 \cdot \theta^2 - \beta^2}\right)^2$$

$$\pi_B^{aV} = \frac{4 \cdot h \cdot \alpha - \beta^2 \cdot (1 + \theta^2)}{4 \cdot \alpha} \cdot \left(1 - \frac{\alpha \cdot a}{3 \cdot h \cdot \alpha - \beta^2 \cdot \theta^2 - \beta^2}\right)^2$$

由上式可知：

$$\frac{\partial \pi_A^{aV}}{\partial a} = \frac{4 \cdot h \cdot \alpha - \beta^2 \cdot (1 + \theta^2)}{2 \cdot \alpha} \cdot \left(1 + \frac{\alpha \cdot a}{3 \cdot h \cdot \alpha - \beta^2 \cdot \theta^2 - \beta^2}\right) \cdot$$

$$\frac{\alpha}{3 \cdot h \cdot \alpha - \beta^2 \cdot \theta^2 - \beta^2}$$

$$\frac{\partial \pi_B^{aV}}{\partial a} = \frac{4 \cdot h \cdot \alpha - \beta^2 \cdot (1 + \theta^2)}{2 \cdot \alpha} \cdot \left(1 - \frac{\alpha \cdot a}{3 \cdot h \cdot \alpha - \beta^2 \cdot \theta^2 - \beta^2}\right) \cdot$$

$$\frac{- \alpha}{3 \cdot h \cdot \alpha - \beta^2 \cdot \theta^2 - \beta^2}$$

$$\frac{\partial \pi_A^{aV}}{\partial \theta} = \frac{\beta^2 \cdot \theta}{2 \cdot \alpha} \cdot \left(1 + \frac{\alpha \cdot a}{3 \cdot h \cdot \alpha - \beta^2 \cdot \theta^2 - \beta^2}\right) \cdot$$

$$\left(\frac{5 \cdot h \cdot \alpha - \beta^2 \cdot \theta^2 - \beta^2}{(3 \cdot h \cdot \alpha - \beta^2 \cdot \theta^2 - \beta^2)^2} \cdot a \cdot \alpha - 1\right)$$

$$\frac{\partial \pi_B^{aV}}{\partial \theta} = \frac{\beta^2 \cdot \theta}{2 \cdot \alpha} \cdot \left(1 - \frac{\alpha \cdot a}{3 \cdot h \cdot \alpha - \beta^2 \cdot \theta^2 - \beta^2}\right) \cdot$$

$$\left(\frac{-5 \cdot h \cdot \alpha + \beta^2 \cdot \theta^2 + \beta^2}{(3 \cdot h \cdot \alpha - \beta^2 \cdot \theta^2 - \beta^2)^2} \cdot a \cdot \alpha - 1\right)$$

如果 $3 \cdot h \cdot \alpha - \beta^2 \cdot \theta^2 - \beta^2 > 0$，则 $\frac{\partial \pi_A^{aV}}{\partial a} > 0$ 和 $\frac{\partial \pi_B^{aV}}{\partial a} < 0$，即品牌更优的企业会随品牌影响力差异变大而获利更多，而品牌较差的企业会损失更大。

如果 $3 \cdot h \cdot \alpha - \beta^2 \cdot \theta^2 - \beta^2 < 0$，则 $\frac{\partial \pi_A^{aV}}{\partial a} < 0$ 和 $\frac{\partial \pi_B^{aV}}{\partial a} > 0$，即品牌更优的企业会随品牌影响力差异变大而损失更大，而品牌较差的企业会获利更多。

又因为 $4 \cdot h \cdot \alpha > \beta^2 \cdot \theta^2 + \beta^2$，则可知：

$$\frac{\partial \pi_B^{aV}}{\partial \theta} = \frac{\beta^2 \cdot \theta}{2 \cdot \alpha} \cdot \left(1 - \frac{\alpha \cdot a}{3 \cdot h \cdot \alpha - \beta^2 \cdot \theta^2 - \beta^2}\right) \cdot$$

$$\left(\frac{-5 \cdot h \cdot \alpha + \beta^2 \cdot \theta^2 + \beta^2}{(3 \cdot h \cdot \alpha - \beta^2 \cdot \theta^2 - \beta^2)^2} \cdot a \cdot \alpha - 1\right) < 0$$

令 $\tilde{a}(\theta) = \dfrac{(3 \cdot h \cdot \alpha - \beta^2 - \beta^2 \cdot \theta^2)^2}{(5 \cdot h \cdot \alpha - \beta^2 - \beta^2 \cdot \theta^2) \cdot \alpha}$,

若 $\tilde{a}(\theta) = \dfrac{(3 \cdot h \cdot \alpha - \beta^2 - \beta^2 \cdot \theta^2)^2}{(5 \cdot h \cdot \alpha - \beta^2 - \beta^2 \cdot \theta^2) \cdot \alpha} > 1$, 则 $\dfrac{\partial \pi_A^{aV}}{\partial \theta} > 0$, 若 $\tilde{a}(\theta) =$

$\dfrac{(3 \cdot h \cdot \alpha - \beta^2 - \beta^2 \cdot \theta^2)^2}{(5 \cdot h \cdot \alpha - \beta^2 - \beta^2 \cdot \theta^2) \cdot \alpha} < 1$, 则 $\dfrac{\partial \pi_A^{aV}}{\partial \theta} < 0$。

命题 4 - 5

证明：

由均衡解可知，企业 A 的总利润和企业 B 的总利润分别为：

$$\pi_A^{aV} = \frac{4 \cdot h \cdot \alpha - \beta^2 \cdot (1 + \theta^2)}{4 \cdot \alpha} \cdot \left(1 + \frac{\alpha \cdot a}{3 \cdot h \cdot \alpha - \beta^2 \cdot \theta^2 - \beta^2}\right)^2$$

$$\pi_B^{aV} = \frac{4 \cdot h \cdot \alpha - \beta^2 \cdot (1 + \theta^2)}{4 \cdot \alpha} \cdot \left(1 - \frac{\alpha \cdot a}{3 \cdot h \cdot \alpha - \beta^2 \cdot \theta^2 - \beta^2}\right)^2$$

由上式可知：

$$\frac{\partial \pi_A^{aV}}{\partial \theta} = \frac{\beta^2 \cdot \theta}{2 \cdot \alpha} \cdot \left(1 + \frac{\alpha \cdot a}{3 \cdot h \cdot \alpha - \beta^2 \cdot \theta^2 - \beta^2}\right) \cdot$$
$$\left(\frac{5 \cdot h \cdot \alpha - \beta^2 \cdot \theta^2 - \beta^2}{(3 \cdot h \cdot \alpha - \beta^2 \cdot \theta^2 - \beta^2)^2} \cdot a \cdot \alpha - 1\right)$$

$$\frac{\partial \pi_B^{aV}}{\partial \theta} = \frac{\beta^2 \cdot \theta}{2 \cdot \alpha} \cdot \left(1 - \frac{\alpha \cdot a}{3 \cdot h \cdot \alpha - \beta^2 \cdot \theta^2 - \beta^2}\right) \cdot$$
$$\left(\frac{-5 \cdot h \cdot \alpha + \beta^2 \cdot \theta^2 + \beta^2}{(3 \cdot h \cdot \alpha - \beta^2 \cdot \theta^2 - \beta^2)^2} \cdot a \cdot \alpha - 1\right)$$

当 $a < \dfrac{h \cdot (3 \cdot h \cdot \alpha - \beta^2 \cdot \theta^2 - \beta^2)}{h \cdot \alpha + 3 \cdot \beta^2 \cdot \theta - \beta^2 \cdot \theta^2}$ 时，即 $3 \cdot h \cdot \alpha - \beta^2 \cdot \theta^2 - \beta^2 > 0$，

由命题 4 - 3 可知，若 $2 \cdot h^2 \cdot \alpha^2 > (3 \cdot \beta^2 \cdot \theta - \beta^2 \cdot \theta^2) \cdot (3 \cdot h \cdot \alpha - \beta^2 - \beta^2 \cdot \theta^2)$，则 $\dfrac{h \cdot (3 \cdot h \cdot \alpha - \beta^2 \cdot \theta^2 - \beta^2)}{h \cdot \alpha + 3 \cdot \beta^2 \cdot \theta - \beta^2 \cdot \theta^2} > \dfrac{(3 \cdot h \cdot \alpha - \beta^2 - \beta^2 \cdot \theta^2)^2}{(5 \cdot h \cdot \alpha - \beta^2 - \beta^2 \cdot \theta^2) \cdot \alpha}$。

令 $F(h) = 2 \cdot h^2 \cdot \alpha^2 - (3 \cdot \beta^2 \cdot \theta - \beta^2 \cdot \theta^2) \cdot (3 \cdot h \cdot \alpha - \beta^2 - \beta^2 \cdot \theta^2)$，可得：

$$\frac{\partial F(h)}{\partial h} = 4 \cdot h \cdot \alpha^2 - (3 \cdot \beta^2 \cdot \theta - \beta^2 \cdot \theta^2) \cdot 3 \cdot \alpha, \quad 则 \ F(h) \geqslant F$$

$$\left(\frac{3 \cdot (3 \cdot \beta^2 \cdot \theta - \beta^2 \cdot \theta^2)}{4 \cdot \alpha} \right), \quad 又因为 \ F\left(\frac{\beta^2 + \beta^2 \cdot \theta^2}{3 \cdot \alpha} \right) > 0, \quad 以及 \ F$$

$$\left(\frac{3 \cdot (3 \cdot \beta^2 \cdot \theta - \beta^2 \cdot \theta^2)}{4 \cdot \alpha} \right) = \frac{\beta^4 \cdot \theta \cdot (3 - \theta) \cdot (17 \cdot \theta^2 - 27 \cdot \theta + 8)}{8}。$$

当 $0 < \theta < \dfrac{27 - \sqrt{185}}{34}$ 时，$F\left(\dfrac{3 \cdot (3 \cdot \beta^2 \cdot \theta - \beta^2 \cdot \theta^2)}{4 \cdot \alpha} \right) > 0$，即 $F(h) >$

0，则：$\dfrac{h \cdot (3 \cdot h \cdot \alpha - \beta^2 \cdot \theta^2 - \beta^2)}{h \cdot \alpha + 3 \cdot \beta^2 \cdot \theta - \beta^2 \cdot \theta^2} > \dfrac{(3 \cdot h \cdot \alpha - \beta^2 - \beta^2 \cdot \theta^2)^2}{(5 \cdot h \cdot \alpha - \beta^2 - \beta^2 \cdot \theta^2) \cdot \alpha}$，因

此成立。

当 $\dfrac{27 - \sqrt{185}}{34} < \theta < 1$ 时，可知 $F\left(\dfrac{3 \cdot (3 \cdot \beta^2 \cdot \theta - \beta^2 \cdot \theta^2)}{4 \cdot \alpha} \right) < 0$，$F$

$\left(\dfrac{\beta^2 + \beta^2 \cdot \theta^2}{3 \cdot \alpha} \right) > 0$ 且 $\dfrac{3 \cdot (3 \cdot \beta^2 \cdot \theta - \beta^2 \cdot \theta^2)}{4 \cdot \alpha} > \dfrac{\beta^2 + \beta^2 \cdot \theta^2}{3 \cdot \alpha}$，即存在：

$\dfrac{\beta^2 \cdot (1 + \theta^2)}{3 \cdot \alpha} < h_1^* < \dfrac{3 \cdot (3 \cdot \beta^2 \cdot \theta - \beta^2 \cdot \theta^2)}{4 \cdot \alpha} < h_2^*$，使得 $F\left(h_1^* \right) = F$

$\left(h_2^* \right) = 0$，即得证。

定理 4 - 1

证明：

由均衡解可知，企业 A 的总利润和企业 B 的总利润分别为：

$$\pi_A^{aV} = \frac{4 \cdot h \cdot \alpha - \beta^2 \cdot (1 + \theta^2)}{4 \cdot \alpha} \cdot \left(1 + \frac{\alpha \cdot a}{3 \cdot h \cdot \alpha - \beta^2 \cdot \theta^2 - \beta^2} \right)^2$$

$$\pi_B^{aV} = \frac{4 \cdot h \cdot \alpha - \beta^2 \cdot (1 + \theta^2)}{4 \cdot \alpha} \cdot \left(1 - \frac{\alpha \cdot a}{3 \cdot h \cdot \alpha - \beta^2 \cdot \theta^2 - \beta^2} \right)^2$$

由上式可知：

$$\frac{\partial \pi_A^{aV}}{\partial \theta} = \frac{\beta^2 \cdot \theta}{2 \cdot \alpha} \cdot \left(1 + \frac{\alpha \cdot a}{3 \cdot h \cdot \alpha - \beta^2 \cdot \theta^2 - \beta^2} \right) \cdot$$

$$\left(\frac{5 \cdot h \cdot \alpha - \beta^2 \cdot \theta^2 - \beta^2}{(3 \cdot h \cdot \alpha - \beta^2 \cdot \theta^2 - \beta^2)^2} \cdot a \cdot \alpha - 1 \right)$$

$$\frac{\partial \pi_B^{aV}}{\partial \theta} = \frac{\beta^2 \cdot \theta}{2 \cdot \alpha} \cdot \left(1 - \frac{\alpha \cdot a}{3 \cdot h \cdot \alpha - \beta^2 \cdot \theta^2 - \beta^2}\right) \cdot$$

$$\left(\frac{-5 \cdot h \cdot \alpha + \beta^2 \cdot \theta^2 + \beta^2}{(3 \cdot h \cdot \alpha - \beta^2 \cdot \theta^2 - \beta^2)^2} \cdot a \cdot \alpha - 1\right)$$

可得$\frac{\partial \pi_B^{aV}}{\partial \theta} < 0$，即企业 B 的利润随 θ 增加而减少。

当 $a < \frac{h \cdot (3 \cdot h \cdot \alpha - \beta^2 \cdot \theta^2 - \beta^2)}{h \cdot \alpha + 3 \cdot \beta^2 \cdot \theta - \beta^2 \cdot \theta^2}$时，即 $3 \cdot h \cdot \alpha - \beta^2 \cdot \theta^2 - \beta^2 > 0$，

又因为 $0 < \theta < 1$，因此，$a < \frac{h \cdot (3 \cdot h \cdot \alpha - 2 \cdot \beta^2)}{h \cdot \alpha + 2 \cdot \beta^2}$，且 $3 \cdot h \cdot \alpha - 2 \cdot$

$\beta^2 > 0$。

令 $H(\theta) = \frac{5 \cdot h \cdot \alpha - \beta^2 \cdot \theta^2 - \beta^2}{(3 \cdot h \cdot \alpha - \beta^2 \cdot \theta^2 - \beta^2)^2} \cdot a \cdot \alpha - 1$，可得：

$$\frac{\partial H(\theta)}{\partial \theta} = 2 \cdot a^2 \cdot \alpha^2 \cdot \beta^2 \cdot \theta \cdot \frac{7 \cdot h \cdot \alpha - \beta^2 \cdot \theta^2 - \beta^2}{(3 \cdot h \cdot \alpha - \beta^2 \cdot \theta^2 - \beta^2)^3} > 0$$

因此，H（0）< H（θ）< H（1），即：

$$H(\theta) > H(0) = \frac{5 \cdot h \cdot \alpha - \beta^2}{(3 \cdot h \cdot \alpha - \beta^2)^2} \cdot a \cdot \alpha - 1$$

$$H(\theta) < H(1) = \frac{5 \cdot h \cdot \alpha - 2 \cdot \beta^2}{(3 \cdot h \cdot \alpha - 2 \cdot \beta^2)^2} \cdot a \cdot \alpha - 1$$

又因为 $a < \frac{h \cdot (3 \cdot h \cdot \alpha - 2 \cdot \beta^2)}{h \cdot \alpha + 2 \cdot \beta^2}$，以及 $3 \cdot h \cdot \alpha - 2 \cdot \beta^2 > 0$，

若 $H(1) = \frac{5 \cdot h \cdot \alpha - 2 \cdot \beta^2}{(3 \cdot h \cdot \alpha - 2 \cdot \beta^2)^2} \cdot a \cdot \alpha - 1 > 0$，即 $a < \frac{(3 \cdot h \cdot \alpha - 2 \cdot \beta^2)^2}{\alpha \cdot (5 \cdot h \cdot \alpha - 2 \cdot \beta^2)}$，

若要确保$\frac{(3 \cdot h \cdot \alpha - 2 \cdot \beta^2)^2}{\alpha \cdot (5 \cdot h \cdot \alpha - 2 \cdot \beta^2)} < \frac{h \cdot (3 \cdot h \cdot \alpha - 2 \cdot \beta^2)}{h \cdot \alpha + 2 \cdot \beta^2}$，即必须满足

$\frac{2 \cdot \beta^2}{3 \cdot \alpha} < h < \frac{\beta^2}{\alpha}$，或者$\frac{2 \cdot \beta^2}{\alpha} < h$。

若 $H(0) = \frac{5 \cdot h \cdot \alpha - \beta^2}{(3 \cdot h \cdot \alpha - \beta^2)^2} \cdot a \cdot \alpha - 1 > 0$，即 $a < \frac{(3 \cdot h \cdot \alpha - \beta^2)^2}{\alpha \cdot (5 \cdot h \cdot \alpha - \beta^2)}$，

若要确保$\frac{(3 \cdot h \cdot \alpha - \beta^2)^2}{\alpha \cdot (5 \cdot h \cdot \alpha - \beta^2)} < \frac{h \cdot (3 \cdot h \cdot \alpha - 2 \cdot \beta^2)}{h \cdot \alpha + 2 \cdot \beta^2}$，即必须满足 6 ·

$h^3 - \dfrac{7 \cdot h^2 \cdot \beta^2}{\alpha} + \dfrac{h \cdot \beta^4}{\alpha^2} - \dfrac{2 \cdot \beta^2}{\alpha} \cdot \left(3 \cdot h - \dfrac{\beta^2}{\alpha}\right)^2 > 0$，令 $F(h) = 6 \cdot h^3 -$

$\dfrac{7 \cdot h^2 \cdot \beta^2}{\alpha} + \dfrac{h \cdot \beta^4}{\alpha^2} - \dfrac{2 \cdot \beta^2}{\alpha} \cdot \left(3 \cdot h - \dfrac{\beta^2}{\alpha}\right)^2$，以及

$$f(h) = \frac{\partial F(h)}{\partial h} = 18 \cdot h^2 - \frac{50 \cdot h \cdot \beta^2}{\alpha} + \frac{13 \cdot \beta^4}{\alpha^2}，又可得：$$

$\dfrac{\partial f(h)}{\partial h} = 36 \cdot h - \dfrac{50 \cdot \beta^2}{\alpha}$，即当 $\dfrac{2 \cdot \beta^2}{3 \cdot \alpha} < h < \dfrac{25 \cdot \beta^2}{18 \cdot \alpha}$，$\dfrac{\partial f(h)}{\partial h} < 0$，当 $h >$

$\dfrac{25 \cdot \beta^2}{18 \cdot \alpha}$，$\dfrac{\partial f(h)}{\partial h} > 0$，又 $f\left(\dfrac{2 \cdot \beta^2}{\alpha}\right) < 0$ 和 $f\left(\dfrac{2 \cdot \beta^2}{3 \cdot \alpha}\right) < 0$，即可知 $\dfrac{2 \cdot \beta^2}{3 \cdot \alpha} < h <$

$\dfrac{2 \cdot \beta^2}{\alpha}$，$F(h)$ 随 h 单调递减，又因为 $F\left(\dfrac{2 \cdot \beta^2}{3 \cdot \alpha}\right) < 0$，则存在 $\dfrac{2 \cdot \beta^2}{\alpha} <$

h^*，如果 $h > h^*$ 时，$F(h) > 0$，即：$\dfrac{(3 \cdot h \cdot \alpha - 2 \cdot \beta^2)^2}{\alpha \cdot (5 \cdot h \cdot \alpha - 2 \cdot \beta^2)} <$

$\dfrac{(3 \cdot h \cdot \alpha - \beta^2)^2}{\alpha \cdot (5 \cdot h \cdot \alpha - \beta^2)} < \dfrac{h \cdot (3 \cdot h \cdot \alpha - 2 \cdot \beta^2)}{h \cdot \alpha + 2 \cdot \beta^2}$，则 $H(0) > 0$，如果 $\dfrac{2 \cdot \beta^2}{\alpha} <$

$h < h^*$，$F(h) < 0$，即：

$$\frac{(3 \cdot h \cdot \alpha - 2 \cdot \beta^2)^2}{\alpha \cdot (5 \cdot h \cdot \alpha - 2 \cdot \beta^2)} < \frac{h \cdot (3 \cdot h \cdot \alpha - 2 \cdot \beta^2)}{h \cdot \alpha + 2 \cdot \beta^2} < \frac{(3 \cdot h \cdot \alpha - \beta^2)^2}{\alpha \cdot (5 \cdot h \cdot \alpha - \beta^2)},$$

则 $H(0) < 0$，如果 $\dfrac{\beta^2}{\alpha} < h < \dfrac{2 \cdot \beta^2}{\alpha}$，$F(h) < 0$，即：

$$\frac{h \cdot (3 \cdot h \cdot \alpha - 2 \cdot \beta^2)}{h \cdot \alpha + 2 \cdot \beta^2} < \frac{(3 \cdot h \cdot \alpha - 2 \cdot \beta^2)^2}{\alpha \cdot (5 \cdot h \cdot \alpha - 2 \cdot \beta^2)} < \frac{(3 \cdot h \cdot \alpha - \beta^2)^2}{\alpha \cdot (5 \cdot h \cdot \alpha - \beta^2)},$$

则 $H(0) < 0$。

（i）当 $h > h^*$ 时，如果 $\dfrac{(3 \cdot h \cdot \alpha - \beta^2)^2}{\alpha \cdot (5 \cdot h \cdot \alpha - \beta^2)} < a < \dfrac{h \cdot (3 \cdot h \cdot \alpha - 2 \cdot \beta^2)}{h \cdot \alpha + 2 \cdot \beta^2}$，

企业 A 的利润随 θ 的增加而增加，如果 $\dfrac{(3 \cdot h \cdot \alpha - 2 \cdot \beta^2)^2}{\alpha \cdot (5 \cdot h \cdot \alpha - 2 \cdot \beta^2)} < a <$

$\dfrac{(3 \cdot h \cdot \alpha - \beta^2)^2}{\alpha \cdot (5 \cdot h \cdot \alpha - \beta^2)}$，企业 A 的利润随 θ 增加而先减少、后增加，如果

$a < \dfrac{(3 \cdot h \cdot \alpha - 2 \cdot \beta^2)^2}{\alpha \cdot (5 \cdot h \cdot \alpha - 2 \cdot \beta^2)}$，企业 A 的利润随 θ 增加而减少。

（ii）当 $\dfrac{2 \cdot \beta^2}{3 \cdot \alpha} < h < \dfrac{\beta^2}{\alpha}$，或者 $\dfrac{2 \cdot \beta^2}{\alpha} < h < h^*$ 时，如果 $a <$ $\dfrac{(3 \cdot h \cdot \alpha - 2 \cdot \beta^2)^2}{\alpha \cdot (5 \cdot h \cdot \alpha - 2 \cdot \beta^2)}$，企业 A 的利润随 θ 增加而减少，如果 $\dfrac{(3 \cdot h \cdot \alpha - 2 \cdot \beta^2)^2}{\alpha \cdot (5 \cdot h \cdot \alpha - 2 \cdot \beta^2)} < a < \dfrac{h \cdot (3 \cdot h \cdot \alpha - 2 \cdot \beta^2)}{h \cdot \alpha + 2 \cdot \beta^2}$，企业 A 的利润随 θ 增加而先减少、后增加。

（iii）当 $\dfrac{\beta^2}{\alpha} < h < \dfrac{2 \cdot \beta^2}{\alpha}$，企业 A 的利润随 θ 增加而减少。

命题 4 – 8

证明：

采用倒推法，首先，第二阶段的企业 A 和企业 B 分别决定产品价格 P_{A2} 和产品价格 P_{B2} 以最大化自身利润，由式（4 – 21）和式（4 – 22）可得：

$$\frac{\partial \pi_A}{\partial p_{A2}} = \frac{\beta \cdot (s_A - s_B) + h + a}{2 \cdot h} + (1 + \theta) \cdot \frac{p_{B2} - 2p_{A2}}{2 \cdot h} - \theta \cdot \frac{p_{B1} - p_{A1}}{2 \cdot h}$$

$$\frac{\partial \pi_B}{\partial p_{B2}} = \frac{\beta \cdot (s_B - s_A) + h - a}{2 \cdot h} + (1 + \theta) \cdot \frac{p_{A2} - 2p_{B2}}{2 \cdot h} - \theta \cdot \frac{p_{A1} - p_{B1}}{2 \cdot h}$$

因为上式满足 $\dfrac{\partial^2 \pi_A}{\partial p^2_{A2}} < 0$ 和 $\dfrac{\partial^2 \pi_B}{\partial p^2_{B2}} < 0$，即可得：

$$p_{A2} = \frac{3 \cdot h + a + \beta \cdot (s_A - s_B) - \theta \cdot (p_{B1} - p_{A1})}{3 \cdot (1 + \theta)} \qquad \text{式（2B.1）}$$

$$p_{B2} = \frac{3 \cdot h - a + \beta \cdot (s_B - s_A) - \theta \cdot (p_{A1} - p_{B1})}{3 \cdot (1 + \theta)} \qquad \text{式（2B.2）}$$

其次，企业 A 和企业 B 分别决定第一阶段的价格 P_{A2} 和价格 P_{B2} 来最大化自身利益，将式（2B.1）和式（2B.2）代入式（4 – 21）和式（4 – 22）可得：

$$\frac{\partial \pi_A}{\partial p_{A1}} = \frac{p_{B1} - 2p_{A1} + a + \beta \cdot (s_A - s_B) + h}{2 \cdot h} + \frac{3 \cdot h + a + \beta \cdot (s_A - s_B) - \theta \cdot (p_{B1} - p_{A1})}{9 \cdot h \cdot (1 + \theta)} \cdot \theta$$

$$\frac{\partial \pi_A}{\partial p_{B1}} = \frac{p_{A1} - 2p_{B1} - a + \beta \cdot (s_B - s_A) + h}{2 \cdot h} + \frac{3 \cdot h - a + \beta \cdot (s_B - s_A) - \theta \cdot (p_{A1} - p_{B1})}{9 \cdot h \cdot (1 + \theta)} \cdot \theta$$

因为 $0 < \theta < 1$，上式满足 $\dfrac{\partial^2 \pi_A}{\partial p_{A1}^2} = \dfrac{\partial^2 \pi_B}{\partial p_{B1}^2} = -\dfrac{1}{h} + \dfrac{\theta^2}{9 \cdot h \cdot (1 + \theta)} < 0$，

即可得：

$$p_{A1} = \frac{3 + 5 \cdot \theta}{3 \cdot (1 + \theta)} \cdot h + \frac{(9 + 11 \cdot \theta) \cdot a}{27 + 27 \cdot \theta - 4 \cdot \theta^2} + \frac{(9 + 11 \cdot \theta) \cdot \beta}{27 + 27 \cdot \theta - 4 \cdot \theta^2} \cdot (s_A - s_B)$$

式（2B.3）

$$p_{B1} = \frac{3 + 5 \cdot \theta}{3 \cdot (1 + \theta)} \cdot h - \frac{(9 + 11 \cdot \theta) \cdot a}{27 + 27 \cdot \theta - 4 \cdot \theta^2} + \frac{(9 + 11 \cdot \theta) \cdot \beta}{27 + 27 \cdot \theta - 4 \cdot \theta^2} \cdot (s_B - s_A)$$

式（2B.4）

最后，企业 A 和企业 B 分别决定各自质量水平 s_A 和质量水平 s_B 的最大化收益，将式（2B.1）～式（2B.4）代入式（4-21）和式（4-22）可得：

$$\frac{\partial \pi_A}{\partial s_A} = \frac{(9 + 11 \cdot \theta) \cdot \beta}{27 + 27 \cdot \theta - 4 \cdot \theta^2} \cdot \left[\frac{\beta(s_A - s_B) + a + h}{2 \cdot h} - \right.$$

$$\left. \frac{(9 + 11 \cdot \theta) \cdot [a + \beta \cdot (s_A - s_B)]}{h \cdot (27 + 27 \cdot \theta - 4 \cdot \theta^2)} \right]$$

$$+ \left[\frac{3 + 5 \cdot \theta}{3 \cdot (1 + \theta)} \cdot h + \frac{(9 + 11 \cdot \theta) \cdot [a + \beta \cdot (s_A - s_B)]}{27 + 27 \cdot \theta - 4 \cdot \theta^2} \right] \cdot$$

$$\left[\frac{\beta}{2 \cdot h} - \frac{(9 + 11 \cdot \theta) \cdot \beta}{h \cdot (27 + 27 \cdot \theta - 4 \cdot \theta^2)} \right]$$

$$+ \frac{3 \cdot h + a + \beta \cdot (s_A - s_B) + \theta \cdot \dfrac{(18 + 22 \cdot \theta) \cdot [a + \beta \cdot (s_A - s_B)]}{27 + 27 \cdot \theta - 4 \cdot \theta^2}}{9 \cdot h \cdot (1 + \theta)} \cdot$$

$$\left[\beta + \frac{(18 + 22 \cdot \theta) \cdot \theta \cdot \beta}{27 + 27 \cdot \theta - 4 \cdot \theta^2} \right] - 2 \cdot \alpha \cdot s_A$$

$$\frac{\partial \pi_B}{\partial s_B} = \frac{(9 + 11 \cdot \theta) \cdot \beta}{27 + 27 \cdot \theta - 4 \cdot \theta^2} \cdot$$

$$\left[\frac{\beta(s_B - s_A) + h - a}{2 \cdot h} - \frac{(9 + 11 \cdot \theta) \cdot [\beta \cdot (s_B - s_A) - a]}{h \cdot (27 + 27 \cdot \theta - 4 \cdot \theta^2)}\right]$$

$$+ \left[\frac{3 + 5 \cdot \theta}{3 \cdot (1 + \theta)} \cdot h + \frac{(9 + 11 \cdot \theta) \cdot [\beta \cdot (s_B - s_A) - a]}{27 + 27 \cdot \theta - 4 \cdot \theta^2}\right] \cdot$$

$$\left[\frac{\beta}{2 \cdot h} - \frac{(9 + 11 \cdot \theta) \cdot \beta}{h \cdot (27 + 27 \cdot \theta - 4 \cdot \theta^2)}\right]$$

$$+ \frac{3 \cdot h - a + \beta \cdot (s_B - s_A) + \theta \cdot \dfrac{(18 + 22 \cdot \theta) \cdot [\beta(s_B - s_A) - a]}{27 + 27 \cdot \theta - 4 \cdot \theta^2}}{9 \cdot h \cdot (1 + \theta)} \cdot$$

$$\left[\beta + \frac{(18 + 22 \cdot \theta) \cdot \theta \cdot \beta}{27 + 27 \cdot \theta - 4 \cdot \theta^2}\right] - 2 \cdot \alpha \cdot s_B$$

由上式可得:

$$\frac{\partial^2 \pi_A}{\partial s_A^2} = \frac{\partial^2 \pi_B}{\partial s_B^2} = \frac{2 \cdot (9 + 11 \cdot \theta) \cdot \beta}{27 + 27 \cdot \theta - 4 \cdot \theta^2} \cdot \left[\frac{\beta}{2 \cdot h} - \frac{(9 + 11 \cdot \theta) \cdot \beta}{h \cdot (27 + 27 \cdot \theta - 4 \cdot \theta^2)}\right]$$

$$+ \frac{1}{9 \cdot h \cdot (1 + \theta)} \cdot \left[\beta + \frac{(18 + 22 \cdot \theta) \cdot \theta \cdot \beta}{27 + 27 \cdot \theta - 4 \cdot \theta^2}\right]^2 - 2 \cdot \alpha$$

因此,当 $\dfrac{\partial^2 \pi_A}{\partial s_A^2} = \dfrac{\partial^2 \pi_B}{\partial s_B^2} < 0$ 时,企业的最优质量水平分别为:

$$s_A^{aSV} = \frac{\beta \cdot (54 + 105 \cdot \theta + 41 \cdot \theta^2 - 10 \cdot \theta^3)}{6 \cdot \alpha \cdot (1 + \theta) \cdot (27 + 27 \cdot \theta - 4 \cdot \theta^2)} +$$

$$\frac{\alpha \cdot \beta \cdot (162 + 495 \cdot \theta + 496 \cdot \theta^2 + 155 \cdot \theta^3 - 8 \cdot \theta^4)}{2 \cdot h \cdot \alpha \cdot (1 + \theta) \cdot (27 + 27 \cdot \theta - 4 \cdot \theta^2)^2 - 2 \cdot}$$
$$\beta^2 \cdot (162 + 495 \cdot \theta + 496 \cdot \theta^2 + 155 \cdot \theta^3 - 8 \cdot \theta^4)$$

$$s_B^{aSV} = \frac{\beta \cdot (54 + 105 \cdot \theta + 41 \cdot \theta^2 - 10 \cdot \theta^3)}{6 \cdot \alpha \cdot (1 + \theta) \cdot (27 + 27 \cdot \theta - 4 \cdot \theta^2)} -$$

$$\frac{\alpha \cdot \beta \cdot (162 + 495 \cdot \theta + 496 \cdot \theta^2 + 155 \cdot \theta^3 - 8 \cdot \theta^4)}{2 \cdot h \cdot \alpha \cdot (1 + \theta) \cdot (27 + 27 \cdot \theta - 4 \cdot \theta^2)^2 - 2 \cdot}$$
$$\beta^2 \cdot (162 + 495 \cdot \theta + 496 \cdot \theta^2 + 155 \cdot \theta^3 - 8 \cdot \theta^4)$$

将最优质量水平代入式(2B.1)~式(2B.4),可得第一阶段最优定价为:

$$p_{A1}^{aSV} = \frac{3 + 5 \cdot \theta}{3 \cdot (1 + \theta)} \cdot h +$$

$$\frac{a \cdot h \cdot \alpha \cdot (1 + \theta) \cdot (9 + 11 \cdot \theta) \cdot (27 + 27 \cdot \theta - 4 \cdot \theta^2)}{h \cdot \alpha \cdot (1 + \theta) \cdot (27 + 27 \cdot \theta - 4 \cdot \theta^2)^2 -}$$
$$\beta^2 \cdot (162 + 495 \cdot \theta + 496 \cdot \theta^2 + 155 \cdot \theta^3 - 8 \cdot \theta^4)$$

$$p_{B1}^{aSV} = \frac{3 + 5 \cdot \theta}{3 \cdot (1 + \theta)} \cdot h -$$

$$\frac{a \cdot h \cdot \alpha \cdot (1 + \theta) \cdot (9 + 11 \cdot \theta) \cdot (27 + 27 \cdot \theta - 4 \cdot \theta^2)}{h \cdot \alpha \cdot (1 + \theta) \cdot (27 + 27 \cdot \theta - 4 \cdot \theta^2)^2 -}$$
$$\beta^2 \cdot (162 + 495 \cdot \theta + 496 \cdot \theta^2 + 155 \cdot \theta^3 - 8 \cdot \theta^4)$$

$$p_{A2}^{aSV} = \frac{h}{(1 + \theta)} + \frac{a \cdot h \cdot \alpha \cdot (27 + 27 \cdot \theta - 4 \cdot \theta^2) \cdot (27 + 45 \cdot \theta + 18 \cdot \theta^2)}{3 \cdot h \cdot \alpha \cdot (1 + \theta) \cdot (27 + 27 \cdot \theta - 4 \cdot \theta^2)^2 - 3 \cdot \beta^2 \cdot}$$
$$(162 + 495 \cdot \theta + 496 \cdot \theta^2 + 155 \cdot \theta^3 - 8 \cdot \theta^4)$$

$$p_{B2}^{aSV} = \frac{h}{(1 + \theta)} - \frac{a \cdot h \cdot \alpha \cdot (27 + 27 \cdot \theta - 4 \cdot \theta^2) \cdot}{3 \cdot h \cdot \alpha \cdot (1 + \theta) \cdot (27 + 27 \cdot \theta - 4 \cdot \theta^2)^2 - 3 \cdot \beta^2 \cdot}$$
$$\frac{(27 + 45 \cdot \theta + 18 \cdot \theta^2)}{(162 + 495 \cdot \theta + 496 \cdot \theta^2 + 155 \cdot \theta^3 - 8 \cdot \theta^4)}$$

第 5 章　消费者寻求多样化行为的多寡头竞争

第 3 章、第 4 章的研究均为在双寡头竞争市场情形下，消费者寻求多样化的行为对企业竞争以及消费者剩余产生的影响。在现实生活中，相较于双寡头竞争情形，多寡头竞争情形更为普遍。如快递行业，有顺丰、申通和圆通等；手机制造商如华为、小米、OPPO 等。本章在第 3 章和第 4 章的基础上，研究消费者寻求多样化行为对多寡头竞争市场的影响，以及对消费者自身的影响。

5.1　基本模型和基本假设

（1）在第 3 章模型假设的基础之上，本章使用存在多个企业竞争者的圆形霍特林（Hotelling）模型框架（Brenner，2010），假定有 N（N = 1，2，…，n，…，N）个企业，均匀分布在周长为 1 的圆上，即任何两个企业的间距为 $\frac{1}{N}$。如图 5 - 1 所示，消费者均匀分布在所有企业之间，且任意一个企业仅与其相邻的两个企业竞争，即任意两个企业之间的消费者仅会选择购买这两个企业中某一个企业的产品，而不会购买市场上其他企业的产品，每两个相邻企业之间的竞争决策过程及消费者决策行为与第 3 章一致。

（2）任意两个企业之间的消费者购买各自产品的效用函数分别为：
$U_{(n)} = V - p_{(n)} + \beta \cdot s_{(n)} + a_{(n)} - h \cdot x$ 和 $U_{(n+1)} = V - p_{(n+1)} + \beta \cdot s_{(n+1)} +$

$a_{(n+1)} - h \cdot \left(\dfrac{1}{N} - x \right)$，V 为基础效用值且足够大，以至于消费者的效用值始终为正，p 为价格，s 为质量水平，β 为质量水平的敏感系数，x 为消费者所处的位置，且 $x \in \left(0, \dfrac{1}{N} \right)$，h 为单位交通成本或单位购买成本，$a_n$（$n = 1$，2，$\cdots$，N）为各企业的品牌影响力强度，如果 $a_n > a_{n+1}$，即相对于企业 $n+1$ 的产品，消费者对企业 n 的产品更喜欢。

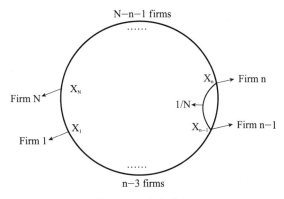

图 5 - 1　企业分布

资料来源：笔者根据模型假设，用 Visio 制图软件绘制而得。

（3）假定市场上有 θ（$0 < \theta < 1$）部分的消费者有寻求多样化的行为，其重复购买任一企业产品时降低效用值 l，即消费者重复购买企业 n 产品的效用函数为 $U_{(n)} = V - p_{(n)} + \beta \cdot s_{(n)} + a_{(n)} - h \cdot x - l$。

（4）下标中 0、1、2 分别表示没有消费者寻求多样化行为、第一阶段和第二阶段的情形。上标 a、N 表示非对称性市场和 N 个企业的情形，下标 n 表示企业 n。

5.2　对称性的多寡头竞争

本节讨论对称性竞争市场的情形，即每个企业的品牌影响强度相等，不失一般性，令 $a_{(n)} = 0$（$n = 1$，2，$\cdots$，N），且假定企业选择价格承诺策略的情形。

5.2.1 基准模型：无消费者寻求多样化行为

为了得到一个基准，本章先考虑市场上无消费者寻求多样化行为的情形，即 $\theta = 0$，因此，消费者第二阶段的购买行为没有受到第一阶段的影响，即消费者两个阶段的决策一致。因此，在两个阶段中，企业策略保持不变，即两个阶段的竞争变为一个阶段的竞争。

分析企业 n 和企业 n+1 的竞争情形，两个企业同时决定各自产品的价格 $p_{(n)}^N$ 和 $p_{(n+1)}^N$，接着，给出质量水平 $s_{(n)}^N$ 和质量水平 $s_{(n+1)}^N$，消费者从两个企业购买产品的效用函数分别为：

$$U_{(n)}^N = V - p_{(n)}^N + \beta \cdot s_{(n)}^N - h \cdot x$$

$$U_{(n+1)}^N = V - p_{(n+1)}^N + \beta \cdot s_{(n+1)}^N - h \cdot \left(\frac{1}{N} - x \right)$$

当 $U_{(n)}^N > U_{(n+1)}^N$ 时，消费者愿意从企业 n 购买产品，当 $U_{(n)}^N < U_{(n+1)}^N$ 时，消费者愿意从企业 n+1 购买产品，即在企业 n 与企业 n+1 竞争的市场中，企业 n 的市场份额为：

$$d_{(n)(n,n+1)}^N = \frac{P_{(n+1)}^N - P_{(n)}^N + \beta \cdot (s_{(n)}^N - s_{(n+1)}^N) + \dfrac{h}{N}}{2 \cdot h}$$

同理可得，企业 n 与企业 n-1 竞争的市场中，企业 n 的市场份额为：

$$d_{(n)(n,n-1)}^N = \frac{p_{(n-1)}^N - p_{(n)}^N + \beta \cdot (s_{(n)}^N - s_{(n-1)}^N) + \dfrac{h}{N}}{2 \cdot h}$$

则企业 n 的总市场份额为：

$$d_{(n)}^N = \frac{p_{(n+1)}^N + p_{(n-1)}^N - 2 \cdot p_{(n)}^N + \beta \cdot (2 \cdot s_{(n)}^N - s_{(n+1)}^N - s_{(n-1)}^N) + \dfrac{2h}{N}}{2 \cdot h}$$

式（5-1）

企业 n 的总利润函数为：

$$\pi_{(n)}^N = d_{(n)}^N \cdot p_{(n)}^N - \frac{\alpha}{2} \cdot (s_{(n)}^N)^2 \qquad \text{式（5-2）}$$

命题 5-1：在对称性多寡头市场下，当不存在消费者寻求多样化行为，且企业均选择价格承诺策略时，企业 n 的均衡价格为 $p_{(n)0}^N = \dfrac{h}{N}$；均衡服务水平为 $s_{(n)0}^N = \dfrac{\beta}{N \cdot \alpha}$，证明见附录。

在对称性竞争市场环境下，无论是双寡头市场还是多寡头市场，企业始终作出相同的竞争策略，均分市场份额，各个企业的利润为 $\pi_{(n)0}^N = \dfrac{1}{N^2} \cdot \left(2 \cdot h - \dfrac{\beta^2}{\alpha}\right)$。

命题 5-2：在对称性多寡头市场下，当不存在消费者寻求多样化行为，且企业均选择价格承诺策略时，企业定价、服务水平以及总利润随市场上企业数量的增加而降低。

由于市场上竞争者数量增多，会降低市场效率，存在恶性竞争的情形，不利于行业发展，使得行业整体价格偏低，质量水平较差。如快递行业刚兴起时，快递公司的数量数不胜数，价格战异常激烈，而且，快递业的质量较差，通过行业合并、整改，快递企业数量锐减，在价格趋于稳定的同时，各企业在服务层面不断提高。从某种程度上说，当消费者对服务层面不太关心或敏感系数较低时，企业竞争者数量越多，消费者剩余越高。而如果消费者对服务层面较为关心或敏感系数较高时，企业竞争者的数量越多，消费者剩余越低。

5.2.2　考虑消费者寻求多样化行为

本节探讨部分消费者存在寻求多样化行为的情形，即 $0 < \theta < 1$，由于重复购买会产生餍足感，消费者往往会降低二次购买的意愿。本节企业的竞争为两阶段博弈：在第一阶段，企业各自决定零售价格 $p_{(n)}^N$，并不再改变，再给出质量水平 $s_{(n)1}^N$。随后，消费者根据企业提供的价格和

质量水平最大化自身效用以决定购买决策。由上文可知，企业 n 的市场份额为：

$$d_{(n)1}^{N} = \frac{p_{(n+1)}^{N} + p_{(n-1)}^{N} - 2 \cdot p_{(n)}^{N} + \beta \cdot (2 \cdot s_{(n)1}^{N} - s_{(n+1)1}^{N} - s_{(n-1)1}^{N}) + \frac{2h}{N}}{2 \cdot h}$$

式（5 - 3）

在第二阶段，由于部分消费者二次购买会产生餍足感，企业将通过调整质量水平防止市场份额的丢失。分析企业 n 与企业 n + 1 的竞争情形，此时，企业 n 的市场份额分为三部分。

第一部分，没有寻求多样化行为的消费者，消费者根据企业 n 和企业 n + 1 提供的产品获得的效用值大小进行购买决策，那么，这部分消费者为：

$$(1 - \theta) \cdot \frac{p_{(n+1)}^{N} - p_{(n)}^{N} + \beta \cdot (s_{(n)2}^{N} - s_{(n+1)2}^{N}) + \frac{h}{N}}{2 \cdot h}$$

第二部分，部分消费者由于重复购买会产生餍足感，因此，第一阶段购买企业 n + 1 的产品，第二阶段由于餍足感，购买企业 n 的产品将获得更高的效用，这部分消费者为：

$$\theta \cdot \frac{\beta \cdot (s_{(n)2}^{N} - s_{(n+1)2}^{N}) - \beta \cdot (s_{(n)1}^{N} - s_{(n+1)1}^{N}) + 1}{2 \cdot h}$$

第三部分，尽管部分消费者重复购买会产生餍足感，第一阶段购买企业 n 的产品，而第二阶段购买企业 n 的产品仍旧会获得更高的效用，这部分消费者为：

$$\theta \cdot \frac{p_{(n+1)}^{N} - p_{(n)}^{N} + \beta \cdot (s_{(n)2}^{N} - s_{(n+1)2}^{N}) + \frac{h}{N} - 1}{2 \cdot h}$$

则企业 n 与企业 n + 1 的竞争市场中的市场份额为：

$$\frac{p_{(n+1)}^{N} - p_{(n)}^{N} + \frac{h}{N}}{2 \cdot h} + (1 + \theta) \cdot \frac{\beta \cdot (s_{(n)2}^{N} - s_{(n+1)2}^{N})}{2 \cdot h} - \theta \cdot \frac{\beta \cdot (s_{(n)1}^{N} - s_{(n+1)1}^{N})}{2 \cdot h}$$

企业 n 与企业 n－1 的竞争情形与企业 n 与企业 n＋1 的竞争情形类似，则企业 n 第二阶段的市场份额为：

$$d_{(n)2}^N = \frac{p_{(n+1)}^N + p_{(n-1)}^N - 2 \cdot p_{(n)}^N + \frac{2 \cdot h}{N}}{2 \cdot h} + (1+\theta) \cdot \frac{\beta \cdot (2 \cdot s_{(n)2}^N - s_{(n-1)2}^N - s_{(n+1)2}^N)}{2 \cdot h}$$
$$- \theta \cdot \frac{\beta \cdot (2 \cdot s_{(n)1}^N - s_{(n-1)1}^N - s_{(n+1)1}^N)}{2 \cdot h} \qquad 式（5-4）$$

由式（5-3）～式（5-4）可得，企业 n 两阶段的总市场份额分别为：

$$d_{(n)}^{NT} = \frac{p_{(n+1)}^N + p_{(n-1)}^N - 2 \cdot p_{(n)}^N + \frac{2 \cdot h}{N}}{h} + (1+\theta) \cdot \frac{\beta \cdot (2 \cdot s_{(n)2}^N - s_{(n-1)2}^N - s_{(n+1)2}^N)}{2 \cdot h}$$
$$+ (1-\theta) \cdot \frac{\beta \cdot (2 \cdot s_{(n)1}^N - s_{(n-1)1}^N - s_{(n+1)1}^N)}{2 \cdot h} \qquad 式（5-5）$$

企业 n 两阶段的总利润函数为：

$$\pi_{(n)}^N = d_{(n)}^{NT} \cdot p_{(n)}^N - \frac{\alpha}{2} \cdot (s_{(n)1}^N)^2 - \frac{\alpha}{2} \cdot (s_{(n)2}^N)^2 \qquad 式（5-6）$$

命题 5-3

在对称性多寡头市场下，当存在消费者寻求多样化行为，且企业均选择价格承诺策略时，企业 n 的均衡价格为 $p_{(n)}^{NV} = \frac{h}{N}$；两个阶段的均衡质量水平分别为 $s_{(n)1}^{NV} = \frac{(1-\theta) \cdot \beta}{N \cdot \alpha}$ 和 $s_{(n)2}^{NV} = \frac{(1+\theta) \cdot \beta}{N \cdot \alpha}$，证明见附录。

在对称性市场环境下，无论是双寡头市场还是多寡头市场，消费者寻求多样化的行为并没有改变企业的定价，只影响企业两个阶段提供产品的质量水平，且企业均在第一阶段提供较低的产品质量水平，而在第二阶段提供较高的产品质量水平，以此防止消费者寻求多样化的行为导致市场份额流失。

命题 5-4

在对称性多寡头市场下，当企业均选择价格承诺策略时：（1）企业定价、服务水平以及利润随市场上企业数量增加而降低；（2）存在消费者寻求多样化行为时，平均消费者剩余不变，企业的利润减少，证明见附录。

与不存在消费者寻求多样化行为类似，市场上竞争者数量增多，会降低市场效率，存在恶性竞争，不利于行业发展，使得行业整体价格偏低，同时质量水平较差。由于消费者寻求多样化行为并没有影响企业定价，仅仅改变了企业提供的质量水平，但企业两个阶段提供的平均质量水平不受影响，因此，消费者平均剩余不变，但企业利润减少，类似于双寡头市场的情形。由于文中假定质量成本函数为凸函数，尽管没有改变平均质量水平，但在质量成本增加、收入不变的情形下，企业利润会减少。而且，随着市场上竞争者数量的增多而进一步减少。企业应通过培养消费者的习惯性或忠诚度，以此避免因消费者寻求多样化行为而遭受的损失，而针对行业中企业数量众多的情形，行业协会应合理地实施企业兼并、重组等措施，缓解行业内的恶性竞争。

5.3 非对称性的多寡头竞争

本节讨论非对称性竞争市场的情形，即企业的品牌影响强度不全相等，即存在 $a_{(i)} > a_{(n)}$（n，$i = 1$，2，$\cdots$，N，$n \neq i$），且假定企业选择价格承诺的情形。

5.3.1 基准模型：无消费者寻求多样化行为

为了得到一个基准，本章先考虑市场上不存在消费者寻求多样化行为的情形，即 $\theta = 0$，消费者第二阶段的购买行为没有受到第一阶段购买行为的影响，从而消费者两个阶段的决策一致。因此，两个阶段中企业策略也保持不变，即两个阶段的竞争变为一个阶段的竞争。

分析企业 n 和企业 n + 1 的竞争情形，两个企业同时决定自身的零售价格 $p_{(n)}^{Na}$ 和零售价格 $p_{(n+1)}^{Na}$，接着，给出各自的服务水平 $s_{(n)}^{Na}$ 和服务水平 $s_{(n+1)}^{Na}$，消费者从两个企业购买产品的效用函数分别为：

$$U_{(n)}^{Na} = V - p_{(n)}^{Na} + \beta \cdot s_{(n)}^{Na} + a_{(n)} - h \cdot x$$

$$U_{(n+1)}^{Na} = V - p_{(n+1)}^{Na} + \beta \cdot s_{(n+1)}^{Na} + a_{(n+1)} - h \cdot (1 - x)$$

当 $U_{(n)}^{N} > U_{(n+1)}^{N}$ 时，消费者愿意从企业 n 购买产品，当 $U_{(n)}^{N} < U_{(n+1)}^{N}$ 时，消费者愿意从企业 n + 1 购买产品，即在企业 n 与企业 n + 1 竞争的市场中，企业 n 的市场份额为：

$$d_{(n)(n,n+1)}^{Na} = \frac{p_{(n+1)}^{Na} - p_{(n)}^{Na} + \beta \cdot (s_{(n)}^{Na} - s_{(n+1)}^{Na}) + \frac{h}{N} + a_{(n)} - a_{(n+1)}}{2 \cdot h}$$

同理可得，在企业 n 与企业 n − 1 竞争的市场中，企业 n 的市场份额为：

$$d_{(n)(n,n-1)}^{Na} = \frac{p_{(n-1)}^{Na} - p_{(n)}^{Na} + \beta \cdot (s_{(n)}^{Na} - s_{(n-1)}^{Na}) + \frac{h}{N} + a_{(n)} - a_{(n-1)}}{2 \cdot h}$$

则企业 n 的总市场份额为：

$$d_{(n)}^{Na} =$$

$$\frac{p_{(n+1)}^{Na} + p_{(n-1)}^{Na} - 2 \cdot p_{(n)}^{Na} + \beta \cdot (2 \cdot s_{(n)}^{Na} - s_{(n+1)}^{Na} - s_{(n-1)}^{Na}) + 2 \cdot a_{(n)} - a_{(n-1)} - a_{(n+1)} + \frac{2h}{N}}{2 \cdot h}$$

式（5 − 7）

企业 n 的总利润函数为：

$$\pi_{(n)}^{Na} = d_{(n)}^{Na} \cdot p_{(n)}^{Na} - \frac{\alpha}{2} \cdot (s_{(n)}^{Na})^2 \qquad 式（5 − 8）$$

命题 5 − 5

在非对称性多寡头市场下，当不存在消费者寻求多样化行为时，企业

均选择价格承诺策略，且 N = 3 时，各个企业的均衡价格分别为：$p_{(1)0}^{3a} =$

$\dfrac{h}{3} + \dfrac{h \cdot \alpha \cdot (2 \cdot a_{(1)} - a_{(2)} - a_{(3)})}{5 \cdot h \cdot \alpha - 3 \cdot \beta^2}$、$p_{(2)0}^{3a} = \dfrac{h}{3} + \dfrac{h \cdot \alpha \cdot (2 \cdot a_{(2)} - a_{(1)} - a_{(3)})}{5 \cdot h \cdot \alpha - 3 \cdot \beta^2}$

和 $p_{(3)0}^{3a} = \dfrac{h}{3} + \dfrac{h \cdot \alpha \cdot (2 \cdot a_{(3)} - a_{(1)} - a_{(2)})}{5 \cdot h \cdot \alpha - 3 \cdot \beta^2}$；均衡质量水平分别为：

$s_{(1)0}^{3a} = \dfrac{\beta}{h \cdot \alpha} \cdot \left[\dfrac{h}{3} + \dfrac{h \cdot \alpha \cdot (2 \cdot a_{(1)} - a_{(2)} - a_{(3)})}{5 \cdot h \cdot \alpha - 3 \cdot \beta^2} \right]$、$s_{(2)0}^{3a} = \dfrac{\beta}{h \cdot \alpha} \cdot \left[\dfrac{h}{3} + \right.$

$\left. \dfrac{h \cdot \alpha \cdot (2 \cdot a_{(2)} - a_{(1)} - a_{(3)})}{5 \cdot h \cdot \alpha - 3 \cdot \beta^2} \right]$ 和 $s_{(3)0}^{3a} = \dfrac{\beta}{h \cdot \alpha} \cdot \left[\dfrac{h}{3} + \dfrac{h \cdot \alpha \cdot (2 \cdot a_{(3)} - a_{(1)} - a_{(2)})}{5 \cdot h \cdot \alpha - 3 \cdot \beta^2} \right]$。

在非对称性市场环境下，无论是双寡头市场还是多寡头市场，企业均选择差异化的定质策略、定价策略应对挑战。换而言之，企业通过差异化的策略争取差异化的市场。

命题 5 - 6

若 $2a_i = a_j + a_k$（$i \neq j \neq k$，i，j，$k = 1$，2，3），那么，企业 i 的定质、定价不受品牌影响。

由命题 5 - 6 可知，处于行业品牌影响平均水平的企业，其价格和质量水平决策和对称性市场环境一致，品牌的影响仅仅体现在偏离于行业品牌影响均值的企业之间。

5.3.2 考虑消费者寻求多样化行为

本节探讨市场上部分消费者存在寻求多样化行为的情形，即 $0 < \theta < 1$，由于重复购买会产生餍足感，消费者往往降低二次购买的意愿。本节企业的竞争为两阶段博弈，在第一阶段，企业各自决定零售价格 $p_{(n)}^{Na}$，并不再改变，再给出质量水平 $s_{(n)1}^{Na}$。消费者根据企业提供的价格和质量水平最大化自身效用以决定购买决策。由上文可知，企业 n 的市场份额为：

$$d_{(n)1}^{Na} =$$

$$\frac{p_{(n+1)}^{Na} + p_{(n-1)}^{Na} - 2 \cdot p_{(n)}^{Na} + \beta \cdot (2 \cdot s_{(n)1}^{Na} - s_{(n+1)1}^{Na} - s_{(n-1)1}^{Na}) + \frac{2h}{N} + 2 \cdot a_n - a_{n-1} - a_{n+1}}{2 \cdot h}$$

式（5-9）

在第二阶段，由于部分消费者二次购买会产生餍足感，企业将通过调整质量水平以防止市场份额的丢失。先分析企业 n 与企业 n+1 的竞争情形，此时，企业 n 的市场份额分为三部分。

第一部分，没有寻求多样化行为的消费者，消费者根据企业 n 和企业 n+1 提供的产品获得的效用值大小进行购买决策，那么，这部分消费者为：

$$(1-\theta) \cdot \frac{p_{(n+1)}^{Na} - p_{(n)}^{Na} + \beta \cdot (s_{(n)2}^{Na} - s_{(n+1)2}^{Na}) + \frac{h}{N} + a_n - a_{n-1}}{2 \cdot h}$$

第二部分，部分消费者重复购买会产生餍足感，第一阶段购买企业 n+1 的产品，第二阶段由于餍足感，购买企业 n 的产品将获得更高的效用，这部分消费者为：

$$\theta \cdot \frac{\beta \cdot (s_{(n)2}^{Na} - s_{(n+1)2}^{Na}) - \beta \cdot (s_{(n)1}^{Na} - s_{(n+1)1}^{Na}) + l}{2 \cdot h}$$

第三部分，尽管部分消费者重复购买会产生餍足感，第一阶段购买企业 n 的产品，第二阶段购买企业 n 的产品仍然会获得更高的效用，这部分消费者为：

$$\theta \cdot \frac{p_{(n+1)}^{Na} - p_{(n)}^{Na} + \beta \cdot (s_{(n)2}^{Na} - s_{(n+1)2}^{Na}) + \frac{h}{N} - l + a_n - a_{n-1}}{2 \cdot h}$$

则企业 n 与企业 n+1 竞争市场中的市场份额分别为：

$$\frac{p_{(n+1)}^{Na} - p_{(n)}^{Na} + \frac{h}{N} + a_n - a_{n-1}}{2 \cdot h} + (1+\theta) \cdot \frac{\beta \cdot (s_{(n)2}^{Na} - s_{(n+1)2}^{Na})}{2 \cdot h} - \theta \cdot$$

$$\frac{\beta \cdot (s_{(n)1}^{Na} - s_{(n+1)1}^{Na})}{2 \cdot h}$$

企业 n 与企业 n－1 的竞争情形和企业 n 与企业 n＋1 的竞争情形类似，则企业 n 第二阶段的市场份额为：

$$d_{(n)2}^{Na} = \frac{p_{(n+1)}^{Na} + p_{(n-1)}^{Na} - 2 \cdot p_{(n)}^{Na} + \frac{2 \cdot h}{N} + 2a_n - a_{n-1} - a_{n+1}}{2 \cdot h} + (1+\theta) \cdot$$

$$\frac{\beta \cdot (2 \cdot s_{(n)2}^{Na} - s_{(n-1)2}^{Na} - s_{(n+1)2}^{Na})}{2 \cdot h}$$

$$-\theta \cdot \frac{\beta \cdot (2 \cdot s_{(n)1}^{Na} - s_{(n-1)1}^{Na} - s_{(n+1)1}^{Na})}{2 \cdot h} \qquad 式（5－10）$$

由式（5－9）和式（5－10）可得，企业 n 两个阶段的总市场份额分别为：

$$d_{(n)}^{NaT} = \frac{p_{(n+1)}^{Na} + p_{(n-1)}^{Na} - 2 \cdot p_{(n)}^{Na} + \frac{2 \cdot h}{N} + 2a_n - a_{n-1} - a_{n+1}}{h} + (1+\theta) \cdot$$

$$\frac{\beta \cdot (2 \cdot s_{(n)2}^{Na} - s_{(n-1)2}^{Na} - s_{(n+1)2}^{Na})}{2 \cdot h}$$

$$+ (1-\theta) \cdot \frac{\beta \cdot (2 \cdot s_{(n)1}^{Na} - s_{(n-1)1}^{Na} - s_{(n+1)1}^{Na})}{2 \cdot h} \qquad 式（5－11）$$

企业 n 两个阶段的总利润函数为：

$$\pi_{(n)}^{Na} = d_{(n)}^{NaT} \cdot p_{(n)}^{Na} - \frac{\alpha}{2} \cdot (s_{(n)1}^{Na})^2 - \frac{\alpha}{2} \cdot (s_{(n)2}^{Na})^2 \qquad 式（5－12）$$

命题 5－7

在非对称性多寡头市场下，当存在消费者寻求多样化行为，企业均选择价格承诺策略，且 N＝3 时，各个企业的均衡价格分别为：$p_{(1)}^{3aV} = \frac{h}{3} +$ $\frac{h \cdot \alpha \cdot (2 \cdot a_{(1)} - a_{(2)} - a_{(3)})}{5 \cdot h \cdot \alpha - 3 \cdot \beta^2 \cdot (1+\theta^2)}$、$p_{(2)}^{3aV} = \frac{h}{3} + \frac{h \cdot \alpha \cdot (2 \cdot a_{(2)} - a_{(1)} - a_{(3)})}{5 \cdot h \cdot \alpha - 3 \cdot \beta^2 \cdot (1+\theta^2)}$ 和 $p_{(3)}^{3aV} = \frac{h}{3} + \frac{h \cdot \alpha \cdot (2 \cdot a_{(3)} - a_{(1)} - a_{(2)})}{5 \cdot h \cdot \alpha - 3 \cdot \beta^2 \cdot (1+\theta^2)}$；两个阶段的均衡质量水平分别为：

$$s_{(1)1}^{3aV} = \frac{\beta \cdot (1-\theta)}{h \cdot \alpha} \cdot \left[\frac{h}{3} + \frac{h \cdot \alpha \cdot (2 \cdot a_{(1)} - a_{(2)} - a_{(3)})}{5 \cdot h \cdot \alpha - 3 \cdot \beta^2 \cdot (1+\theta^2)} \right]、$$

$$s_{(2)1}^{3aV} = \frac{\beta \cdot (1-\theta)}{h \cdot \alpha} \cdot \left[\frac{h}{3} + \frac{h \cdot \alpha \cdot (2 \cdot a_{(2)} - a_{(1)} - a_{(3)})}{5 \cdot h \cdot \alpha - 3 \cdot \beta^2 \cdot (1+\theta^2)} \right] 和$$

$$s_{(3)1}^{3aV} = \frac{\beta \cdot (1-\theta)}{h \cdot \alpha} \cdot \left[\frac{h}{3} + \frac{h \cdot \alpha \cdot (2 \cdot a_{(3)} - a_{(1)} - a_{(3)})}{5 \cdot h \cdot \alpha - 3 \cdot \beta^2 \cdot (1+\theta^2)} \right],$$

$$s_{(1)2}^{3aV} = \frac{\beta \cdot (1+\theta)}{h \cdot \alpha} \cdot \left[\frac{h}{3} + \frac{h \cdot \alpha \cdot (2 \cdot a_{(1)} - a_{(2)} - a_{(3)})}{5 \cdot h \cdot \alpha - 3 \cdot \beta^2 \cdot (1+\theta^2)} \right] 、$$

$$s_{(2)2}^{3aV} = \frac{\beta \cdot (1+\theta)}{h \cdot \alpha} \cdot \left[\frac{h}{3} + \frac{h \cdot \alpha \cdot (2 \cdot a_{(2)} - a_{(1)} - a_{(3)})}{5 \cdot h \cdot \alpha - 3 \cdot \beta^2 \cdot (1+\theta^2)} \right] 和$$

$$s_{(3)2}^{3aV} = \frac{\beta \cdot (1+\theta)}{h \cdot \alpha} \cdot \left[\frac{h}{3} + \frac{h \cdot \alpha \cdot (2 \cdot a_{(3)} - a_{(1)} - a_{(3)})}{5 \cdot h \cdot \alpha - 3 \cdot \beta^2 \cdot (1+\theta^2)} \right], 证明见$$

附录。

在非对称性市场环境下，无论是双寡头市场还是多寡头市场，消费者寻求多样化行为既影响企业定价，又影响企业提供的质量水平。且无论市场环境如何，消费者寻求多样化行为均使企业第一阶段提供较低的质量水平，而第二阶段提供较高的质量水平，以避免消费者寻求多样化行为导致市场份额减少，见图 5 - 2 ~ 图 5 - 5。

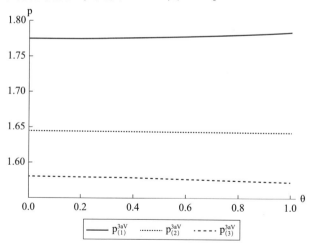

图 5 - 2 企业产品价格随寻求多样化行为的消费者比例的变化

注：$h = 5$，$\alpha = 1$，$\beta = 0.8$，$a_1 = 1.5$，$a_2 = 1.3$，$a_3 = 1.2$。

资料来源：笔者根据文中结论，用 Mathematic 软件绘制而得。

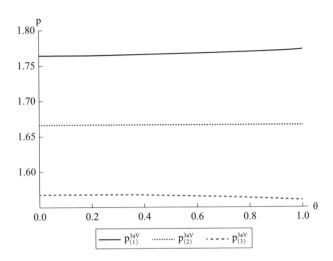

图 5 - 3　企业产品价格随寻求多样化行为的消费者比例的变化

注：$h = 5$，$\alpha = 1$，$\beta = 0.8$，$a_1 = 1.5$，$a_2 = 1.35$，$a_3 = 1.2$。

资料来源：笔者根据文中结论，用 Mathematic 软件绘制而得。

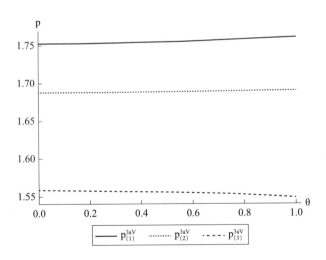

图 5 - 4　企业产品价格随寻求多样化行为的消费者比例的变化

注：$h = 5$，$\alpha = 1$，$\beta = 0.8$，$a_1 = 1.5$，$a_2 = 1.4$，$a_3 = 1.2$。

资料来源：笔者根据文中结论，用 Mathematic 软件绘制而得。

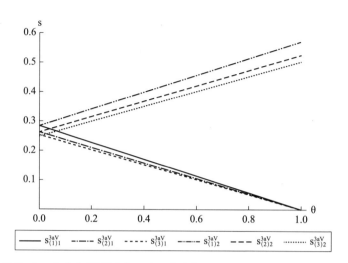

图 5 – 5　企业产品质量水平随寻求多样化行为的消费者比例的变化

注：$h = 5$，$\alpha = 1$，$\beta = 0.8$，$a_1 = 1.5$，$a_2 = 1.3$，$a_3 = 1.2$。

资料来源：笔者根据文中结论，用 Mathematic 软件绘制而得。

命题 5 – 8

当 $a_1 > a_2 > a_3$ 时，若 $2a_2 > a_1 + a_3$，消费者寻求多样化行为使得品牌影响较优的两个企业定价提高，而品牌影响最差的企业定价降低；若 $2a_2 < a_1 + a_3$，消费者寻求多样化行为使得品牌影响最优的企业定价提高，而剩余两个企业定价降低；若 $2a_2 = a_1 + a_3$，品牌影响适中的企业，定价不受消费者寻求多样化行为的影响，证明见附录。

在非对称性竞争情形下，无论双寡头竞争市场还是多寡头竞争市场，消费者寻求多样化的行为不仅会影响企业的定质策略，也会影响企业的定价策略，但是，不同于双寡头市场，在多寡头市场中，并不是所有企业的定价都会受到消费者寻求多样化行为的影响，这取决于其相对品牌影响力，即仅当企业品牌影响力与市场上平均品牌影响力相异时，企业的定价才会受到影响。但品牌影响力相对最优的企业的定价，总随着寻求多样化消费者人数的提高而提高，而品牌影响相对最弱的企业的定价会降低，即消费者寻求多样化行为会增加市场上企业间的差异化。

5.4 本章小结

本章的研究属于第 3 章、第 4 章的横向拓展，由双寡头竞争市场拓展为多寡头竞争市场。即按企业竞争环境进一步讨论，本章将各个企业的策略假定为价格承诺策略的情形，分别分析对称性多寡头市场竞争和非对称性多寡头市场竞争的影响。不同于前文中对于模型的假定为线性霍特林模型，本章采用圆形霍特林模型分析消费者寻求多样化行为对企业定质、定价的影响，并简要分析企业的数量对市场决策的影响，发现消费者寻求多样化行为仍旧使得企业第二阶段提供较高的质量水平，而在第一阶段提供较低的质量水平，尽管每个企业仅只与其相邻的两个企业存在竞争关系，但企业的定质、定价仍然受到市场上整体竞争企业数量的影响。而且，消费者剩余并不总是随着市场上竞争企业数量的提高而减少，当消费者的单位交通成本（或搜寻单位成本）较低时，如快递行业、快消品等，市场上的竞争企业数量越多，对消费者越有利。

关于双寡头市场竞争环境的文献较多，但很少考虑多寡头市场竞争环境的情形。因而，考虑消费者行为对多寡头市场竞争的影响，不仅具有理论意义，而且，具有一定的实践指导价值。

附录证明

命题 5 - 3 和命题 5 - 4

证明：

采用倒推法，第二阶段企业 n 选择质量水平 $s_{(n)2}^{N}$ 以最大化自身利润，由式(5 - 6)可得：

$$\frac{\partial \pi_{(n)}^{N}}{\partial s_{(n)2}^{N}} = \frac{\beta}{h} \cdot (1 + \theta) \cdot p_{(n)}^{N} - \alpha \cdot s_{(n)2}^{N}$$

因为上式满足 $\frac{\partial^{2} \pi_{(n)}^{N}}{\partial (s_{(n)2}^{N})^{2}} < 0$，即可得：

$$s_{(n)2}^{N} = \frac{\beta \cdot (1+\theta)}{h \cdot \alpha} \cdot p_{(n)}^{N} \qquad \text{式（1C.1）}$$

第一阶段企业 n 选择质量水平 $s_{(n)1}^{N}$ 以最大化自身利润，由式（5-6）可得：

$$\frac{\partial \pi_{(n)}^{N}}{\partial s_{(n)1}^{N}} = \frac{\beta}{h} \cdot (1-\theta) \cdot p_{(n)}^{N} - \alpha \cdot s_{(n)1}^{N}$$

因为上式满足 $\dfrac{\partial^{2} \pi_{(n)}^{N}}{\partial (s_{(n)1}^{N})^{2}} < 0$，即可得：

$$s_{(n)1}^{N} = \frac{\beta \cdot (1-\theta)}{h \cdot \alpha} \cdot p_{(n)}^{N} \qquad \text{式（1C.2）}$$

然后，企业 n 决定自身零售价格 $p_{(n)}^{N}$，将式（1C.1）和式（1C.2）代入式（5-6）可得：

$$\frac{\partial \pi_{(n)}^{N}}{\partial p_{(n)}^{N}} = \frac{p_{(n+1)}^{N} + p_{(n-1)}^{N} - 4 \cdot p_{(n)}^{N} + \dfrac{2 \cdot h}{N}}{h} + \frac{\beta^{2} \cdot (2 \cdot p_{(n)}^{N} - p_{(n+1)}^{N} - p_{(n-1)}^{N})}{h^{2} \cdot \alpha} \cdot (1+\theta^{2})$$

仅当 $2 \cdot h \cdot \alpha > (1+\theta^{2}) \cdot \beta^{2}$，使得上式满足 $\dfrac{\partial^{2} \pi_{(n)}^{N}}{\partial (p_{(n)}^{N})^{2}} = -\dfrac{4}{h} + \dfrac{2 \cdot \beta^{2} \cdot (1+\theta^{2})}{h^{2} \cdot \alpha} < 0$，即企业的最优定价为 $p_{(n)}^{NV} = \dfrac{h}{N}$，将均衡价格代入式（2C.1）和式（2C.2）可得最优质量水平分别为 $s_{(n)1}^{NV} = \dfrac{(1-\theta) \cdot \beta}{N \cdot \alpha}$ 和 $s_{(n)2}^{NV} = \dfrac{(1+\theta) \cdot \beta}{N \cdot \alpha}$。

从而可知企业 n 的利润为：

$$\pi_{(n)}^{NV} = \frac{2 \cdot h}{N^{2}} - \frac{(1+\theta^{2}) \cdot \beta^{2}}{N^{2} \cdot \alpha} = \frac{1}{N^{2}} \cdot \left[2 \cdot h - (1+\theta^{2}) \cdot \frac{\beta^{2}}{\alpha} \right]$$

由此可知，$\dfrac{\partial \pi_{(n)}^{NV}}{\partial N} = -\dfrac{1}{N^{3}} \cdot \left[2 \cdot h - (1+\theta^{2}) \cdot \dfrac{\beta^{2}}{\alpha} \right] < 0$，即企业的利润随着市场上企业总数的增加而减少。

由此可知，$\dfrac{\partial \pi_{(n)}^{NV}}{\partial \theta} = -\dfrac{4}{N^{2}} \cdot \theta \cdot \dfrac{\beta^{2}}{\alpha} < 0$，即企业的利润随着市场上寻

求多样化的消费者人数的增加而减少。

又可知，$s_{(n)0}^{N} = \dfrac{s_{(n)1}^{NV} + s_{(n)2}^{NV}}{2} = \dfrac{\beta}{N \cdot \alpha}$，即消费者平均剩余没有改变。

命题 5 – 7 和命题 5 – 8

证明：

采用倒推法，第二阶段企业 n 选择质量水平 $s_{(n)2}^{Na}$ 以最大化自身利润，由式（5 – 12）可得：

$$\frac{\partial \pi_{(n)}^{Na}}{\partial s_{(n)2}^{Na}} = \frac{\beta}{h} \cdot (1 + \theta) \cdot p_{(n)}^{Na} - \alpha \cdot s_{(n)2}^{Na}$$

因为上式满足 $\dfrac{\partial^{2} \pi_{(n)}^{Na}}{\partial (s_{(n)2}^{Na})^{2}} < 0$，即可得：

$$s_{(n)2}^{Na} = \frac{\beta \cdot (1 + \theta)}{h \cdot \alpha} \cdot p_{(n)}^{Na} \qquad \text{式（2C.1）}$$

第一阶段企业 n 选择质量水平 $s_{(n)1}^{Na}$ 以最大化自身利润，由式（5 – 12）可得：

$$\frac{\partial \pi_{(n)}^{Na}}{\partial s_{(n)1}^{Na}} = \frac{\beta}{h} \cdot (1 - \theta) \cdot p_{(n)}^{Na} - \alpha \cdot s_{(n)1}^{Na}$$

因为上式满足 $\dfrac{\partial^{2} \pi_{(n)}^{Na}}{\partial (s_{(n)1}^{Na})^{2}} < 0$，即可得：

$$s_{(n)1}^{Na} = \frac{\beta \cdot (1 - \theta)}{h \cdot \alpha} \cdot p_{(n)}^{Na} \qquad \text{式（2C.2）}$$

然后，企业 n 决定自身零售价格 $p_{(n)}^{Na}$，将式（2C.1）和式（2C.2）代入式（5 – 12）可得：

$$\frac{\partial \pi_{(n)}^{Na}}{\partial p_{(n)}^{N}} = \frac{p_{(n+1)}^{Na} + p_{(n-1)}^{Na} - 4 \cdot p_{(n)}^{Na} + \dfrac{2h}{N} + 2a_{n} - a_{n-1} - a_{n+1}}{h} +$$

$$\frac{\beta^{2} \cdot (2 \cdot p_{(n)}^{Na} - p_{(n+1)}^{Na} - p_{(n-1)}^{Na})}{h^{2} \cdot \alpha} \cdot (1 + \theta^{2})$$

仅当 $2 \cdot h \cdot \alpha > (1 + \theta^{2}) \cdot \beta^{2}$，使得上式满足 $\dfrac{\partial^{2} \pi_{(n)}^{Na}}{\partial (p_{(n)}^{Na})^{2}} = -\dfrac{4}{h} +$

$$\frac{2 \cdot \beta^2 \cdot (1 + \theta^2)}{h^2 \cdot \alpha} < 0。$$

当 n = 3 时，可得出企业的最优解，

$$p_{(1)}^{3aV} = \frac{h}{3} + \frac{h \cdot \alpha \cdot (2 \cdot a_{(1)} - a_{(2)} - a_{(3)})}{5 \cdot h \cdot \alpha - 3 \cdot \beta^2 \cdot (1 + \theta^2)}$$

$$p_{(2)}^{3aV} = \frac{h}{3} + \frac{h \cdot \alpha \cdot (2 \cdot a_{(2)} - a_{(1)} - a_{(3)})}{5 \cdot h \cdot \alpha - 3 \cdot \beta^2 \cdot (1 + \theta^2)}$$

$$p_{(3)}^{3aV} = \frac{h}{3} + \frac{h \cdot \alpha \cdot (2 \cdot a_{(3)} - a_{(1)} - a_{(2)})}{5 \cdot h \cdot \alpha - 3 \cdot \beta^2 \cdot (1 + \theta^2)}$$

且令 $1 + \dfrac{3 \cdot \alpha \cdot (2 \cdot a_{(i)} - a_{(j)} - a_{(k)})}{5 \cdot h \cdot \alpha - 3 \cdot \beta^2 \cdot (1 + \theta^2)} > 0$，$i \neq j$，$i \neq k$，$j \neq k$

$(i, j, k = 1, 2, 3)$，以保证均衡价格为非负。

将均衡价格代入式（2C.1）和式（2C.2），可得最优质量水平分别为：

$$s_{(1)1}^{3aV} = \frac{\beta \cdot (1 - \theta)}{h \cdot \alpha} \cdot \left[\frac{h}{3} + \frac{h \cdot \alpha \cdot (2 \cdot a_{(1)} - a_{(2)} - a_{(3)})}{5 \cdot h \cdot \alpha - 3 \cdot \beta^2 \cdot (1 + \theta^2)} \right]$$

$$s_{(2)1}^{3aV} = \frac{\beta \cdot (1 - \theta)}{h \cdot \alpha} \cdot \left[\frac{h}{3} + \frac{h \cdot \alpha \cdot (2 \cdot a_{(2)} - a_{(1)} - a_{(3)})}{5 \cdot h \cdot \alpha - 3 \cdot \beta^2 \cdot (1 + \theta^2)} \right]$$

$$s_{(3)1}^{3aV} = \frac{\beta \cdot (1 - \theta)}{h \cdot \alpha} \cdot \left[\frac{h}{3} + \frac{h \cdot \alpha \cdot (2 \cdot a_{(3)} - a_{(1)} - a_{(2)})}{5 \cdot h \cdot \alpha - 3 \cdot \beta^2 \cdot (1 + \theta^2)} \right]$$

$$s_{(1)2}^{3aV} = \frac{\beta \cdot (1 + \theta)}{h \cdot \alpha} \cdot \left[\frac{h}{3} + \frac{h \cdot \alpha \cdot (2 \cdot a_{(1)} - a_{(2)} - a_{(3)})}{5 \cdot h \cdot \alpha - 3 \cdot \beta^2 \cdot (1 + \theta^2)} \right]$$

$$s_{(2)2}^{3aV} = \frac{\beta \cdot (1 + \theta)}{h \cdot \alpha} \cdot \left[\frac{h}{3} + \frac{h \cdot \alpha \cdot (2 \cdot a_{(2)} - a_{(1)} - a_{(3)})}{5 \cdot h \cdot \alpha - 3 \cdot \beta^2 \cdot (1 + \theta^2)} \right]$$

$$s_{(3)2}^{3aV} = \frac{\beta \cdot (1 + \theta)}{h \cdot \alpha} \cdot \left[\frac{h}{3} + \frac{h \cdot \alpha \cdot (2 \cdot a_{(3)} - a_{(1)} - a_{(2)})}{5 \cdot h \cdot \alpha - 3 \cdot \beta^2 \cdot (1 + \theta^2)} \right]$$

当 $a_1 > a_2 > a_3$ 时，如果 $2a_2 > a_1 + a_3$，很容易得到 $\dfrac{\partial p_{(1)}^{3a}}{\partial \theta} > 0$，$\dfrac{\partial p_{(2)}^{3a}}{\partial \theta} > 0$

和 $\dfrac{\partial p_{(3)}^{3a}}{\partial \theta} < 0$，如果 $2a_2 < a_1 + a_3$，$\dfrac{\partial p_{(2)}^{3a}}{\partial \theta} < 0$。

第6章 消费者寻求多样化行为的双寡头渠道选择

在实际生活中，企业决策除了涉及产品的定价及质量水平（或服务水平）等层面，如何选择产品的销售渠道也是企业决策者面临的重大抉择。如大部分传统制造业均通过传统的零售商销售其产品，即代销模式。一方面，是因为传统零售商（或第三方渠道）更具销售经验；另一方面，是因为以前制造商建立自己的销售渠道较不便利。但随着经济与互联网的发展，尽管零售商仍然更具销售优势，但制造商建立自己的销售渠道的门槛逐渐降低。虽然制造商自建销售渠道将增加其运营成本，但自建销售渠道将减少制造商生产的产品到达消费者手中的中间环节，使得制造商能在第一时间洞悉消费者的喜好和变化，提升了制造商反馈消费者的效率。如产品及时的价格调整及新功能的推出等。

传统文献认为，制造商通过代销方式将减少竞争并使其受益（Kolter，1988；Choi，1991），而且，很少在渠道选择问题中考虑消费者行为因素。但由上述文献可知，消费者寻求多样化行为会影响企业的定价和质量水平的竞争决策，因此，当制造商通过代销方式销售产品时，消费者寻求多样化行为势必影响零售商的竞争决策，从而影响制造商的利益，那么，此时制造商应继续选择代销渠道？还是选择自建销售渠道？为了研究市场上存在消费者寻求多样化行为时对制造商渠道选择的影响，本章构建了两个制造商渠道选择的博弈模型。

6.1 基本模型和基本假设

（1）本章考虑制造商 m1 和制造商 m2，分别选择通过相应的零售商 r1 和零售商 r2 销售产品，即代销渠道（decentalized channel），或者通过自营渠道销售产品，即自销渠道（intergrated channel）。且制造商选择代销渠道模式时，制造商 mi（i = 1，2）只能以批发价 w_i（i = 1，2）通过零售商 ri（i = 1，2）销售产品，即 m1（m2）不能通过零售商 r2（r1）销售产品。消费者均匀分布于线段长度为 1 的霍特林模型上，且假定制造商无论选择代销渠道还是自销渠道，制造商 m1 的产品和制造商 m2 的产品分别位于市场两端销售给消费者，即 m1 的产品位于 0 点，而 m2 的产品的位于 1 点。消费者在两个销售期的决策行为和第 3 章的假设一致，见图 6 - 1。

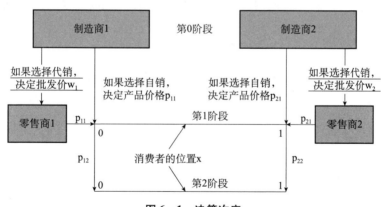

图 6 - 1 决策次序

资料来源：笔者根据模型设定，用 Visio 制图软件绘制而得。

（2）本书消费者函数均建立在苏拉曼尼亚和拉吉（Subramanian and Raju，2013）的基础上，消费者购买制造商 m1 和制造商 m2 的产品的效用函数分别为 $U_1 = V - p_1 - h \cdot x$ 和 $U_2 = V - p_2 - h \cdot (1 - x)$，V 为基础效用值，且足够大以至于消费者的效用值始终为正，p 为价格，x 为消费者所处的位置，且 $x \in (0，1)$，h 为单位交通成本或单位购买成本。

（3）市场上有 θ（$0 < \theta < 1$）部分的消费者具有寻求多样化的行为，

这部分消费者重复购买同一企业的产品时，会产生餍足感。即消费者重复购买产品时，分别降低了效用值 l。

（4）制造商 mi（$i=1$，2）选择自销渠道时，将要承担每单位运营成本 c，制造商 $m2$ 选择代销渠道时，零售商 $r2$ 销售每单位产品的运营成本为 0，而制造商 $m1$ 选择代销渠道时，假定如下两种情形：1）制造商 $m1$ 将会承担固定的交易费用 ε（$\varepsilon \geqslant 0$），而零售商 $r1$ 的运营成本为 0；2）制造商 $m1$ 不承担固定的交易费用，而零售商 $r1$ 销售每单位产品的单位运营成本为 c_{r1}，且 $c_{r1} < c$；

（5）假定制造商一旦选定渠道模式将不再改变，且如果制造商 mi 选择代销渠道模式，第二阶段的批发价格 w_i 不再改变。

（6）制造商 $m1$ 和制造商 $m2$ 分别决定各自的渠道模式，也有如下四种组合方式：①$m1$ 和 $m2$ 都选择自销渠道模式，即 II。②$m1$ 选择自销渠道模式，而 $m2$ 选择代销渠道模式，即 ID。③$m1$ 选择代销渠道模式，而 $m2$ 选择自销渠道模式，即 DI。④$m1$ 和 $m2$ 均选择代销渠道模式，即 DD。

（7）下标中第一个数字 i，$i=1$，2 表示制造商 mi 的产品，下标中第二个数字 j，$j=1$，2 表示第 j 个阶段，上标中 m 和 r 分别表示存在制造商 $m1$ 需要承担固定交易费用 ε 和零售商 $r1$ 存在运营成本 c_{r1} 两种情形，下标中 0 表示不存在消费者行为的情形。上标中第一个字母和第二个字母 D 或 I 分别表示制造商 $m1$ 和制造商 $m2$ 选择自销渠道或代销渠道的情形。

6.2 对称性渠道选择的双寡头竞争

本节讨论对称性渠道选择的情形，制造商 $m1$、制造商 $m2$ 生产的产品相似，且零售商 $r1$、零售商 $r2$ 也相似，即制造商 $m1$ 通过零售商 $r1$ 销售产品，没有承担一定的交易费用 ε，即 $\varepsilon = 0$。而且，零售商 $r1$ 销售每单位产品的运营成本和零售商 $r2$ 一致，即 $c_{r1} = 0$。为简化分析，假定企业产品的竞争层面仅为价格竞争。

6.2.1　基准模型：无消费者寻求多样化行为

先考虑无消费者寻求多样化行为的情形，即 $\theta = 0$。因此，消费者第二阶段的购买行为没有受到第一阶段的影响，且没有受到其他消费者的影响，两个阶段中企业策略保持不变。即两个阶段的竞争变为一个阶段的竞争。具体分析如下：

无论制造商选择怎样的渠道模式，消费者购买两个制造商产品的效用函数分别为：

$$U_1 = V - p_1 - h \cdot x$$
$$U_2 = V - p_2 - h \cdot (1 - x)$$

当 $U_1 > U_2$ 时，消费者愿意购买制造商 m1 的产品；当 $U_1 < U_2$ 时，消费者愿意购买制造商 m2 的产品，即购买 m1 产品的消费者数量和 m2 产品的消费者数量为：

$$d_1 = \frac{p_2 - p_1 + h}{2 \cdot h} \qquad 式（6 - 1）$$

$$d_2 = \frac{p_1 - p_2 + h}{2 \cdot h} \qquad 式（6 - 2）$$

在 II、ID、DI 和 DD 4 种竞争情形下，零售商及制造商的利润如下：

（1）如果制造商 m1 和制造商 m2 都选择自销渠道模式，可得 m1 的利润函数、m2 的利润函数分别为：

$$\pi_{m1} = d_1 \cdot (p_1 - c) \qquad 式（6 - 3）$$

$$\pi_{m2} = d_2 \cdot (p_2 - c) \qquad 式（6 - 4）$$

（2）如果制造商 m1 选择自销渠道模式，而制造商 m2 都选择代销渠道模式，可得 m1 的利润函数、r2 的利润函数分别为：

$$\pi_{m1} = d_1 \cdot (p_1 - c) \qquad 式（6 - 5）$$

$$\pi_{r2} = d_2 \cdot (p_2 - w_2) \qquad 式（6 - 6）$$

因此，制造商 m2 的利润函数为：

$$\pi_{m2} = d_2 \cdot w_2 \qquad 式（6 - 7）$$

（3）如果制造商 m1 选择代销渠道模式，而 m2 选择自销渠道模式，可得 r1 的利润函数和 m2 的利润函数分别为：

$$\pi_{m2} = d_2 \cdot (p_2 - c) \qquad \text{式（6-8）}$$

$$\pi_{r1} = d_1 \cdot (p_1 - w_1) \qquad \text{式（6-9）}$$

因此，制造商 m1 的利润函数为：

$$\pi_{m1} = d_1 \cdot w_1 \qquad \text{式（6-10）}$$

（4）如果制造商 m1 和制造商 m2 都选择代销渠道模式，可得 r1 的利润函数、r2 的利润函数分别为：

$$\pi_{r1} = d_1 \cdot (p_1 - w_1) \qquad \text{式（6-11）}$$

$$\pi_{r2} = d_2 \cdot (p_2 - w_2) \qquad \text{式（6-12）}$$

因此，制造商 m1 和制造商 m2 的利润函数分别为：

$$\pi_{m1} = d_1 \cdot w_1 \qquad \text{式（6-13）}$$

$$\pi_{m2} = d_2 \cdot w_2 \qquad \text{式（6-14）}$$

定理 6-1

在对称性竞争环境下，当不存在消费者寻求多样化行为时，II、ID、DI 和 DD 4 种竞争情形下均存在唯一的均衡解。

命题 6-1

当不存在消费者寻求多样化行为时，

（1）当制造商 m2（或 m1）选择自销渠道时，若 $c < \sqrt{3} \cdot (2 - \sqrt{3}) \cdot h$，则 $\pi_{m10}^{II} > \pi_{m10}^{DI}$（或 $\pi_{m20}^{II} > \pi_{m20}^{ID}$）；若 $c > \sqrt{3} \cdot (2 - \sqrt{3}) \cdot h$，则 $\pi_{m10}^{II} < \pi_{m10}^{DI}$（或 $\pi_{m20}^{II} < \pi_{m20}^{ID}$）。

（2）当制造商 m2（或 m1）选择代销渠道时，$\pi_{m10}^{ID} < \pi_{m10}^{DD}$（或 $\pi_{m20}^{DD} > \pi_{m20}^{DI}$）。

当制造商自销成本较大时，可知无论竞争对手选择怎样的渠道策略，其最佳渠道策略为代销渠道。即选择通过零售商销售产品，减少成本增加收益。然而，当制造商自销成本较小时，尽管通过分销渠道可减少运营成本，但制造商总会和竞争者选择相同的渠道策略避免损失。

推论 6-1：当不存在消费者寻求多样化行为时，若 $c < \sqrt{3} \cdot (2 - \sqrt{3}) \cdot$

h，最优渠道组合为 II 或 DD；若 $c > \sqrt{3} \cdot (2 - \sqrt{3}) \cdot h$，最优渠道组合为 DD。

在对称性竞争环境下，企业总是选择相同的策略，并未出现非对称性的渠道组合。尽管当制造商的自销成本较小时，企业要么共同选择自销渠道，要么共同选择代销渠道。但根据帕累托最优效率可知，企业共同选择代销渠道的利润要优于共同选择自销渠道的利润（$\pi_{mi0}^{II} < \pi_{mi0}^{DD}$）。这是因为制造商选择通过零售商销售产品，既节省了运营成本，又缓解了企业之间正面、直接的竞争。

6.2.2　考虑消费者寻求多样化行为

本节探讨市场上部分消费者存在寻求多样化行为的情形，即 $0 < \theta < 1$，由于重复购买产生的餍足感，消费者往往会降低二次购买的意愿。企业的竞争为三阶段博弈。在第一阶段，制造商 mi 选择渠道模式，若选择代销渠道则决定批发价格 w_i，并不再改变。在第二阶段，制造商或零售商（若制造商选择代销渠道时）决定零售价格 p_{i1}，消费者根据产品的价格最大化自身效用决定购买决策，因此，购买 m1 产品、m2 产品的消费者数分别为：

$$d_{11} = \frac{p_{21} - p_{11} + h}{2 \cdot h} \qquad \text{式（6 - 15）}$$

$$d_{21} = \frac{p_{11} - p_{21} + h}{2 \cdot h} \qquad \text{式（6 - 16）}$$

在第三阶段，由于部分消费者二次购买会产生餍足感，制造商或零售商（若制造商选择代销渠道时）将通过调整价格防止市场份额的丢失。此时，购买制造商 m1 产品的市场消费者数由三部分组成。

第一部分，没有寻求多样化行为的消费者，消费者根据产品的价格最大化自身效用决定购买决策，那么，这部分消费者为：

$$(1 - \theta) \cdot \frac{p_{22} - p_{12} + h}{2 \cdot h}$$

第二部分，部分消费者由于重复购买会产生餍足感，第一阶段购买 m2 的产品，由于餍足感，第二阶段购买 m1 的产品将获得更高的效用，这部分消费者为：

$$\theta \cdot \frac{(p_{22} - p_{12}) - (p_{21} - p_{11}) + 1}{2 \cdot h}$$

第三部分，尽管部分消费者重复购买会产生餍足感，第一阶段购买 m1 的产品，而第二阶段购买 m1 的产品仍然会获得更高的效用，这部分消费者为：

$$\theta \cdot \frac{p_{22} - p_{12} + h - 1}{2 \cdot h}$$

则第二阶段购买 m1 产品的消费者为：

$$d_{12} = \frac{(1 + \theta) \cdot (p_{22} - p_{12}) - \theta \cdot (p_{21} - p_{11}) + h}{2 \cdot h} \qquad 式（6 - 17）$$

同理，第二阶段购买 m2 产品的消费者为：

$$d_{22} = \frac{(1 + \theta) \cdot (p_{12} - p_{22}) - \theta \cdot (p_{11} - p_{21}) + h}{2 \cdot h} \qquad 式（6 - 18）$$

由式（6 - 15）可得，两个阶段购买 m1 产品和购买 m2 产品的总需求分别为：

$$d_1^T = \frac{(1 + \theta) \cdot (p_{22} - p_{12}) + (1 - \theta) \cdot (p_{21} - p_{11}) + 2h}{2 \cdot h}$$

$$式（6 - 19）$$

$$d_2^T = \frac{(1 + \theta) \cdot (p_{12} - p_{22}) + (1 - \theta) \cdot (p_{11} - p_{21}) + 2h}{2 \cdot h}$$

$$式（6 - 20）$$

在 II、ID、DI 和 DD 4 种竞争情形下，零售商及制造商的利润如下：

（1）如果制造商 m1 和制造商 m2 都选择自销渠道模式，可得 m1、m2 的利润函数分别为：

$$\pi_{m1} = d_{11} \cdot (p_{11} - c) + d_{12} \cdot (p_{12} - c) \qquad 式（6 - 21）$$

$$\pi_{m2} = d_{21} \cdot (p_{21} - c) + d_{22} \cdot (p_{22} - c) \qquad 式（6 - 22）$$

（2）如果制造商 m1 选择自销渠道模式，而制造商 m2 选择代销渠道模式，可得 m1 和 r2 的利润函数分别为：

$$\pi_{m1} = d_{11} \cdot (p_{11} - c) + d_{12} \cdot (p_{12} - c) \qquad \text{式（6-23）}$$

$$\pi_{r2} = d_{21} \cdot (p_{21} - w_2) + d_{22} \cdot (p_{22} - w_2) \qquad \text{式（6-24）}$$

因此，制造商 m2 的利润函数为：

$$\pi_{m2} = d_2^T \cdot w_2 \qquad \text{式（6-25）}$$

（3）如果制造商 m_1 选择代销渠道模式，而制造商 m2 选择自销渠道模式，可得 r1、m2 的利润函数分别为：

$$\pi_{r1} = d_{11} \cdot (p_{11} - w_1) + d_{12} \cdot (p_{12} - w_1) \qquad \text{式（6-26）}$$

$$\pi_{m2} = d_{21} \cdot (p_{21} - c) + d_{22} \cdot (p_{22} - c) \qquad \text{式（6-27）}$$

因此，制造商 m1 的利润函数为：

$$\pi_{m1} = d_1^T \cdot w_1 \qquad \text{式（6-28）}$$

（4）如果制造商 m_1 和制造商 m2 都选择代销渠道模式，可得 r1、r2 的利润函数分别为：

$$\pi_{r1} = d_{11} \cdot (p_{11} - w_1) + d_{12} \cdot (p_{12} - w_1) \qquad \text{式（6-29）}$$

$$\pi_{r2} = d_{21} \cdot (p_{21} - w_2) + d_{22} \cdot (p_{22} - w_2) \qquad \text{式（6-30）}$$

因此，制造商 m1 和制造商 m2 的利润函数分别为：

$$\pi_{m1} = d_1^T \cdot w_1 \qquad \text{式（6-31）}$$

$$\pi_{m2} = d_2^T \cdot w_2 \qquad \text{式（6-32）}$$

定理 6-2

在对称性竞争环境下，当存在消费者寻求多样化行为时，II、ID、DI 和 DD 4 种竞争情形下均存在唯一的均衡解，证明见附录。

命题 6-2

当存在消费者寻求多样化行为时，

（1）当制造商 m2（或制造商 m1）选择自销渠道时，若 $c < \dfrac{5(\sqrt{22} - \sqrt{15})}{2\sqrt{15}} \cdot h$，可能存在 $\pi_{m1}^{II} > \pi_{m1}^{DI}$（或 $\pi_{m2}^{II} > \pi_{m2}^{ID}$）；

（2）当制造商 m2（或制造商 m1）选择代销渠道时，$\pi_{m1}^{ID} < \pi_{m1}^{DD}$（或 $\pi_{m2}^{DI} < \pi_{m2}^{DD}$）始终成立，证明见附录。

无论是自销渠道情形还是代销渠道情形，消费者寻求多样化行为都会损害制造商的利润。但相对于代销渠道，随着消费者寻求多样化人数的增加，自销渠道下制造商利润减少得相对较缓慢。这主要是因为在代销渠道下通过零售商销售产品，零售商直接与消费者接触，而在自销渠道下，制造商直接接触消费者具备更迅速、更优的处理消费者行为的效率和解决方案，见图 6-2、表 6-1 和表 6-2。

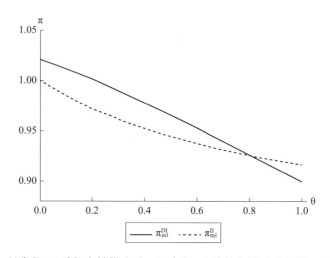

图 6-2　制造商 m2 选择自销模式时，制造商 m1 选择自销（或代销）模式时两个阶段的总利润随寻求多样化行为的消费者比例的变化

注：h = 1，c = 0.5。

资料来源：笔者根据文中结论，用 Mathematic 软件绘制而得。

推论 6-2：当存在消费者寻求多样化行为时，若 $\sqrt{3} \cdot (2 - \sqrt{3}) \cdot h < c < \dfrac{5(\sqrt{22} - \sqrt{15})}{2\sqrt{15}} \cdot h$，可能存在最优的渠道组合 II。

无论是否存在消费者寻求多样化行为，在对称性竞争环境下，制造商总是选择相同的渠道策略。而且，无论在代销渠道下制造商运营成本如何及消费者寻求多样化行为带来的损失大小，在帕累托最优情形下，制造商共同选择代销渠道会优于自销渠道（$\pi_{mi}^{II} < \pi_{mi}^{DD}$）见图 6-3、图 6-4 和图 6-5。

表 6 – 1　　存在消费者寻求多样化行为时，制造商 m2 选择自销模式时的均衡策略

决策	II	DI（$c < \dfrac{35 \cdot h}{6}$）
第一阶段的产品价格	$p_{i1}^{II} = \dfrac{3 + 5 \cdot \theta}{3 \cdot (1 + \theta)} \cdot h + c$	$p_{11}^{DI} = p_{21}^{DI} + \dfrac{9 + 5 \cdot \theta - 4 \cdot \theta^2}{27 + 27 \cdot \theta - 4 \cdot \theta^2} \cdot (w_1^{DI} - c)$ $p_{21}^{DI} = \dfrac{81 + 210 \cdot \theta + 139 \cdot \theta^2 + 10 \cdot \theta^3}{6 \cdot (1 + \theta) \cdot (9 + 10 \cdot \theta + \theta^2)} \cdot$ $h - \dfrac{9 + 11 \cdot \theta}{27 + 27 \cdot \theta - 4 \cdot \theta^2} \cdot \dfrac{c}{2} + c$
第二阶段的产品价格	$p_{i2}^{II} = \dfrac{1}{1 + \theta} \cdot h + c$	$p_{12}^{DI} = \dfrac{h}{1 + \theta} + \dfrac{(p_{11}^{DI} - p_{21}^{DI}) \cdot \theta}{3 \cdot (1 + \theta)} + \dfrac{2 \cdot w_1^{DI} + c}{3}$ $p_{22}^{DI} = \dfrac{1}{2 \cdot (1 + \theta)} \left(\begin{array}{l} \dfrac{27 + 35 \cdot \theta + 8 \cdot \theta^2}{9 + 10 \cdot \theta + \theta^2} \cdot h \\ - \dfrac{9 + 15 \cdot \theta + 6 \cdot \theta^2}{27 + 27 \cdot \theta - 4 \cdot \theta^2} \cdot c \end{array} \right) + c$
第一阶段的产品需求	$d_{i1}^{II} = \dfrac{1}{2}$	$d_{11}^{DI} = 1 - d_{21}^{DI}$ $d_{21}^{DI} = \dfrac{1}{4} \cdot \left(\dfrac{27 + 25 \cdot \theta - 2 \cdot \theta^2}{9 + 10 \cdot \theta + \theta^2} - \dfrac{c}{h} \cdot \dfrac{9 + 5 \cdot \theta - 4 \cdot \theta^2}{27 + 27 \cdot \theta - 4 \cdot \theta^2} \right)$
第二阶段的产品需求	$d_{i2}^{II} = \dfrac{1}{2}$	$d_{12}^{DI} = 1 - d_{22}^{DI}$ $d_{22}^{DI} = \dfrac{1}{4} \cdot \left(\dfrac{27 + 35 \cdot \theta + 8 \cdot \theta^2}{9 + 10 \cdot \theta + \theta^2} - \dfrac{c}{h} \cdot \dfrac{9 + 15 \cdot \theta + 6 \cdot \theta^2}{27 + 27 \cdot \theta - 4 \cdot \theta^2} \right)$
产品批发价格	\	$w_1^{DI} = \dfrac{h}{2} \cdot \dfrac{27 + 27 \cdot \theta - 4 \cdot \theta^2}{9 + 10 \cdot \theta + \theta^2} + \dfrac{c}{2}$
制造商的总利润	$\pi_{mi}^{II} = \dfrac{6 + 5 \cdot \theta}{6 \cdot (1 + \theta)} \cdot h$	$\pi_{m1}^{DI} = \dfrac{h}{4} \cdot \dfrac{27 + 27 \cdot \theta - 4 \cdot \theta^2}{9 + 10 \cdot \theta + \theta^2} \left[1 + \dfrac{c}{h} \cdot \dfrac{9 + 10 \cdot \theta + \theta^2}{27 + 27 \cdot \theta - 4 \cdot \theta^2} \right]^2$ $\pi_{m2}^{DI} = \dfrac{h}{8 \cdot (1 + \theta)} \cdot \left(\dfrac{27 + 35 \cdot \theta + 8 \cdot \theta^2}{9 + 10 \cdot \theta + \theta^2} - \dfrac{c}{h} \cdot \right.$ $\left. \dfrac{9 + 15 \cdot \theta + 6 \cdot \theta^2}{27 + 27 \cdot \theta - 4 \cdot \theta^2} \right)^2$ $+ \dfrac{h}{8} \cdot \left(\dfrac{27 + 25 \cdot \theta - 2 \cdot \theta^2}{9 + 10 \cdot \theta + \theta^2} - \right.$ $\left. \dfrac{c}{h} \cdot \dfrac{9 + 5 \cdot \theta - 4 \cdot \theta^2}{27 + 27 \cdot \theta - 4 \cdot \theta^2} \right)$ $\left(\dfrac{81 + 210 \cdot \theta + 139 \cdot \theta^2 + 10 \cdot \theta^3}{3 \cdot (1 + \theta) \cdot (9 + 10 \cdot \theta + \theta^2)} \right.$ $\left. - \dfrac{c}{h} \cdot \dfrac{9 + 11 \cdot \theta}{27 + 27 \cdot \theta - 4 \cdot \theta^2} \right)$

资料来源：笔者根据文中结论，用 Office 软件绘制而得。

表 6 – 2　　存在消费者寻求多样化行为时，制造商 m2 选择代销模式时的均衡策略

决策	DD	ID （$c < \dfrac{35 \cdot h}{6}$）
第一阶段的产品价格	$p_{i1}^{DD} = \dfrac{3 + 5 \cdot \theta}{3 \cdot (1 + \theta)} \cdot h + \dfrac{27 + 27 \cdot \theta - 4 \cdot \theta^2}{9 + 10 \cdot \theta + \theta^2} \cdot h$	$p_{11}^{ID} = \dfrac{81 + 210 \cdot \theta + 139 \cdot \theta^2 + 10 \cdot \theta^3}{6 \cdot (1 + \theta) \cdot (9 + 10 \cdot \theta + \theta^2)} \cdot h - \dfrac{9 + 11 \cdot \theta}{27 + 27 \cdot \theta - 4 \cdot \theta^2} \cdot \dfrac{c}{2} + c$ $p_{21}^{ID} = p_{11}^{ID} + \dfrac{9 + 5 \cdot \theta - 4 \cdot \theta^2}{27 + 27 \cdot \theta - 4 \cdot \theta^2} \cdot (w_2^{ID} - c)$
第二阶段的产品价格	$p_{i2}^{DD} = \dfrac{1}{1 + \theta} \cdot h + \dfrac{27 + 27 \cdot \theta - 4 \cdot \theta^2}{9 + 10 \cdot \theta + \theta^2} \cdot h$	$p_{12}^{ID} = \dfrac{1}{2 \cdot (1 + \theta)} \left(\dfrac{27 + 35 \cdot \theta + 8 \cdot \theta^2}{9 + 10 \cdot \theta + \theta^2} \cdot h - \dfrac{9 + 15 \cdot \theta + 6 \cdot \theta^2}{27 + 27 \cdot \theta - 4 \cdot \theta^2} \cdot c \right) + c$ $p_{22}^{ID} = \dfrac{h}{1 + \theta} + \dfrac{(p_{21}^{ID} - p_{11}^{ID}) \cdot \theta}{3 \cdot (1 + \theta)} + \dfrac{2 \cdot w_2^{ID} + c}{3}$
第一阶段的产品需求	$d_{i1}^{DD} = \dfrac{1}{2}$	$d_{11}^{ID} = \dfrac{1}{4} \cdot \left(\dfrac{27 + 25 \cdot \theta - 2 \cdot \theta^2}{9 + 10 \cdot \theta + \theta^2} - \dfrac{c}{h} \cdot \dfrac{9 + 5 \cdot \theta - 4 \cdot \theta^2}{27 + 27 \cdot \theta - 4 \cdot \theta^2} \right)$ $d_{21}^{ID} = 1 - d_{11}^{ID}$
第二阶段的产品需求	$d_{i2}^{DD} = \dfrac{1}{2}$	$d_{12}^{ID} = \dfrac{1}{4} \cdot \left(\dfrac{27 + 35 \cdot \theta + 8 \cdot \theta^2}{9 + 10 \cdot \theta + \theta^2} - \dfrac{c}{h} \cdot \dfrac{9 + 15 \cdot \theta + 6 \cdot \theta^2}{27 + 27 \cdot \theta - 4 \cdot \theta^2} \right)$ $d_{22}^{ID} = 1 - d_{12}^{ID}$
产品批发价格	$w_i^{DD} = \dfrac{27 + 27 \cdot \theta - 4 \cdot \theta^2}{9 + 10 \cdot \theta + \theta^2} \cdot h$	$w_2^{ID} = \dfrac{h}{2} \cdot \dfrac{27 + 27 \cdot \theta - 4 \cdot \theta^2}{9 + 10 \cdot \theta + \theta^2} + \dfrac{c}{2}$
制造商的总利润	$\pi_{mi}^{DD} = \dfrac{27 + 27 \cdot \theta - 4 \cdot \theta^2}{9 + 10 \cdot \theta + \theta^2} \cdot h$	$\pi_{m1}^{ID} = \dfrac{h}{8 \cdot (1 + \theta)} \cdot \left(\dfrac{27 + 35 \cdot \theta + 8 \cdot \theta^2}{9 + 10 \cdot \theta + \theta^2} - \dfrac{c}{h} \cdot \dfrac{9 + 15 \cdot \theta + 6 \cdot \theta^2}{27 + 27 \cdot \theta - 4 \cdot \theta^2} \right)^2$ $+ \dfrac{h}{8} \cdot \left(\dfrac{27 + 25 \cdot \theta - 2 \cdot \theta^2}{9 + 10 \cdot \theta + \theta^2} - \dfrac{c}{h} \cdot \dfrac{9 + 5 \cdot \theta - 4 \cdot \theta^2}{27 + 27 \cdot \theta - 4 \cdot \theta^2} \right) \cdot \left(\dfrac{81 + 210 \cdot \theta + 139 \cdot \theta^2 + 10 \cdot \theta^3}{3 \cdot (1 + \theta) \cdot (9 + 10 \cdot \theta + \theta^2)} - \dfrac{c}{h} \cdot \dfrac{9 + 11 \cdot \theta}{27 + 27 \cdot \theta - 4 \cdot \theta^2} \right)$ $\pi_{m2}^{ID} = \dfrac{h}{4} \cdot \dfrac{27 + 27 \cdot \theta - 4 \cdot \theta^2}{9 + 10 \cdot \theta + \theta^2} \left[1 + \dfrac{c}{h} \cdot \dfrac{9 + 10 \cdot \theta + \theta^2}{27 + 27 \cdot \theta - 4 \cdot \theta^2} \right]^2$

资料来源：笔者根据文中结论，用 Office 软件绘制而得。

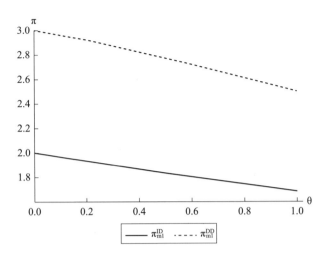

图 6 - 3　制造商 m2 选择代销模式时，制造商 m1 选择自销（或代销）模式时两个阶段的总利润随寻求多样化行为的消费者比例的变化

注：h = 1，c = 0. 5。

资料来源：笔者根据文中结论，用 Mathematic 软件绘制而得。

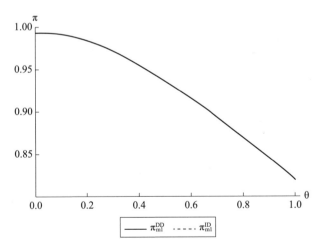

图 6 - 4　制造商 m2 选择代销模式时，制造商 m1 选择不同销售模式时两个阶段的总利润之差随寻求多样化行为的消费者比例的变化

注：h = 1，c = 0. 5。

资料来源：笔者根据文中结论，用 Mathematic 软件绘制而得。

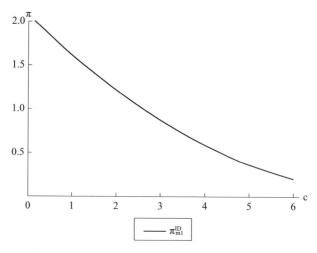

图 6 – 5　制造商 m2 选择代销模式时，制造商 m1 选择自销模式时的总利润随每单位运营成本的变化

注：$h = 1$，$\theta = 0.5$。

资料来源：笔者根据文中结论，用 Mathematic 软件绘制而得。

6.3　非对称性渠道选择的双寡头竞争

本节讨论非对称性渠道选择的情形，不同于第 4 章、第 5 章中提到的由于品牌影响不同产生的差异化市场，本章中的非对称性主要体现在两条供应链之间的差异性。即主要讨论两种情形，情形一，假定制造商 m1 选择代销渠道时，需要向零售商 r1 缴纳固定费用 ε，而零售商 r1 销售每单位产品的运营成本为 0；情形二，假定制造商 m1 选择代销渠道时，不需要承担固定费用 ε，但零售商 r1 销售每单位产品的运营成本为 c_{r1}。

6.3.1　基准模型：无消费者寻求多样化行为

先考虑市场上不存在消费者寻求多样化行为的情形，即 $\theta = 0$。因此，消费者第二阶段的购买行为没有受到第一阶段的影响，两个阶段中企业策略保持不变，即两个阶段的竞争变为一个阶段的竞争。具体分析如下：

消费者根据效用最大化决定购买决策，当 $U_1 > U_2$ 时，消费者愿意购买制造商 m1 的产品；当 $U_1 < U_2$ 时，消费者愿意购买制造商 m2 的产品，即购买制造商 m1 的产品、制造商 m2 的产品的消费者数量为：

$$d_1 = \frac{p_2 - p_1 + h}{2 \cdot h} \qquad 式（6-33）$$

$$d_2 = \frac{p_1 - p_2 + h}{2 \cdot h} \qquad 式（6-34）$$

和上文类似，在 II、ID、DI 和 DD 4 种竞争情形下，零售商及制造商的利润如下（为了方便讨论下文的利润函数表达，将本节的两个假设放在同一函数表达式中阐述）：

（1）如果制造商 m1 和制造商 m2 都选择自销渠道模式，此时，和 6.2.1 小节中一致，可得 m1、m2 的利润函数分别为：

$$\pi_{m1} = d_1 \cdot (p_1 - c) \qquad 式（6-35）$$

$$\pi_{m2} = d_2 \cdot (p_2 - c) \qquad 式（6-36）$$

（2）如果制造商 m1 选择自销渠道模式，而制造商 m2 选择代销渠道模式，此时，和 6.2.1 小节中一致，可得 m1、r2 的利润函数分别为：

$$\pi_{m1} = d_1 \cdot (p_1 - c) \qquad 式（6-37）$$

$$\pi_{r2} = d_2 \cdot (p_2 - w_2) \qquad 式（6-38）$$

因此，制造商 m2 的利润函数为：

$$\pi_{m2} = d_2 \cdot w_2 \qquad 式（6-39）$$

（3）如果制造商 m_1 选择代销渠道模式，而制造商 m2 都选择自销渠道模式，可得 r1、m2 的利润函数分别为：

$$\pi_{m2} = d_2 \cdot (p_2 - c) \qquad 式（6-40）$$

$$\pi_{r1} = d_1 \cdot (p_1 - c_{r1} - w_1) + \varepsilon \qquad \text{式（6-41）}$$

因此，制造商 m1 的利润函数为：

$$\pi_{m1} = d_1 \cdot w_1 - \varepsilon \qquad \text{式（6-42）}$$

（注：当 $c_{r1} = 0$ 时，即为情形一的利润函数；当 $\varepsilon = 0$ 时，即为情形二的利润函数。）

（4）如果制造商 m1 和制造商 m2 都选择代销渠道模式，可得 r1、r2 的利润函数分别为：

$$\pi_{r1} = d_1 \cdot (p_1 - c_{r1} - w_1) \qquad \text{式（6-43）}$$

$$\pi_{r2} = d_2 \cdot (p_2 - w_2) + \varepsilon \qquad \text{式（6-44）}$$

因此，制造商 m1 和制造商 m2 的利润函数分别为：

$$\pi_{m1} = d_1 \cdot w_1 - \varepsilon \qquad \text{式（6-45）}$$

$$\pi_{m2} = d_2 \cdot w_2 \qquad \text{式（6-46）}$$

（注：当 $c_{r1} = 0$ 时，即为情形一的利润函数；当 $\varepsilon = 0$ 时，即为情形二的利润函数。）

定理 6-3

在非对称性竞争环境下，当不存在消费者寻求多样化行为时，II、ID、DI 和 DD 4 种竞争情形下均存在唯一的均衡解。

（1）当制造商 m1 选择代销渠道，且需要向零售商 r1 缴纳一定的固定费用 ε 时，令 $\varepsilon = f^{-1}(c) = 3h - \dfrac{9 \cdot h}{4} \cdot \left(1 - \dfrac{c}{9 \cdot h}\right)^2$，且使得 $\pi_{m10}^{ID(m)} = \pi_{m10}^{DD(m)}$，即 $c = c_1^*(\varepsilon) = f(\varepsilon)$。

命题 6-3

当不存在消费者寻求多样化行为时：

（i）当制造商 m2 选择自销渠道时，若 $c < 3 \cdot h \cdot \left(\sqrt{\dfrac{4 \cdot (h+\varepsilon)}{3 \cdot h}} - 1\right)$，制造商 m1 将选择代销渠道（$\pi_{m10}^{II(m)} > \pi_{m10}^{DI(m)}$）；若 $c > 3 \cdot h \cdot \left(\sqrt{\dfrac{4 \cdot (h+\varepsilon)}{3 \cdot h}} - 1\right)$，

制造商 m1 将选择代销渠道（$\pi_{m10}^{II(m)} < \pi_{m10}^{DI(m)}$）。当制造商 m2 选择代销渠道时，若 $c < c_1^*$（ε），制造商 m1 将选择自销渠道（$\pi_{m10}^{ID(m)} > \pi_{m10}^{DD(m)}$）；若 $c > c_1^*$（ε），制造商 m1 将选择代销渠道（$\pi_{m10}^{ID(m)} < \pi_{m10}^{DD(m)}$）。

（ii）当制造商 m1 选择自销渠道时，若 $c < \sqrt{3} \cdot (2 - \sqrt{3}) \cdot h$，制造商 m2 将选择自销渠道（$\pi_{m20}^{II(m)} > \pi_{m20}^{ID(m)}$）；若 $c > \sqrt{3} \cdot (2 - \sqrt{3}) \cdot h$，制造商 m2 将选择代销渠道（$\pi_{m20}^{II(m)} < \pi_{m20}^{ID(m)}$）。当制造商 m1 选择代销渠道时，制造商 m2 将总选择代销渠道（$\pi_{m20}^{DD(m)} > \pi_{m20}^{DI(m)}$）。

制造商 m1 选择代销渠道时，需要承担一定的固定费用，而选择自销渠道时，需要承担每单位运营成本。因此，若制造商 m1 选择自销渠道带来的成本较高时，制造商 m2 不一定会选择代销渠道，仅当自销渠道下成本较高，而代销渠道下承担的费用较小时，制造商 m2 才可能选择代销渠道。当企业选择渠道时，不仅需要考虑间接销售环节企业竞争的因素，也要考虑由此带来的成本因素，见图 6 - 6。

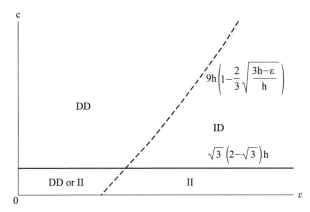

图 6 - 6　当没有消费者寻求多样化行为时，企业的最优均衡决策的变化

资料来源：笔者根据文中结论，用 Mathematic 软件绘制而得。

推论 6 - 3：（i）若 c_1^*（ε）$< c < \sqrt{3} \cdot (2 - \sqrt{3}) \cdot h$，最优均衡策略 II 或 DD。（ii）若 $c > \max[\sqrt{3} \cdot (2 - \sqrt{3}) \cdot h, c_1^*(\varepsilon)]$，最优均衡策略为

DD。（iii）若 $0 < c < \min\left[\sqrt{3} \cdot \left(2 - \sqrt{3}\right) \cdot h, c_1^*\left(\varepsilon\right)\right]$，最优均衡策略为 II。（iv）若 $\sqrt{3} \cdot \left(2 - \sqrt{3}\right) \cdot h < c < c_1^*\left(\varepsilon\right)$，最优均衡策略为 ID。

由于制造商之间的竞争处于非对称环境下，因此，最优渠道组合策略为共同选择自销渠道或者共同选择代销渠道两种均衡策略。在代销渠道下，制造商 m1 需要承受较高的费用时，制造商 m1 可能会选择自销渠道。而此时，制造商 m2 的最优渠道可能为代销渠道，即最优均衡策略为 ID。并且，不同于对称性竞争环境下可能出现最优渠道组合 II 或 DD，在此非对称性竞争环境下，可能出现唯一的最优渠道策略 II，即因制造商 m1 选择代销渠道需要承担较高的费用使其最优策略为自销渠道，而此时，若制造商 m2 选择代销渠道，零售商 r2 可能制定较高的价格，使得其产品处于竞争劣势，导致市场份额减少。

（2）当制造商 m1 选择代销渠道，且零售商 r1 销售每单位产品的运营成本为 c_{r1} 时，令 $\varepsilon = f^{-1}\left(c\right) = 3h - \dfrac{9 \cdot h}{4} \cdot \left(1 - \dfrac{c}{9 \cdot h}\right)^2$，且使得 $\pi_{m10}^{ID(r)} = \pi_{m10}^{DD(r)}$，即，$c = c_1^*\left(\varepsilon\right) = f\left(\varepsilon\right)$。

命题 6 – 4

当不存在消费者寻求多样化行为时，

（i）当制造商 m2 选择自销渠道时，若 $c < \sqrt{3} \cdot \left(2 - \sqrt{3}\right) \cdot h + c_{r1}$，制造商 m1 将选择自销渠道（$\pi_{m10}^{II(r)} > \pi_{m10}^{DI(r)}$）；若 $c > \sqrt{3} \cdot \left(2 - \sqrt{3}\right) \cdot h + c_{r1}$，制造商 m1 将选择代销渠道（$\pi_{m10}^{II(r)} < \pi_{m10}^{DI(r)}$）。当制造商 m2 选择代销渠道时，制造商 m1 将总选择代销渠道（$\pi_{m10}^{ID(r)} < \pi_{m10}^{DD(r)}$）。

（ii）当制造商 m1 选择自销渠道时，若 $c < \sqrt{3} \cdot \left(2 - \sqrt{3}\right) \cdot h$，制造商 m2 将选择自销渠道（$\pi_{m20}^{II(r)} > \pi_{m20}^{ID(r)}$）；若 $c > \sqrt{3} \cdot \left(2 - \sqrt{3}\right) \cdot h$，制造商 m2 将选择代销渠道（$\pi_{m20}^{II(r)} < \pi_{m20}^{ID(r)}$）。当制造商 m1 选择代销渠道时，制造商 m2 将总选择代销渠道（$\pi_{m20}^{DD(r)} > \pi_{m20}^{DI(r)}$）。

因为零售商 r1 销售产品需要承担运营成本，所以，在非对称环境下，对制造商 m1 而言，当其选择代销渠道时，零售商 r1 因成本因素相应会提高零售价格，降低了制造商 m1 产品的竞争优势，导致其市场份额减少，从而减少制造商 m1 的利润。

推论 6 - 4：（ⅰ）若 $c < \sqrt{3} \cdot (2 - \sqrt{3}) \cdot h$，最优均衡策略为 II 或 DD。（ⅱ）若 $c > \sqrt{3} \cdot (2 - \sqrt{3}) \cdot h$，最优均衡策略为 DD。

尽管为非对称性竞争环境，但制造商的最优策略组合仍旧为 II 或 DD，即要么共同选择自销渠道，要么共同选择代销渠道，而没有混合最优渠道组合策略。并且，不同于第一种非对称性竞争环境，在此情境下，不存在独一无二的最优策略 II，主要是因为尽管零售商 r1 销售产品时相对于零售商 r2 较弱，但制造商 m1 选择代销渠道时相对于自销渠道仍存在优势，见图 6 - 7。

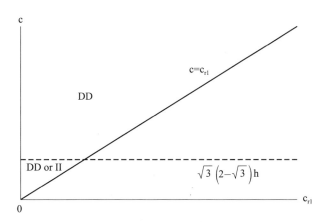

图 6 - 7　当没有消费者寻求多样化行为时，企业的最优均衡决策的变化

资料来源：笔者根据文中结论，用 Mathematic 软件绘制而得。

6.3.2　考虑消费者寻求多样化行为

本小节探讨市场上部分消费者存在寻求多样化行为的情形，即 $0 < \theta < 1$，由于重复购买所产生的餍足感，消费者往往会降低二次购买的

意愿。与 6.2.2 小节类似，本小节企业的竞争也为三阶段博弈。在第一阶段，购买制造商 m1 的产品和制造商 m2 的产品的消费者数量分别为：

$$d_{11} = \frac{p_{21} - p_{11} + h}{2 \cdot h} \qquad 式（6-47）$$

$$d_{21} = \frac{p_{11} - p_{21} + h}{2 \cdot h} \qquad 式（6-48）$$

在第二阶段，由于部分消费者二次购买会产生餍足感，制造商或零售商将通过调整价格防止市场份额的丢失。此时，购买制造商 m1 的产品和制造商 m2 的产品的消费者数量分别为：

$$d_{12} = \frac{(1 + \theta) \cdot (p_{22} - p_{12}) - \theta \cdot (p_{21} - p_{11}) + h}{2 \cdot h} \qquad 式（6-49）$$

$$d_{22} = \frac{(1 + \theta) \cdot (p_{12} - p_{22}) - \theta \cdot (p_{11} - p_{21}) + h}{2 \cdot h} \qquad 式（6-50）$$

由式（6-47）～式（6-50）可得，两个阶段购买制造商 m1 的产品和购买制造商 m2 的产品的总需求分别为：

$$d_1^T = \frac{(1 + \theta) \cdot (p_{22} - p_{12}) + (1 - \theta) \cdot (p_{21} - p_{11}) + 2h}{2 \cdot h}$$

$$式（6-51）$$

$$d_2^T = \frac{(1 + \theta) \cdot (p_{12} - p_{22}) + (1 - \theta) \cdot (p_{11} - p_{21}) + 2h}{2 \cdot h}$$

$$式（6-52）$$

在 II、ID、DI 和 DD 的 4 种竞争情形下，零售商以及制造商的利润如下（为了方便讨论，下文的利润函数表达式将本节的两个假设放在同一函数表达式中阐述）：

（1）如果制造商 m1 和制造商 m2 都选择自销渠道模式，此时，和 6.2.2 中一致，可得 m1 和 m2 的利润函数分别为：

$$\pi_{m1} = d_{11} \cdot (p_{11} - c) + d_{12} \cdot (p_{12} - c) \qquad 式（6-53）$$

$$\pi_{m2} = d_{21} \cdot (p_{21} - c) + d_{22} \cdot (p_{22} - c) \qquad 式（6-54）$$

（2）如果制造商 m1 选择自销渠道模式，而制造商 m2 都选择代销渠道模式，此时，和 6.2.2 小节一致，可得 m1、r2 的利润函数分别为：

$$\pi_{m1} = d_{11} \cdot (p_{11} - c) + d_{12} \cdot (p_{12} - c) \qquad 式（6-55）$$

$$\pi_{r2} = d_{21} \cdot (p_{21} - w_2) + d_{22} \cdot (p_{22} - w_2) \qquad 式（6-56）$$

因此，制造商 m2 的利润函数为：

$$\pi_{m2} = d_2^T \cdot w_2 \qquad 式（6-57）$$

（3）如果制造商 m1 选择代销渠道模式，而制造商 m2 都选择自销渠道模式，可得 r1、m2 的利润函数分别为：

$$\pi_{r1} = d_{11} \cdot (p_{11} - c_{r1} - w_1) + d_{12} \cdot (p_{12} - c_{r1} - w_1) \quad 式（6-58）$$

$$\pi_{m2} = d_{21} \cdot (p_{21} - c) + d_{22} \cdot (p_{22} - c) \qquad 式（6-59）$$

因此，制造商 m1 的利润函数为：

$$\pi_{m1} = d_1^T \cdot w_1 - \varepsilon \qquad 式（6-60）$$

（注：当 $c_{r1} = 0$ 时，即为情形一的利润函数；当 $\varepsilon = 0$ 时，即为情形二的利润函数。）

（4）如果制造商 m1 和制造商 m2 都选择代销渠道模式，可得 r1、r2 的利润函数分别为：

$$\pi_{r1} = d_{11} \cdot (p_{11} - c_{r1} - w_1) + d_{12} \cdot (p_{12} - c_{r1} - w_1) \quad 式（6-61）$$

$$\pi_{r2} = d_{21} \cdot (p_{21} - w_2) + d_{22} \cdot (p_{22} - w_2) \qquad 式（6-62）$$

因此，制造商 m1 和制造商 m2 的利润函数分别为：

$$\pi_{m1} = d_1^T \cdot w_1 - \varepsilon \qquad 式（6-63）$$

$$\pi_{m2} = d_2^T \cdot w_2 \qquad 式（6-64）$$

（注：当 $c_{r1} = 0$ 时，即为情形一的利润函数；当 $\varepsilon = 0$ 时，即为情形二的利润函数。）

定理 6-4

在非对称性竞争环境下，当存在消费者寻求多样化行为时，II、ID、DI 和 DD 的 4 种竞争情形下，均存在唯一的均衡解见表 6-3 和表 6-4。

表 6 – 3　　存在消费者寻求多样化行为时，制造商 m1 和制造商 m2 均选择
代销渠道的均衡策略

决策	DD
第一阶段的 产品 价格	$p_{11}^{DD(r)} = \dfrac{3+5 \cdot \theta}{3 \cdot (1+\theta)} \cdot h + \dfrac{(18+16 \cdot \theta - 4 \cdot \theta^2) \cdot (w_1^{DD(r)} + c_{rl}) + (9+11 \cdot \theta) \cdot w_2^{DD(r)}}{27+27 \cdot \theta - 4 \cdot \theta^2}$ $p_{21}^{DD(r)} = \dfrac{3+5 \cdot \theta}{3 \cdot (1+\theta)} \cdot h + \dfrac{(18+16 \cdot \theta - 4 \cdot \theta^2) \cdot w_2^{DD(r)} + (9+11 \cdot \theta) \cdot (w_1^{DD(r)} + c_{rl})}{27+27 \cdot \theta - 4 \cdot \theta^2}$
第二阶段的 产品价格	$p_{12}^{DD(r)} = \dfrac{h}{1+\theta} + \dfrac{\theta \cdot (p_{11}^{DD(r)} - p_{21}^{DD(r)})}{3 \cdot (1+\theta)} + \dfrac{2 \cdot w_1^{DD(r)} + w_2^{DD(r)} + 2 \cdot c_{rl}}{3}$ $p_{22}^{DD(r)} = \dfrac{h}{1+\theta} + \dfrac{\theta \cdot (p_{21}^{DD(r)} - p_{11}^{DD(r)})}{3 \cdot (1+\theta)} + \dfrac{w_1^{DD(r)} + 2 \cdot w_2^{DD(r)} + c_{rl}}{3}$
第一阶段的 产品需求	$d_{11}^{DD(r)} = \dfrac{1}{2 \cdot h} \cdot \left(h - \dfrac{c_{rl}}{3} \cdot \dfrac{9+5 \cdot \theta - 4 \cdot \theta^2}{27+27 \cdot \theta - 4 \cdot \theta^2} \right)$ $d_{21}^{DD(r)} = \dfrac{1}{2 \cdot h} \cdot \left(h + \dfrac{c_{rl}}{3} \cdot \dfrac{9+5 \cdot \theta - 4 \cdot \theta^2}{27+27 \cdot \theta - 4 \cdot \theta^2} \right)$
第二阶段的 产品需求	$d_{12}^{DD(r)} = \dfrac{1}{2 \cdot h} \cdot \left(h - \dfrac{c_{rl}}{3} \cdot \dfrac{9+15 \cdot \theta + 6 \cdot \theta^2}{27+27 \cdot \theta - 4 \cdot \theta^2} \right)$ $d_{22}^{DD(r)} = \dfrac{1}{2 \cdot h} \cdot \left(h + \dfrac{c_{rl}}{3} \cdot \dfrac{9+15 \cdot \theta + 6 \cdot \theta^2}{27+27 \cdot \theta - 4 \cdot \theta^2} \right)$
批发价格	$w_1^{DD(r)} = \dfrac{27+27 \cdot \theta - 4 \cdot \theta^2}{9+10 \cdot \theta + \theta^2} \cdot h - \dfrac{c_{rl}}{3}$ $w_2^{DD(r)} = \dfrac{27+27 \cdot \theta - 4 \cdot \theta^2}{9+10 \cdot \theta + \theta^2} \cdot h + \dfrac{c_{rl}}{3}$
制造商的 总利润	$\pi_{m1}^{DD(r)} = \dfrac{27+27 \cdot \theta - 4 \cdot \theta^2}{9+10 \cdot \theta + \theta^2} \cdot h \cdot \left(1 - \dfrac{c_{rl}}{3 \cdot h} \cdot \dfrac{9+10 \cdot \theta + \theta^2}{27+27 \cdot \theta - 4 \cdot \theta^2} \right)^2$ $\pi_{m2}^{DD(r)} = \dfrac{27+27 \cdot \theta - 4 \cdot \theta^2}{9+10 \cdot \theta + \theta^2} \cdot h \cdot \left(1 + \dfrac{c_{rl}}{3 \cdot h} \cdot \dfrac{9+10 \cdot \theta + \theta^2}{27+27 \cdot \theta - 4 \cdot \theta^2} \right)^2$

注：此时，零售商 r1 销售每单位产品的运营成本为 c_{rl}。

资料来源：笔者根据文中结论，用 Office 软件绘制而得。

表 6 – 4　　存在消费者寻求多样化行为时，制造商 m1 选择代销
渠道而制造商 m2 选择自销渠道的均衡策略

决策	DI （$c - c_{rl} < \dfrac{35}{6} \cdot h$）
第一阶段的 产品价格	$p_{11}^{DI(r)} = \dfrac{3+5 \cdot \theta}{3 \cdot (1+\theta)} \cdot h + \dfrac{(18+16 \cdot \theta - 4 \cdot \theta^2) \cdot (w_1^{DI(r)} + c_{rl}) + (9+11 \cdot \theta) \cdot c}{27+27 \cdot \theta - 4 \cdot \theta^2}$ $p_{21}^{DI(r)} = \dfrac{81+210 \cdot \theta + 139 \cdot \theta^2 + 10 \cdot \theta^3}{6 \cdot (1+\theta) \cdot (9+10 \cdot \theta + \theta^2)} \cdot h - \dfrac{9+11 \cdot \theta}{27+27 \cdot \theta - 4 \cdot \theta^2} \cdot \dfrac{c - c_{rl}}{2} + c$

决策	DI （$c - c_{rl} < \frac{35}{6} \cdot h$）
第二阶段的产品价格	$p_{12}^{DI(r)} = \frac{h}{1+\theta} + \frac{\theta \cdot (p_{11}^{DI(r)} - p_{21}^{DI(r)})}{3 \cdot (1+\theta)} + \frac{2 \cdot w_1^{DI(r)} + c + 2 \cdot c_{rl}}{3}$ $p_{22}^{DI(r)} = \frac{27 + 35 \cdot \theta + 8 \cdot \theta^2}{2 \cdot (1+\theta) \cdot (9 + 10 \cdot \theta + \theta^2)} \cdot h - \frac{9 + 15 \cdot \theta + 6 \cdot \theta^2}{(1+\theta) \cdot (27 + 27 \cdot \theta - 4 \cdot \theta^2)} \cdot \frac{c - c_{rl}}{2} + c$
第一阶段的产品需求	$d_{11}^{DI(r)} = \frac{1}{4} \cdot \left(\frac{9 + 15 \cdot \theta + 6 \cdot \theta^2}{9 + 10 \cdot \theta + \theta^2} + \frac{c - c_{rl}}{h} \cdot \frac{9 + 5 \cdot \theta - 4 \cdot \theta^2}{27 + 27 \cdot \theta - 4 \cdot \theta^2} \right)$ $d_{21}^{DI(r)} = \frac{1}{4} \cdot \left(\frac{27 + 25 \cdot \theta - 2 \cdot \theta^2}{9 + 10 \cdot \theta + \theta^2} - \frac{c - c_{rl}}{h} \cdot \frac{9 + 5 \cdot \theta - 4 \cdot \theta^2}{27 + 27 \cdot \theta - 4 \cdot \theta^2} \right)$
第二阶段的产品需求	$d_{12}^{DI(r)} = \frac{1}{4} \cdot \left(\frac{9 + 5 \cdot \theta - 4 \cdot \theta^2}{9 + 10 \cdot \theta + \theta^2} - \frac{c - c_{rl}}{h} \cdot \frac{9 + 15 \cdot \theta + 6 \cdot \theta^2}{27 + 27 \cdot \theta - 4 \cdot \theta^2} \right)$ $d_{22}^{DI(r)} = \frac{1}{4} \cdot \left(\frac{27 + 35 \cdot \theta + 8 \cdot \theta^2}{9 + 10 \cdot \theta + \theta^2} - \frac{c - c_{rl}}{h} \cdot \frac{9 + 15 \cdot \theta + 6 \cdot \theta^2}{27 + 27 \cdot \theta - 4 \cdot \theta^2} \right)$
产品批发价格	$w_1^{DI(r)} = \frac{27 + 27 \cdot \theta - 4 \cdot \theta^2}{9 + 10 \cdot \theta + \theta^2} \cdot \frac{h}{2} + \frac{c - c_{rl}}{2}$
制造商的总利润	$\pi_{m1}^{DI} = \frac{h}{4} \cdot \frac{27 + 27 \cdot \theta - 4 \cdot \theta^2}{9 + 10 \cdot \theta + \theta^2} \left[1 + \frac{c - c_{rl}}{h} \cdot \frac{9 + 10 \cdot \theta + \theta^2}{27 + 27 \cdot \theta - 4 \cdot \theta^2} \right]^2$ $\pi_{m2}^{DI} = \frac{h}{8} \cdot \left(\frac{27 + 25 \cdot \theta - 2 \cdot \theta^2}{9 + 10 \cdot \theta + \theta^2} - \frac{c - c_{rl}}{h} \cdot \frac{9 + 5 \cdot \theta - 4 \cdot \theta^2}{27 + 27 \cdot \theta - 4 \cdot \theta^2} \right) \left(\frac{81 + 210 \cdot \theta + 139 \cdot \theta^2 + 10 \cdot \theta^3}{3 \cdot (1+\theta) \cdot (9 + 10 \cdot \theta + \theta^2)} - \frac{c - c_{rl}}{h} \cdot \frac{9 + 11 \cdot \theta}{27 + 27 \cdot \theta - 4 \cdot \theta^2} \right)$ $+ \frac{h}{8 \cdot (1+\theta)} \cdot \left(\frac{27 + 35 \cdot \theta + 8 \cdot \theta^2}{9 + 10 \cdot \theta + \theta^2} - \frac{c - c_{rl}}{h} \cdot \frac{9 + 15 \cdot \theta + 6 \cdot \theta^2}{27 + 27 \cdot \theta - 4 \cdot \theta^2} \right)^2$

注：此时，零售商 r1 销售每单位产品的运营成本为 c_{rl}。
资料来源：笔者根据文中结论，用 Office 软件绘制而得。

当制造商 m1 选择代销渠道，需要向零售商 r1 缴纳一定的固定费用 ε 时，令 $\varepsilon = g^{-1}(c)_{\theta = \theta^*} = h \cdot \frac{27 + 27 \cdot \theta - 4 \cdot \theta^2}{4 \cdot (9 + 10 \cdot \theta + \theta^2)} \cdot \left(1 + \frac{c}{h} \cdot \frac{9 + 10 \cdot \theta + \theta^2}{27 + 27 \cdot \theta - 4 \cdot \theta^2} \right)^2 - h \cdot \frac{6 + 5 \cdot \theta}{6 \cdot (1+\theta)}$，存在 $0 < \theta^* < 1$，使得 $\pi_{m1}^{II(m)} = \pi_{m1}^{DI(m)}$，即 $c = c(\varepsilon)_{\theta = \theta^*} = g(\varepsilon)_{\theta = \theta^*}$，且 $c(\varepsilon)_{\theta = \theta^*} \geqslant \frac{5 \cdot h}{2} \cdot \left(\sqrt{\frac{22 \cdot h + 24 \cdot \varepsilon}{15 \cdot h}} - 1 \right)$，以及当 $\theta = 1$ 且 $\pi_{m1}^{ID} = \pi_{m1}^{DD(m)}$ 时，定义 $\varepsilon =$

$$h^{-1}(c) = \frac{113 \cdot h}{192} + \frac{23 \cdot c}{48} - \frac{13 \cdot c^2}{400 \cdot h}, \quad 即 \ c = c_2^*(\varepsilon) = h(\varepsilon)。$$

命题 6 – 5

当消费者存在寻求多样化行为时：

（1）当制造商 m2 选择自销渠道时，若 $3 \cdot h \cdot \left(\sqrt{\dfrac{4 \cdot (h + \varepsilon)}{3 \cdot h}} - 1 \right) < c < c(\varepsilon)_{\theta = \theta^*}$，存在 $\pi_{m1}^{II} > \pi_{m1}^{DI(m)}$。当制造商 m2 选择代销渠道时，若 $c_1^*(\varepsilon) < c < c_2^*(\varepsilon)$，存在 $\pi_{m1}^{ID} > \pi_{m1}^{DD(m)}$。

（2）当制造商 m1 选择自销渠道时，若 $\sqrt{3} \cdot (2 - \sqrt{3}) \cdot h < c < \dfrac{5 \cdot (\sqrt{22} - \sqrt{15})}{2\sqrt{15}} \cdot h$，存在 $\pi_{m2}^{II} > \pi_{m2}^{ID}$。当制造商 m1 选择代销渠道时，$\pi_{m2}^{DD(m)} > \pi_{m2}^{DI(m)}$ 总是成立。

当消费者存在寻求多样化行为时，为了能够减少消费者的流失，无论是自销渠道下还是代销渠道下，直接面对消费者的主体都将调低零售价格防止市场份额减少，又因为当制造商选择代销渠道时，第二阶段不能再调整批发价，在一定程度上制约了零售商的应对能力，从而使得制造商面临较大损失。因此，制造商在某种程度上，更愿意选择自销渠道，见图6 – 8。

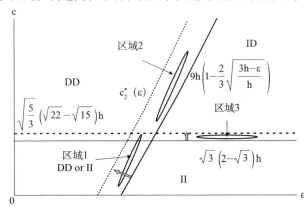

图 6 – 8　当存在消费者寻求多样化行为时，企业的最优均衡决策的变化

资料来源：笔者根据文中结论，用 Mathematic 软件绘制而得。

推论 6 - 5：（ⅰ）若 $\max\left[c_1^*(\varepsilon), \dfrac{5 \cdot (\sqrt{22} - \sqrt{15})}{2\sqrt{15}} \cdot h\right] < c < c_2^*$

(ε)，可能存在最优均衡策略为 ID。

（ⅱ）若 $c_1^*(\varepsilon) < c < \min\left[c_2^*(\varepsilon), \dfrac{5 \cdot (\sqrt{22} - \sqrt{15})}{2\sqrt{15}} \cdot h\right]$ 和 $\sqrt{3} \cdot$

$(2 - \sqrt{3}) \cdot h < c < \min\left[c_1^*(\varepsilon), \dfrac{5 \cdot (\sqrt{22} - \sqrt{15})}{2\sqrt{15}} \cdot h\right]$，可能存在最优均

衡策略为 II。

在消费者存在寻求多样化行为的情景下，企业最终的均衡策略类型没有改变，但各个均衡决策的适用范围有所改变。总而言之，相较于第三方零售商，制造商为了能更好地应对消费者寻求多样化的行为，增加了制造商选择自销渠道的可能性，与上文对称性竞争环境下相似。

（2）当制造商 m1 选择代销渠道，零售商 r1 销售每单位产品的运营成本为 c_{r1} 时，当 $\theta = 1$ 及 $\pi_{m1}^{ID} = \pi_{m1}^{DD(r)}$ 时，令，$c_{r1} = g^{-1}(c) = \dfrac{15 \cdot h}{2} \cdot$

$\left(1 - \sqrt{\dfrac{1}{20} \cdot \left(\dfrac{367}{24} - \dfrac{23 \cdot c}{6 \cdot h} + \dfrac{13 \cdot c^2}{50 \cdot h^2}\right)}\right)$，即 $c = \hat{c}(c_{r1}) = g(c_{r1})$。

命题 6 - 6

当存在消费者寻求多样化行为时，

（1）当制造商 m2 选择自销渠道时，若 $\sqrt{3} \cdot (2 - \sqrt{3}) \cdot h + c_{r1} < c <$

$\dfrac{5(\sqrt{22} - \sqrt{15})}{2\sqrt{15}} \cdot h + c_{r1}$，存在 $\pi_{m1}^{II} > \pi_{m1}^{DI(r)}$。当制造商 m2 选择代销渠道

时，若 $c < \hat{c}(c_{r1})$，存在 $\pi_{m1}^{ID} > \pi_{m1}^{DD(r)}$。

（2）当制造商 m1 选择代销渠道时，$\pi_{m2}^{DD(r)} > \pi_{m2}^{DI(r)}$ 总是成立。

因为零售商 r1 需承担每单位的运营成本，没有消费者寻求多样化行为时，零售商销售相较于制造商自销有一定优势，如缓解企业竞争，节省企业成本。但存在消费者寻求多样化行为时，零售商不能有效地处

理，将会给制造商带来损失。且若零售商也存在较高的运营成本时，通过零售商销售的优势逐渐消失殆尽，制造商 m1 会更倾向于选择自销渠道，见图 6 - 9 和图 6 - 10。

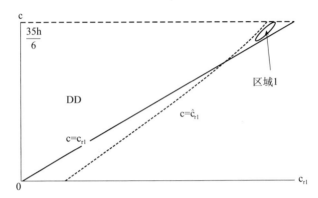

图 6 - 9　当存在消费者寻求多样化行为时，企业的最优均衡决策的变化

资料来源：笔者根据文中结论，用 Mathematic 软件绘制而得。

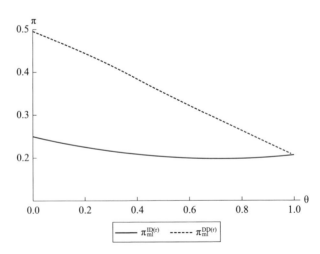

图 6 - 10　当制造商 m2 选择代销渠道时，制造商 m1 在不同渠道下两个阶段的

总利润随寻求多样化行为的消费者比例的变化

注：$h = 1$，$c = 6$，$c_{r1} = 5.3447$。

资料来源：笔者根据文中结论，用 Mathematic 软件绘制而得。

推论 6 – 6：当存在消费者寻求多样化行为时，若 $c < \hat{c}$（c_{rl}），可能存在最优均衡策略 ID。

当存在消费者寻求多样化行为时，零售商的高运营成本所造成的损失，逐渐侵蚀其为制造商 m1 带来的收益。由此可能出现混合最优均衡策略 ID，即制造商 m1 选择自销渠道，而制造商 m2 选择代销渠道，相较于不存在消费者寻求多样化行为时，企业之间出现了新的均衡策略。

6.4　本章小结

本章在第 3 章、第 4 章的基础上纵向拓展，将制造商直接面对消费者销售产品的模式延伸为制造商可通过零售商代为销售产品，从而发展为供应链的渠道竞争情形。以往大部分企业在渠道选择方面，都倾向于选择更有销售经验的卖场或百货。即通过第三方销售其产品或服务，但随着经济的发展，消费者个体在供应链中的地位越来越受到重视，忽略消费者行为将使得企业蒙受重大损失，而且，越来越多企业选择自建销售渠道，因此，本章的研究对于解决企业渠道选择的问题具有前瞻性和理论指导意义。

本章仍分两部分讨论，一是分析消费者寻求多样化行为对于对称性双寡头渠道选择竞争的影响，二是分析消费者寻求多样化行为对非对称性双寡头渠道选择竞争的影响。不同于前文将非对称性刻画为品牌影响力的不同，本章将非对称性聚焦于代销渠道的不同，即与制造商相对应的零售商存在差异，分别描述了两种情形：（1）某一个制造商寻求零售商销售产品时，需要产生固定的费用（如入场费等）（相较于另一个制造商选择代销时产生的成本为 0）。（2）某一个制造商寻求零售商销售产品时，此零售商具有相对的每单位运营成本（相较于另一个零售商的运营成本为 0）。并且，本章中对于决策变量聚焦在价格层面而刻意忽略了上文中的服务水平（或质量水平）层面，其目的是为了更好地突出并分析消费者行为对供应链渠道选择的影响。研究结果发现，在对称性双寡头渠道选择竞争研究中，制造商均保持一致的策略模式。但在帕累托最优情形下，共同选择代销策略更有利。并由于文中假定制造商第二阶段不再改变批发价，在一定程度上约束零售商灵活、高效地制定合理的价格策略，因此，制造商可能更倾向于自建销售渠道应对消费者寻求多样化行为。

附录证明

定理 6 - 2

证明：

（1）在 II 竞争情形下，将式（6 - 15）和式（6 - 16）代入式（6 - 21）和式（6 - 22）可得：

$$\pi_{m1} = \frac{p_{21} - p_{11} + h}{2 \cdot h} \cdot (p_{11} - c) + \frac{(1 + \theta) \cdot (p_{22} - p_{12}) - \theta \cdot (p_{21} - p_{11}) + h}{2 \cdot h} \cdot$$

$$(p_{12} - c)$$

$$\pi_{m2} = \frac{p_{11} - p_{21} + h}{2 \cdot h} \cdot (p_{21} - c) + \frac{(1 + \theta) \cdot (p_{12} - p_{22}) - \theta \cdot (p_{11} - p_{21}) + h}{2 \cdot h} \cdot$$

$$(p_{22} - c)$$

制造商 mi 在第二阶决定零售价格 p_{12} 最大化自身利润，然后，在第一阶段决定零售价格 p_{i1} 最大化自身利润，由 $\frac{\partial \pi_{mi}}{\partial p_{i2}} = 0$ 以及 $\frac{\partial \pi_{mi}}{\partial p_{i1}} = 0$ 很容易得到两个阶段的最优定价分别为 $p_{i1}^{II} = \frac{3 + 5 \cdot \theta}{3 \cdot (1 + \theta)} \cdot h + c$ 和 $p_{i2}^{II} = \frac{1}{1 + \theta} \cdot h + c$，因此，制造商 mi 两个阶段的总利润为 $\pi_{mi}^{II} = \frac{6 + 5 \cdot \theta}{6 \cdot (1 + \theta)} \cdot h$。

（2）在 ID 竞争情形下，将式（6 - 15）和式（6 - 16）代入式（6 - 23）和式（6 - 24）中可得：

$$\pi_{m1} = \frac{p_{21} - p_{11} + h}{2 \cdot h} \cdot (p_{11} - c) + \frac{(1 + \theta) \cdot (p_{22} - p_{12}) - \theta \cdot (p_{21} - p_{11}) + h}{2 \cdot h} \cdot$$

$$(p_{12} - c)$$

$$\pi_{r2} = \frac{p_{11} - p_{21} + h}{2 \cdot h} \cdot (p_{21} - w_2) + \frac{(1 + \theta) \cdot (p_{12} - p_{22}) - \theta \cdot (p_{11} - p_{21}) + h}{2 \cdot h} \cdot$$

$$(p_{22} - w_2)$$

制造商 m1 和零售商 r2 决定零售价格 p_{12} 最大化自身第二阶段利润，

由 $\frac{\partial \pi_{m1}}{\partial p_{12}} = 0$ 和 $\frac{\partial \pi_{r2}}{\partial p_{22}} = 0$ 可得：

$$p_{12} = \frac{h}{1 + \theta} - \frac{\theta \cdot (p_{21} - p_{11})}{3 \cdot (1 + \theta)} + \frac{w_2 + 2 \cdot c}{3} \qquad \text{式（1D. 1）}$$

$$p_{22} = \frac{h}{1 + \theta} + \frac{\theta \cdot (p_{21} - p_{11})}{3 \cdot (1 + \theta)} + \frac{2 \cdot w_2 + c}{3} \qquad \text{式（1D. 2）}$$

然后，在第一阶段，制造商 m1 和零售商 r2 决定零售价格 p_{i1} 最大

化自身利润，由 $\frac{\partial \pi_{m1}}{\partial p_{11}} = 0$ 和 $\frac{\partial \pi_{r2}}{\partial p_{21}} = 0$ 可得：

$$p_{11} = h + \frac{2 \cdot \theta}{3 \cdot (1 + \theta)} \cdot h + \frac{(18 + 16 \cdot \theta - 4 \cdot \theta^2) \cdot c + (9 + 11 \cdot \theta) \cdot w_2}{27 + 27 \cdot \theta - 4 \cdot \theta^2}$$

$$\text{式（1D. 3）}$$

$$p_{12} = h + \frac{2 \cdot \theta}{3 \cdot (1 + \theta)} \cdot h + \frac{(18 + 16 \cdot \theta - 4 \cdot \theta^2) \cdot w_2 + (9 + 11 \cdot \theta) \cdot c}{27 + 27 \cdot \theta - 4 \cdot \theta^2}$$

$$\text{式（1D. 4）}$$

将式（1D. 1）~式（1D. 4）代入式（6－24）可得：

$$\pi_{m2} = \frac{1}{h} \cdot \left[h + \frac{9 + 10 \cdot \theta + \theta^2}{27 + 27 \cdot \theta - 4 \cdot \theta^2} \cdot (c - w_2) \right] \cdot w_2$$

最后，制造商 m2 选择最优批发价 w_2 最大化自身利润，由 $\frac{\partial \pi_{m2}}{\partial w_2} = 0$

可得，最优批发价为 $w_2^{ID} = \frac{h}{2} \cdot \frac{27 + 27 \cdot \theta - 4 \cdot \theta^2}{9 + 10 \cdot \theta + \theta^2} + \frac{c}{2}$。由此可得，制

造商 m1 和制造商 m2 两个阶段的总利润分别为：

$$\pi_{m1}^{ID} = \frac{h}{8} \cdot \left(\frac{27 + 25 \cdot \theta - 2 \cdot \theta^2}{9 + 10 \cdot \theta + \theta^2} - \frac{c}{h} \cdot \frac{9 + 5 \cdot \theta - 4 \cdot \theta^2}{27 + 27 \cdot \theta - 4 \cdot \theta^2} \right) \cdot$$

$$\left(\frac{81 + 210 \cdot \theta + 139 \cdot \theta^2 + 10 \cdot \theta^3}{3 \cdot (1+\theta) \cdot (9 + 10 \cdot \theta + \theta^2)} - \frac{c}{h} \cdot \frac{9 + 11 \cdot \theta}{27 + 27 \cdot \theta - 4 \cdot \theta^2} \right) + \frac{h}{8 \cdot (1+\theta)} \cdot$$

$$\left(\frac{27 + 35 \cdot \theta + 8 \cdot \theta^2}{9 + 10 \cdot \theta + \theta^2} - \frac{c}{h} \cdot \frac{9 + 15 \cdot \theta + 6 \cdot \theta^2}{27 + 27 \cdot \theta - 4 \cdot \theta^2} \right)^2$$

$$\pi_{m2}^{ID} = \frac{h}{4} \cdot \frac{27 + 27 \cdot \theta - 4 \cdot \theta^2}{9 + 10 \cdot \theta + \theta^2} \cdot \left(1 + \frac{c}{h} \cdot \frac{9 + 10 \cdot \theta + \theta^2}{27 + 27 \cdot \theta - 4 \cdot \theta^2} \right)^2$$

（3）在 DI 竞争情形下，与 ID 竞争情形下类似，因此，可得制造商 m1 和制造商 m2 每个阶段的最优利润分别为：

$$\pi_{m1}^{DI} = \frac{h}{4} \cdot \frac{27 + 27 \cdot \theta - 4 \cdot \theta^2}{9 + 10 \cdot \theta + \theta^2} \cdot \left(1 + \frac{c}{h} \cdot \frac{9 + 10 \cdot \theta + \theta^2}{27 + 27 \cdot \theta - 4 \cdot \theta^2} \right)^2$$

$$\pi_{m2}^{DI} = \frac{h}{8} \cdot \left(\frac{27 + 25 \cdot \theta - 2 \cdot \theta^2}{9 + 10 \cdot \theta + \theta^2} - \frac{c}{h} \cdot \frac{9 + 5 \cdot \theta - 4 \cdot \theta^2}{27 + 27 \cdot \theta - 4 \cdot \theta^2} \right) \cdot$$

$$\left(\frac{81 + 210 \cdot \theta + 139 \cdot \theta^2 + 10 \cdot \theta^3}{3 \cdot (1+\theta) \cdot (9 + 10 \cdot \theta + \theta^2)} - \frac{c}{h} \cdot \frac{9 + 11 \cdot \theta}{27 + 27 \cdot \theta - 4 \cdot \theta^2} \right) + \frac{h}{8 \cdot (1+\theta)} \cdot$$

$$\left(\frac{27 + 35 \cdot \theta + 8 \cdot \theta^2}{9 + 10 \cdot \theta + \theta^2} - \frac{c}{h} \cdot \frac{9 + 15 \cdot \theta + 6 \cdot \theta^2}{27 + 27 \cdot \theta - 4 \cdot \theta^2} \right)^2$$

（4）在 DD 竞争情形下，将式（6-15）～式（6-18）代入式（6-29）和式（6-30）可得：

$$\pi_{r1} = \frac{p_{21} - p_{11} + h}{2 \cdot h} \cdot (p_{11} - w_1) + \frac{(1+\theta) \cdot (p_{22} - p_{12}) - \theta \cdot (p_{21} - p_{11}) + h}{2 \cdot h} \cdot$$

$$(p_{12} - w_1)$$

$$\pi_{r2} = \frac{p_{11} - p_{21} + h}{2 \cdot h} \cdot (p_{21} - w_2) + \frac{(1+\theta) \cdot (p_{12} - p_{22}) - \theta \cdot (p_{11} - p_{21}) + h}{2 \cdot h} \cdot$$

$$(p_{22} - w_2)$$

第一，在第二阶段零售商 ri 各自决定零售价格 p_{i2} 最大化自身利润，由 $\frac{\partial \pi_{ri}}{\partial p_{i2}} = 0$ 可得：

$$p_{12} = \frac{h}{1+\theta} - \frac{\theta \cdot (p_{21} - p_{11})}{3 \cdot (1+\theta)} + \frac{w_2 + 2 \cdot w_1}{3} \qquad 式（1D.5）$$

$$p_{22} = \frac{h}{1+\theta} + \frac{\theta \cdot (p_{21} - p_{11})}{3 \cdot (1+\theta)} + \frac{2 \cdot w_2 + w_1}{3} \qquad 式（1D.6）$$

第二，在第一阶段零售商 ri 各自决定零售价格 p_{i1} 最大化自身利润，由 $\frac{\partial \pi_{ri}}{\partial p_{i1}} = 0$ 可得：

$$p_{11} = h + \frac{2 \cdot \theta}{3 \cdot (1+\theta)} \cdot h + \frac{(18 + 16 \cdot \theta - 4 \cdot \theta^2) \cdot w_1 + (9 + 11 \cdot \theta) \cdot w_2}{27 + 27 \cdot \theta - 4 \cdot \theta^2}$$

$$式（1D.7）$$

$$p_{12} = h + \frac{2 \cdot \theta}{3 \cdot (1+\theta)} \cdot h + \frac{(18 + 16 \cdot \theta - 4 \cdot \theta^2) \cdot w_2 + (9 + 11 \cdot \theta) \cdot w_1}{27 + 27 \cdot \theta - 4 \cdot \theta^2}$$

$$式（1D.8）$$

将式（1D.5）～式（1D.8）代入式（6-31）和式（6-32）可得：

$$\pi_{m1} = \frac{1}{h} \cdot \left[h + \frac{9 + 10 \cdot \theta + \theta^2}{27 + 27 \cdot \theta - 4 \cdot \theta^2} \cdot (w_2 - w_1) \right] \cdot w_1$$

$$\pi_{m2} = \frac{1}{h} \cdot \left[h + \frac{9 + 10 \cdot \theta + \theta^2}{27 + 27 \cdot \theta - 4 \cdot \theta^2} \cdot (w_1 - w_2) \right] \cdot w_2$$

第三，制造商 ri 各自决定批发价 w_i 最大化自身利润，由 $\frac{\partial \pi_{mi}}{\partial w_i} = 0$ 可得，最优批发价为 $w_i^{DD} = \frac{27 + 27 \cdot \theta - 4 \cdot \theta^2}{9 + 10 \cdot \theta + \theta^2} \cdot h$，由此可得，制造商 m1 和制造商 m2 两个阶段的总利润分别为：

$$\pi_{mi}^{DD} = \frac{27 + 27 \cdot \theta - 4 \cdot \theta^2}{9 + 10 \cdot \theta + \theta^2} \cdot h。由上可知，得证。$$

命题 6-2

证明：

（1）当在 DD 竞争情形下时，很容易得到：$\frac{\partial \pi_{mi}^{DD}}{\partial \theta} =$

$$-\frac{27 + 126 \cdot \theta + 67 \cdot \theta^2}{(9 + 10 \cdot \theta + \theta^2)^2} \cdot h < 0, \quad \text{继而得到} \frac{\partial^2 \pi_{mi}^{DD}}{\partial \theta^2} > 0 \text{。}$$

（2）当在 DI 竞争情形下时，令 $f(\theta) = \dfrac{27 + 27 \cdot \theta - 4 \cdot \theta^2}{9 + 10 \cdot \theta + \theta^2}$ 和 $h(\theta) =$

$\dfrac{\partial f(\theta)}{\partial \theta} = -\dfrac{27 + 126 \cdot \theta + 67 \cdot \theta^2}{(9 + 10 \cdot \theta + \theta^2)^2}$，又因为 $\pi_{m1}^{DI} = \dfrac{h}{4} \cdot \dfrac{27 + 27 \cdot \theta - 4 \cdot \theta^2}{9 + 10 \cdot \theta + \theta^2} \cdot$

$\left(1 + \dfrac{c}{h} \cdot \dfrac{9 + 10 \cdot \theta + \theta^2}{27 + 27 \cdot \theta - 4 \cdot \theta^2}\right)^2$。因此，可得：

$$\pi_{m1}^{DI} = \frac{h}{4} \cdot \left[f(\theta) + \frac{2 \cdot c}{h} + \left(\frac{c}{h}\right)^2 \cdot \frac{1}{f(\theta)} \right], \quad \text{即} \frac{\partial \pi_{m1}^{DI}}{\partial \theta} = -\frac{h}{4} \cdot h(\theta) \cdot$$

$\left[\left(\dfrac{c}{h} \cdot \dfrac{9 + 10 \cdot \theta + \theta^2}{27 + 27 \cdot \theta - 4 \cdot \theta^2} \right)^2 - 1 \right]$。

如果 $\dfrac{c}{h} \cdot \dfrac{9 + 10 \cdot \theta + \theta^2}{27 + 27 \cdot \theta - 4 \cdot \theta^2} > 1, \dfrac{\partial \pi_{m1}^{DI}}{\partial \theta} > 0$，如果 $\dfrac{c}{h} \cdot \dfrac{9 + 10 \cdot \theta + \theta^2}{27 + 27 \cdot \theta - 4 \cdot \theta^2} < 1$，

则 $\dfrac{\partial \pi_{m1}^{DI}}{\partial \theta} < 0$。

当 $\theta = 1$ 时，可得 $\pi_{m2(\theta=1)}^{DI} = \dfrac{h}{8} \cdot \left(\dfrac{55}{6} - \dfrac{26 \cdot c}{15 \cdot h} + \dfrac{2 \cdot c^2}{25 \cdot h^2} \right) + \dfrac{h}{8} \cdot$

$\left(\dfrac{49}{8} - \dfrac{21 \cdot c}{10 \cdot h} + \dfrac{9 \cdot c^2}{50 \cdot h^2} \right)$；当 $\theta = 0$ 时，可得 $\pi_{m2(\theta=0)}^{DI} = \dfrac{h}{4} \cdot \left(3 - \dfrac{c}{3 \cdot h} \right)^2$，

因此，可得：

$$\pi_{m2(\theta=0)}^{DI} - \pi_{m2(\theta=1)}^{DI} = \frac{h}{8} \cdot \left(\frac{65}{24} - \frac{c}{6 \cdot h} - \frac{17 \cdot c^2}{450 \cdot h^2} \right), \quad \text{当} c < \frac{35 \cdot h}{6} \text{时，}$$

$\pi_{m2(\theta=0)}^{DI} > \pi_{m2(\theta=1)}^{DI}$。

如果 $c = 0$，可得：

$\pi_{m2}^{DI} =$

$$h \cdot \frac{(27 + 25 \cdot \theta - 2 \cdot \theta^2) \cdot (81 + 210 \cdot \theta + 139 \cdot \theta^2 + 10 \cdot \theta^3) + 3 \cdot (27 + 35 \cdot \theta + 8 \cdot \theta^2)^2}{24 \cdot (1 + \theta) \cdot (9 + 10 \cdot \theta + \theta^2)^2}$$

因此，很容易得到 $\dfrac{\partial \pi_{m2}^{DI}}{\partial \theta} < 0$ 以及 $\dfrac{\partial^2 \pi_{m2}^{DI}}{\partial \theta^2} > 0$。那么，存在 c^*，若 $c < c^*$

时，$\pi_{m2}^{DI} < \pi_{m2(\theta=0)}^{DI}$，即一定存在$\hat{c}^*$，若$c < \hat{c}^*$时，$\dfrac{\partial \pi_{m2}^{DI}}{\partial \theta} < 0$。即$\pi_{m2}^{DI}$要么，随着$\theta$递减，要么，随着$\theta$先减、后增。

（3）当在 ID 竞争情形下时，分析与 DI 竞争情形下相似。

（4）当在 II 竞争情形下时，很容易得到$\dfrac{\partial \pi_{mi}^{II}}{\partial \theta} = -\dfrac{-h}{6 \cdot (1+\theta)^2} < 0$以及$\dfrac{\partial^2 \pi_{mi}^{II}}{\partial \theta^2} > 0$。

（i）当 m2 选择自销渠道时，令：

$$G(\theta) = \pi_{m1}^{II} - \pi_{m1}^{DI} = \dfrac{6 + 5 \cdot \theta}{6 \cdot (1+\theta)} \cdot h - \dfrac{h}{4} \cdot \dfrac{27 + 27 \cdot \theta - 4 \cdot \theta^2}{9 + 10 \cdot \theta + \theta^2} \cdot$$

$$\left[1 + \dfrac{c}{h} \cdot \dfrac{9 + 10 \cdot \theta + \theta^2}{27 + 27 \cdot \theta - 4 \cdot \theta^2}\right]^2$$

以及$g(\theta) = \dfrac{\partial G(\theta)}{\partial \theta} = -\dfrac{h}{6 \cdot (1+\theta)^2} + \dfrac{h}{4} \cdot \dfrac{27 + 126 \cdot \theta + 67 \cdot \theta^2}{(9 + 10 \cdot \theta + \theta^2)^2} - \dfrac{c^2}{4 \cdot h} \cdot \dfrac{27 + 126 \cdot \theta + 67 \cdot \theta^2}{(27 + 27 \cdot \theta - 4 \cdot \theta^2)^2}$

又$0 < \theta < 1$，当$c = 0$时，可得：$\dfrac{\partial g(\theta)}{\partial \theta} = \dfrac{h}{3 \cdot (1+\theta)^3} + \dfrac{h}{2} \cdot \dfrac{297 - 81 \cdot \theta - 189 \cdot \theta^2 - 67 \cdot \theta^3}{(9 + 10 \cdot \theta + \theta^2)^3} > 0$，又$g(0) < 0$和$g(1) > 0$。当$g(1) = 0$时，$c = h \cdot \sqrt{\dfrac{575}{132}}$，又因为$\dfrac{\partial g(\theta)}{\partial c} < 0$和$\dfrac{\partial G(\theta)}{\partial c} < 0$，因此，如果$c < h \cdot \sqrt{\dfrac{575}{132}}$，可得$G(\theta)$随$\theta$的增加先递减、后递增，又当$G(1) = 0$时，$c = \dfrac{5(\sqrt{22} - \sqrt{15})}{2\sqrt{15}} \cdot h$，又当$G(0) = 0$时，$c = \sqrt{3} \cdot (2 - \sqrt{3}) \cdot h$，即如果$\sqrt{3} \cdot (2 - \sqrt{3}) \cdot h < c < \dfrac{5(\sqrt{22} - \sqrt{15})}{2\sqrt{15}} \cdot h$时，m1 可能选择自销渠道。同理，当 m1 选择自销渠道时，如果$\sqrt{3} \cdot (2 - \sqrt{3}) \cdot h < c <$

$$\frac{5\left(\sqrt{22}-\sqrt{15}\right)}{2\sqrt{15}} \cdot h，m2 \text{ 也可能选择自销渠道。}$$

（ii）当 m2 选择代销渠道时，很容易得到 $\pi_{m1}^{DD} > \pi_{m1}^{ID}$，同理，当 m1 选择代销渠道时，很容易得到 $\pi_{m2}^{DD} > \pi_{m2}^{DI}$。

命题 6-5

证明：

（1）情形一，当制造商 m1 委托零售商 r1 销售时，需要向零售商 r1 缴纳一定的固定费用 ε。

（i）与命题 6.2.2.1 的证明类似，当 m2 选择自销渠道时，令：

$$G(\theta) = \pi_{m1}^{II} - \pi_{m1}^{DI(m)} = \frac{6+5\cdot\theta}{6\cdot(1+\theta)} \cdot h - \frac{h}{4} \cdot \frac{27+27\cdot\theta-4\cdot\theta^2}{9+10\cdot\theta+\theta^2} \cdot$$

$$\left[1+\frac{c}{h} \cdot \frac{9+10\cdot\theta+\theta^2}{27+27\cdot\theta-4\cdot\theta^2}\right]^2 + \varepsilon \text{ 以及 } g(\theta) = \frac{\partial G(\theta)}{\partial\theta} \text{ 又 } 0 < \theta < 1，当$$

$c = 0$ 时，可得 $\frac{\partial f(\theta)}{\partial\theta} > 0$，又 $g(0) < 0$ 和 $g(1) > 0$。当 $g(1) = 0$ 时，

$c = h \cdot \sqrt{\dfrac{575}{132}}$，又因为 $\dfrac{\partial g(\theta)}{\partial c} < 0$ 和 $\dfrac{\partial G(\theta)}{\partial c} < 0$，因此，如果 $c < h \cdot$

$\sqrt{\dfrac{575}{132}}$，可得 $G(\theta)$ 随 θ 的增加先递减、后递增；又当 $G(1) = 0$ 时，

$c = \dfrac{5\cdot h}{2} \cdot \left(\sqrt{\dfrac{22\cdot h+24\cdot\varepsilon}{15\cdot h}}-1\right)$；又当 $G(0) = 0$ 时，$c = 3\cdot h\cdot$

$\left(\sqrt{\dfrac{4\cdot(h+\varepsilon)}{3\cdot h}}-1\right)$，即如果 $3\cdot h \cdot \left(\sqrt{\dfrac{4\cdot(h+\varepsilon)}{3\cdot h}}-1\right) < c < \dfrac{5\cdot h}{2} \cdot$

$\left(\sqrt{\dfrac{22\cdot h+24\cdot\varepsilon}{15\cdot h}}-1\right)$ 时，m1 可能选择代销渠道，即可能存在 $\pi_{m1}^{II} >$

$\pi_{m1}^{DI(m)}$。如果 $c > h \cdot \sqrt{\dfrac{575}{132}}$，存在 $0 < \theta^* \leqslant 1$ 使得 $G(\theta^*) > G(\theta)$，因

此，当 $G(\theta^*) = 0$ 时，可得：$\varepsilon = g^{-1}(c)_{\theta=\theta^*} = h \cdot \dfrac{27+27\cdot\theta-4\cdot\theta^2}{4\cdot(9+10\cdot\theta+\theta^2)} \cdot$

$$\left(1 + \frac{c}{h} \cdot \frac{9 + 10 \cdot \theta + \theta^2}{27 + 27 \cdot \theta - 4 \cdot \theta^2}\right)^2 - h \cdot \frac{6 + 5 \cdot \theta}{6 \cdot (1 + \theta)}, \text{即 } c = c(\varepsilon)_{\theta = \theta^*} =$$

$$g(\varepsilon)_{\theta = \theta^*}, \text{且} c(\varepsilon)_{\theta = \theta^*} \geqslant \frac{5 \cdot h}{2} \cdot \left(\sqrt{\frac{22 \cdot h + 24 \cdot \varepsilon}{15 \cdot h}} - 1\right), \text{如果 } 3 \cdot h \cdot$$

$$\left(\sqrt{\frac{4 \cdot (h + \varepsilon)}{3 \cdot h}} - 1\right) < c < c(\varepsilon)_{\theta = \theta^*}, \text{可能存在 } \pi_{m1}^{\text{II}} > \pi_{m1}^{\text{DI}(m)} \text{。}$$

（ii）当 m2 选择代销渠道时，令 $H(\theta) = \pi_{m1}^{\text{ID}} - \pi_{m1}^{\text{DD}(m)}$，如果 $H(0) = 0$，可得 $H(1) > 0$。又因为 π_{m1}^{ID} 要么随 θ 递减，要么先递减、后递增，且 $\pi_{m1}^{\text{DD}(m)}$ 随 θ 递减，因此，可得 $H(1) > H(\theta)$。当 $H(1) = 0$ 时，令 $\varepsilon = h^{-1}(c) = \frac{113 \cdot h}{192} + \frac{23 \cdot c}{48} - \frac{13 \cdot c^2}{400 \cdot h}$，即 $c = c_2^*(\varepsilon) = h(\varepsilon)$，如果 $c_1^*(\varepsilon) < c < c_2^*(\varepsilon)$，可能存在 $\pi_{m1}^{\text{ID}} > \pi_{m1}^{\text{DD}(m)}$，即得证。

（2）情形二，当制造商 m1 委托零售商 r1 销售时，零售商 r1 销售产品会产生每单位的运营成本 c_{r1}：

（i）当 m2 选择自销渠道时，令：$H(\theta) = \pi_{m1}^{\text{II}} - \pi_{m1}^{\text{DI}(r)} = \frac{6 + 5 \cdot \theta}{6 \cdot (1 + \theta)} \cdot$

$$h - \frac{h}{4} \cdot \frac{27 + 27 \cdot \theta - 4 \cdot \theta^2}{9 + 10 \cdot \theta + \theta^2} \cdot \left[1 + \frac{c - c_{r1}}{h} \cdot \frac{9 + 10 \cdot \theta + \theta^2}{27 + 27 \cdot \theta - 4 \cdot \theta^2}\right]^2 \text{与情形}$$

一的证明类似，如果 $c - c_{r1} < h \cdot \sqrt{\frac{575}{132}}$，可得 $H(1) > H(\theta)$。当

$H(1) = 0$ 时，可得 $c - c_{r1} = \frac{5(\sqrt{22} - \sqrt{15})}{2\sqrt{15}} \cdot h < \sqrt{\frac{575}{132}} \cdot h$，因此，如

果 $\sqrt{3}(2 - \sqrt{3}) \cdot h < c - c_{r1} < \frac{5(\sqrt{22} - \sqrt{15})}{2\sqrt{15}} \cdot h$，可能存在 $\pi_{m1}^{\text{II}} > \pi_{m1}^{\text{DI}(r)}$。

当 $\theta = 1$ 以及 $\pi_{m1}^{\text{ID}} = \pi_{m1}^{\text{DD}}$，令：

$$c_{r1} = g^{-1}(c) = \frac{15 \cdot h}{2} \cdot \left[1 - \sqrt{\frac{1}{20} \cdot \left(\frac{367}{24} - \frac{23 \cdot c}{6 \cdot h} + \frac{13 \cdot c^2}{50 \cdot h^2}\right)}\right], \text{即}$$

$c = \hat{c}(c_{r1}) = g(c_{r1})$。

（ii）当 m2 选择代销渠道时，可得：$\dfrac{\partial \pi_{m1}^{\text{DD}(r)}}{\partial \theta} = h \cdot \dfrac{27 + 126 \cdot \theta + 67 \cdot \theta^2}{(9 + 10 \cdot \theta + \theta^2)^2} \cdot$

$$\left[\left(\frac{c_{r1}}{3h}\cdot\frac{9+10\cdot\theta+\theta^2}{27+27\cdot\theta-4\cdot\theta^2}\right)^2-1\right]^2，如果\frac{c_{r1}}{3h}\cdot\frac{9+10\cdot\theta+\theta^2}{27+27\cdot\theta-4\cdot\theta^2}>1，可$$

得$\dfrac{\partial\pi_{m1}^{DD(r)}}{\partial\theta}>0$，如果$\dfrac{c_{r1}}{3h}\cdot\dfrac{9+10\cdot\theta+\theta^2}{27+27\cdot\theta-4\cdot\theta^2}<1$，可得$\dfrac{\partial\pi_{m1}^{DD(r)}}{\partial\theta}<0$。又因

为各个阶段需求必须为非负，可得 $c_{r1}<c<\dfrac{35\cdot h}{6}$ 以及 $c-c_{r1}<\dfrac{35\cdot h}{6}$，

因此，可得$\dfrac{\partial\pi_{m1}^{DD(r)}}{\partial\theta}<0$。从上文可知，因为$\pi_{m1}^{ID(r)}$随$\theta$要么递减，要么先

递减、后递增。令 $h(\theta)=\pi_{m1}^{ID}-\pi_{m1}^{DD(r)}$，可得 $h(1)>h(\theta)$；当 $h(1)=$

0，可得：$c_{r1}=\dfrac{15\cdot h}{2}\cdot\left[1-\sqrt{\dfrac{1}{20}\cdot\left(\dfrac{367}{24}-\dfrac{23\cdot c}{6\cdot h}+\dfrac{13\cdot c^2}{50\cdot h^2}\right)}\right]$，令 $c_{r1}=$

$g^{-1}(c)=\dfrac{15\cdot h}{2}\cdot\left[1-\sqrt{\dfrac{1}{20}\cdot\left(\dfrac{367}{24}-\dfrac{23\cdot c}{6\cdot h}+\dfrac{13\cdot c^2}{50\cdot h^2}\right)}\right]$，即 $c=\hat{c}(c_{r1})=$

$g(c_{r1})$。

即如果 $c<\hat{c}(c_{r1})$，存在 $\pi_{m1}^{ID}>\pi_{m1}^{DD(r)}$，即得证。

第7章 全书总结与展望

本章先对全书的研究做总结，然后，分析本书研究不足和研究局限，并在此基础上给出将来的研究方向。

7.1 全书总结

随着经济发展，消费市场上的供求关系逐渐被逆转，消费者由过去被动接受商品，逐渐向主动选择商品转变，消费者的主导性导致企业间的竞争越来越大。而消费者行为的研究大致可分为两类，第一类为实证研究，主要集中在心理学和市场营销学方面，研究得较透彻；第二类为数学建模，尽管在此方面，也已取得一些研究成果，但仍然有待于探索并取得新的研究成果。因此，本书在此背景下，主要研究重复购买情形下，消费者寻求多样化行为对企业竞争的影响。本书主要的研究工作和创新有如下四点。

第一，本书主要聚焦于对称性双寡头市场的竞争情形，对称性主要体现为企业的品牌影响强度一致，企业的决策层面基于产品（或服务）的定价和质量水平，消费者根据效用最大化决定购买行为，主要分析在价格承诺策略和质量承诺策略情形下，消费者寻求多样化行为对其竞争的影响。发现在价格承诺策略的情形下，企业第二阶段会提供较高的质量水平，而在质量承诺策略的情形下，企业在第二阶段会制定较低的价格，并对企业在不同竞争策略下的利润以及消费者剩余进行比较。对消费者重复购买时的效用函数进行深度刻画，即消费者重复消费时不仅购买意愿降低，而且，对于产品的质量水平感知效用降低，在价格承诺策略的情形时企业可获利，而在质量承诺策略时企业总是遭受损失。最后，对影响消费者重复购买行为的另一因素——习惯性消费行为进行分析，发现企业可以通过培养消费者习惯或消费者忠诚度等缓解因消费者寻求多样化带来的激烈竞争，以及提出企业可以使用代金券策略从寻求多样化的情境中获利。

第二，本书聚焦于在非对称性双寡头市场的竞争情形下，非对称性主要体现为企业的品牌影响强度存在差异，企业的决策层面不变。同样，分析企业选择价格承诺策略和质量承诺策略的情形下，消费者寻求多样化行为对企业竞争的影响，发现就某个企业而言，在价格承诺策略的情形下企业仍会在第二阶段提供较高的质量水平。而在质量承诺策略的情形下，企业仍会在第二阶段制定较低的价格。而且，消费者寻求多样化行为使得企业之间的差异加大，即质量水平差距及价格差距加大。并将部分研究结果和对称性双寡头市场对比、分析，发现市场上的品牌差异足够大时，非对称性市场的总利润要优于对称性市场的总利润。即企业可以通过培养差异化的子品牌产品从消费者寻求多样化的情境中受益。

第三，本书在双寡头市场竞争情形基础上，横向拓展为多寡头市场的竞争情形。仅分析价格承诺策略的情形，发现消费者寻求多样化行为总使得企业在第二阶段提供较高的质量水平，随着市场上竞争者数量的增加，企业不仅会制定较低的价格，而且，会提供较低的质量水平。因此，并不利于行业发展。在品牌影响差异化的多寡头市场中，相较于品牌影响一致的多寡头市场，消费者寻求多样化行为只会使得品牌较优的企业和品牌较差的企业受到影响，并不会影响品牌效应处于行业平均值（品牌影响力为行业平均水平）的企业。已有研究主要为单一寡头市场或双寡头市场，此部分正好填补了以往关注较少的多寡头市场竞争的情形。

第四，鉴于上文的研究均是企业将产品直接销售给消费者，本书在上文双寡头市场竞争的情形基础上纵向拓展，在企业（制造商）与消费者之间引入一个中间商——零售商，即企业（制造商）可以选择自己销售产品，也可选择通过零售商代销产品，从而由简单的竞争问题变为渠道选择问题，发现消费者寻求多样化行为使得企业面对渠道选择时倾向于自销渠道。

已有渠道选择研究很少考虑消费者行为的因素，并且，主要研究集中于零售商和制造商之间的博弈，如契约的选择和零售商的行为因素等。而本书首次将消费者寻求多样化行为引入供应链渠道竞争中，既拓展了现有理论研究，也为实践带来理论指导。

7.2　展望与不足

本书的研究存在如下局限性和不足，有待将来进一步探讨和分析。

（1）书中假定消费者寻求多样化行为为外生变量，但消费者寻求多样化行为可以受到企业策略的影响，即可以为内生变量，及企业可以培养具有消费习惯或消费忠诚度的消费者。且文中的品牌影响差异同样看作外生变量，而企业可以通过广告或其他营销手段改变自身品牌的影响强度。

（2）书中在非对称性双寡头市场仅讨论了单一价格承诺策略的情形，并没有拓展讨论质量承诺策略的情形。并且，相较于对称性双寡头市场，书中也没有讨论消费者习惯性消费行为对企业决策的影响。

（3）由于在对称性市场环境中，企业一定会选择相同的竞争策略，即共同选择价格承诺策略或者共同选择质量承诺策略，但在非对称性市场环境中，可能存在某一企业选择价格承诺策略而另一个企业选择质量承诺策略的情形。并且，本书也并未讨论企业既不对价格承诺，也不对质量承诺的情形。

（4）书中关于消费者行为对企业渠道选择的影响，仅仅考虑了单一价格竞争的层面，并未涉及产品质量水平，在渠道选择层面上，并未考虑消费者对于不同渠道偏好的因素。如消费者可能更偏好零售商销售的渠道或者制造商的自营渠道，且不同行业的消费者对于销售渠道的偏好不尽相同。

（5）书中假定消费者对于不同质量水平产品的感知系数相同，弱化了消费者垂直层面的差异性，仅考虑消费者水平化的差异性，具有一定局限性。

（6）对于模型中各个参数（如消费者寻求多样化行为的程度）在实际应用场景中的测量并未作出讨论，仅将其作为外生变量分析其对企业决策的影响。

（7）书中假定消费者每个阶段一定会购买企业产品，即市场覆盖，有一定局限性，将来研究可以考虑消费者不一定购买企业任何产品的情形。

参考文献

［1］艾兴政，唐小我，马永开．传统渠道与电子渠道预测信息分享的绩效研究［J］．管理科学学报，2008，11（1）：12－21．

［2］陈云，王浣尘，沈惠璋．互联网环境下双渠道零售商的定价策略研究［J］．管理工程学报，2008，22（1）：34－39．

［3］胡洪亮．针对习惯性购买者营销策略的探讨［J］．企业经济，2005（3）：74－75．

［4］蒋传海．网络效应、转移成本和竞争性价格歧视［J］．经济研究，2010（9）：55－66．

［5］蒋传海，唐丁祥．厂商动态竞争性差别定价和竞争优势实现——基于消费者寻求多样化购买行为的分析［J］．管理科学学报，2012（3）：44－53．

［6］蒋传海，周天一．消费者寻求多样化购买和厂商预先承诺定价［J］．中国管理科学，2017，25（3）：59－67．

［7］柯学．大灾难可以减少消费者的多样化寻求行为：一个基于恐怖管理理论的研究［J］．管理世界，2009（11）：122－129．

［8］李妮蔚，李政，高福霞，等．我国顾客忠诚度研究文献述评［J］．现代管理科学，2006（1）：84－85．

［9］李书娟，张子刚．电子商务环境下双渠道供应链价格竞争与协调机制研究综述［J］．管理学报，2010，54（18）：125－129．

［10］王虹，倪卫涛，周晶．非对称信息下双渠道供应链的定价决策［J］．管理学报，2010，7（2）：238－242．

［11］ 王朋．习惯性或忠诚性购买行为下的新产品扩散 ［J］．科研管理，2004，25（5）：12 – 17.

［12］ 朱丽．论如何利用习惯性购买行为 ［J］．现代商贸工业，2011，23（20）：100 – 100.

［13］ 庄贵军，周南，周连喜．国货意识、品牌特性与消费者本土品牌偏好——一个跨行业产品的实证检验 ［J］．管理世界，2006（7）：85 – 94.

［14］ Aaker J. L. Dimensions of brand personality ［J］. Journal of Marketing Research，1997，34（3）：347 – 356.

［15］ Aiginger K. The use of unit values to discriminate between price and quality competition ［J］. Cambridge Journal of Economics，1997，21（5）：571 – 592.

［16］ Aldin N.，Stahre F. Electronic commerce，marketing channels and logistics platforms—a wholesaler perspective ［J］. European Journal of Operational Research，2009，144（2）：270 – 279.

［17］ Alexandrov A. Fat products ［J］. Jornal of Economics & Management Strategy，2008，17（1）：67 – 95.

［18］ Anderson E. The salesperson as outside agent or employee：A transaction cost analysis ［J］. Marketing Science，1985，4（3）：234 – 254.

［19］ Andrews R.，T. C. Srinivasan. Studying consideration effects in empirical choice models using scanner panel data ［J］. Journal of Marketing Research，1995，32（1）：30 – 41.

［20］ Bain，Joe S. Frontmatter：Barriers to new competition their character and consequences in manufacturing industries ［J］. California Law Review，1956，45（1）：448 – 458.

［21］ Baltas G.，Kokkinaki F. and Loukopoulou A. Does variety seeking vary between hedonic and utilitarian products？The role of attribute type

［J］. Journal of Consumer Behaviour, 2017, 1 (6) .

［22］Bǎlteanu C. The analysis of the romanian consumer behavior regarding the use of multiple distribution channels of banking products and services ［J］. Economy Transdisciplinarity Cognition, 2016, 1 (19): 62 – 71.

［23］Bass F. M. , Pessemier E. A. and Lehmann D. R. An experimental study of relationships between attitudes, brand preference, and choice ［J］. Systems Research & Behavioral Science, 1972, 17 (6): 532 – 541.

［24］Baucells M. , R. K. Sarin. Satiation in discounted utility ［J］. Operations. Research, 2007, 55 (1): 170 – 181.

［25］Baucells M. , Sarin R. K. Predicting utility under satiation and habit formation ［J］. Management Science, 2010, 56 (56): 286 – 301.

［26］Bearden W. O. , Woodside A. G. and Clapper J. M. Situational and brand attitude models of consumer choice behavior ［J］. Journal of the Academy of Marketing Science, 1976, 4 (3): 566 – 576.

［27］Becker G. S. Habits, addictions, and traditions ［J］. Kyklos, 1992, 45 (3): 327 – 346.

［28］Becker G. S. Accounting for tastes ［J］. Smithsonian, 1996, 44 (3): 85 – 89.

［29］Bertino M. , Beauchamp G. K. and Engelman K. Long-term reduction in dietary sodium alters the taste of salt ［J］. American Journal of Clinical Nutrition, 1982, 36 (6): 1134 – 1144.

［30］Bertino M. , Beauchamp G. K. and Engelman K. Increasing dietary salt alters salt taste preference ［J］. Physiology & Behavior, 1986, 38 (2): 203 – 213.

［31］Brenner S. Hotelling games with three, four, and more players ［J］. Journal of Regional Science, 2010, 45 (4): 851 – 864.

［32］Brucks M. A typology of consumer knowledge content ［J］. Advances in Consumer Research, 1986, 13 (1): 58 - 63.

[33] Bubalo B. , Gaggero A. Low-cost carrier competition and airline service quality in Europe [J]. Transport Policy. 2015, 43: 23 - 31.

[34] Caldieraro F. The role of brand image and product characteristics on firms' entry and OEM decisions [J]. Management Science, 2016, 62: 3327 - 3350.

[35] Caro F. , Martínez-De-Albéniz V. Product and price competition with satiation effects [J]. Management Science, 2012, 58 (7): 1357 - 1373.

[36] Che H. , Sudhir K. and Seetharaman P. B. Bounded rationality in pricing under state-dependent demand: Do firms look ahead, and if so, how far? [J]. Journal of Marketing Research, 2007, 44 (3): 434 - 449.

[37] Chebatf J. C. Channel structure, consumer involvement and perceived service quality: An empirical study of the distribution of a service [J]. Journal of Marketing Management, 1995, 11 (1 - 3): 227 - 241.

[38] Chen B. , Chen J. Compete in price or service? —A study of personalized pricing and money back guarantees [J]. Journal of Retailing, 2017, 93 (2): 154 - 171.

[39] Cheng K. , Chen H. P. and Lee Z. H. Competition behavior in service frequency for U. S. airlines [J]. Service Business, 2015, 9 (1): 1 - 16.

[40] Chetty R. , Szeidl A. Consumption commitments and habit formation [J]. Social Science Electronic Publishing, 2016, 84 (2): 855 - 890.

[41] Chevalier J. , Goolsbee A. Measuring prices and price competition online: amazon. com and barnesandnoble. com [J]. Quantitative Marketing & Economics, 2003, 1 (2): 203 - 222.

[42] Chiang J. , Chib S. and Narasimhan C. Markov chain monte carlo

and models of consideration set and parameter heterogeneity [J]. Journal of Econometrics, 1999, 89 (1 – 2): 223 – 248.

[43] Chiang W. Y. K. , Monahan G. E. Managing inventories in a two-echelon dual-channel supply chain [J]. European Journal of Operational Research, 2005, 162 (2): 325 – 341.

[44] Chintagunta P. K. Inertia and variety seeking in a model of brand-purchase timing [J]. Marketing Science, 1998, 17 (3): 253 – 270.

[45] Choi S. C. Price Competition in a channel structure with a common retailer [J]. Marketing Science, 1991, 10 (4): 271 – 296.

[46] Consiglio I. , Kupor D. M. and Gino F. et al. Brand (in) fidelity: when flirting with the competition strengthens brand relationships [J]. Journal of Consumer Psychology, 2017, 41: 261 – 267.

[47] Coughlan A. T. , Wernerfelt B. On credible delegation by oligopolists: A discussion of distribution channel management [J]. Management Science, 1989, 35 (2): 226 – 239.

[48] Davies G. , Brito E. Price and quality competition between brands and own brands [J]. European Journal of Marketing, 2004, 38 (1/2): 30 – 55.

[49] Desai P. Quality segmentation in spatial markets: When does cannibalization affect product line design? [J]. Marketing Science, 2001, 20 (3): 265 – 283.

[50] Desai K. K. , Trivedi M. Do consumer perceptions matter in measuring choice variety and variety seeking? [J]. Journal of Business Research, 2014, 67 (1): 2786 – 2792.

[51] Dhurup M. , Mafini C. and Dumasi T. The impact of packaging, price and brand awareness on brand loyalty: Evidence from the paint retailing industry [J]. Acta Commercii, 2014, 14 (1): 1 – 9.

［52］Douglass C. Low premium plans increase marketplace price competition ［J］. Veterinary Record, 1987, 48 (2): 4595 – 4606.

［53］Dukes A. , Gal-Or E. and Srinivasan K. Channel bargaining with retailer asymmetry ［J］. Journal of Marketing Research. 2006, 43 (1): 84 – 97.

［54］Dumrongsiri A. , Fan M. and Jain A. et al. A supply chain model with direct and retail channels ［J］. European Journal of Operational Research, 2008, 187 (3): 691 – 718.

［55］Edwards F. , Spawton T. Pricing in the Australian wine industry. ［J］. European Journal of Marketing, 1990, 24 (4): 11 – 17.

［56］Faison E. W. J. The neglected variety drive: A useful concept for consumer behavior ［J］. Journal of Consumer Research, 1977, 4 (3): 172 – 175.

［57］Feinberg F. M. , Kahn B. E. and Mcalister L. Market share response when consumers seek variety ［J］. Journal of Marketing Research, 1992, 29 (2): 227 – 237.

［58］Fishbach A. , Ratner R. K. and Zhang Y. Inherently loyal or easily bored?: Nonconscious activation of consistency versus variety-seeking behavior ［J］. Journal of Consumer Psychology, 2011, 21 (1): 38 – 48.

［59］Fournier S. Consumers and their brands: Developing relationship theory in consumer research. ［J］. Journal of Consumer Research, 1998, 24 (4): 343 – 353.

［60］Fowler H. Satiation and curiosity: constructs for a drive and incentive-motivational theory of exploration 1 ［J］. Psychology of Learning & Motivation, 1967, 1: 157 – 227.

［61］Gielens K. , Geyskens I. The marketing-finance interface in channels of distribution research: A roadmap for future research ［J］. Handbook of Marketing & Finance, 2012: 204 – 224.

［62］ Givon M. Variety seeking through brand switching ［J］. Marketing Scinece, 1984, 3 (1): 1 – 21.

［63］ Groves P. M. , Thompson R. F. Habituation: a dual-process theory. ［J］. Psychological Review, 1970, 77 (5): 419.

［64］ Guest L. P. The genesis of brand awareness ［J］. Journal of Applied Psychology, 1942, 26 (6): 800 – 808.

［65］ Hebb D O. Drives and the C. N. S. (conceptual nervous system) ［J］. Psychological Review, 1955, 62 (4): 243.

［66］ Herr A, Hottenrott H. Higher prices, higher quality? Evidence from German nursing homes ［J］. Health Policy, 2016, 120 (2): 179 – 189.

［67］ Hilgard E. R. Principles of behavior: an introduction to behavior theory ［J］. Principles of Behavior An Introduction to Behavior Theory, 1943, 39 (3): 377 – 380.

［68］ Hill C. W. L. , Hwang P. , Kim W. C. An eclectic theory of the choice of international entry mode ［J］. Strategic Management Journal, 1990, 11 (2): 117 – 128.

［69］ Hotelling H. Stability in competition ［J］. Economic Journal, 1929, 39 (153): 41 – 57.

［70］ Hoyer W. D. , Brown S. P. Effects of brand awareness on choice for a common, repeat-purchase product ［J］. Journal of Consumer Research, 1990, 17 (2): 141 – 148.

［71］ Huang W. , Swaminathan J. M. Introduction of a second channel: implications for pricing and profits ［J］. European Journal of Operational Research, 2009, 194 (1): 258 – 279.

［72］ Hull C. L. Essentials of behavior ［M］. Published for the Institute of Human Relations by Yale University Press, Oxford University Press, 1952.

［73］Jackson L. F. Hierarchic demand and the engel curve for variety ［J］. Review of Economics & Statistics, 1984, 66 (1): 8 – 15.

［74］Jeong H. G. , Drolet A. variety-seeking as an emotional coping strategy for chronically indecisive consumers ［J］. Marketing Letters, 2016, 27 (1): 55 – 62.

［75］Jeuland A. P. Brand preferences over time: A partially deterministic operationalization of the notion of variety seeking. S. Jain, ed. Research Frontiers in Marketing: Dialogues and Directions, Vol. 43. AMA 1978 Educators Proc. , American Marketing Association, Chicago, 1978, 33 – 37.

［76］Jing B. Lowering customer evaluation costs, product differentiation, and price competition ［J］. Marketing Science, 2016, 35 (1): 15 – 43

［77］Kahn B. E. , Kalwani M. U. , Morrison D. G. Measuring variety-seeking and reinforcement behaviors using panel data ［J］. Journal of Marketing Research, 1986, 23 (2): 89 – 100.

［78］Kahn B. E. Consumer variety-seeking among goods and services ［J］. Journal of Retailing Consumer Services, 1995, 2 (3): 139 – 148.

［79］Keller K. Conceptualizing, measuring, and managing customer-based brand equity ［J］. Journal of Marketing, 1993, 57 (1): 1 – 22.

［80］Keller K. Strategic brand management, 2nd ed ［M］. Prentice Hall, Upper Saddle River, NJ, 2002.

［81］Klemperer P. The competitiveness of markets with switching costs ［J］. Rand Journal of Economics, 1987, 18 (1): 138 – 150.

［82］Kogan K. Pricing Competition with inventory considerations in a hazard rate-prone market of durables ［J］. Journal of Economic Dynamics & Control, 2016, 73: 298 – 313.

［83］Koskela E. The impact of marketing channel structure on brand personality perception ［D］. 2014.

［84］ Kotler P. Marketing management, ninth edition ［M］. Prentice Hall, Englewood Cliff, NJ, 1997.

［85］ Kotler P. , Cox K. Marketing management and strategy ［M］// Marketing management and strategy: Prentice-Hall, 1988: 238 – 58.

［86］ Laffont J. J. , Tirole J. Access pricing and competition ［J］. European Economic Review, 1994, 38 (9): 1673 – 1710.

［87］ Lal R. , Sarvary M. When and how is the internet likely to decrease price competition? ［J］. Marketing Science, 1999, 18 (4): 485 – 503.

［88］ Lally P. , Jaarsveld C. H. M. V. and Potts H. W. W. et al. How are habits formed: Modelling habit formation in the real world ［J］. European Journal of Social Psychology, 2010, 40 (6): 998 – 1009.

［89］ Lattin J. M. , McAlister L. Using a variety-seeking model to identify substitute and complementary relationships among competing products ［J］. Marketing Research, 1985, 22 (4): 330 – 339.

［90］ Leuba C. Toward some integration of learning theories: The concept of optimal stimulation ［J］. Psychological Reports, 1955, 1: 27 – 33.

［91］ Li K. J. , Jain S. Behavior-based pricing: an analysis of the impact of peer-induced fairness ［J］. Social Science Electronic Publishing, 2016, 62 (2): 2705 – 2721.

［92］ Lynch J. G. , Dan A. Wine online: search costs affect competition on price, quality, and distribution ［J］. Marketing Science, 2001, 19 (1): 83 – 103.

［93］ Ma J. , Huang D. , Kumar M. V. S. et al. The impact of supplier bargaining power on the advertising costs of movie sequels ［J］. Journal of Cultural Economics, 2015, 39 (1): 43 – 64.

［94］ Mahar S. , Bretthauer K. M. , Venkataramanan M. A. The value of virtual pooling in dual sales channel supply chains [J]. European Journal of Operational Research, 2009, 192 (2): 561 – 575.

[95] Mcguire T. W., Staelin R. An industry equilibrium analysis of downstream vertical integration [J]. Marketing Science, 1983, 2 (2): 161 – 191.

[96] Mcalister L. Adynamic attribute satiation model of variety-seeking behavior [J]. Journal of Consumer Research, 1982, 9 (2): 141 – 150.

[97] Mcalister L., Pessemier E. Variety seeking behavior: an interdisciplinary review [J]. Journal of Consumer Research, 1982, 9 (3): 311 – 322.

[98] Mills, Harlan D. Competitive pricing in inelastic markets [J]. Methods in Enzymology, 1956, 169 (1): 25 – 36.

[99] Moorthy K. S. Market segmentation, self-selection, and product line design [J]. Marketing Science, 1984, 3 (4): 288 – 307.

[100] Moorthy K. S. Strategic decentralization in channels [J]. Marketing Science, 1988, 7 (4): 335 – 355.

[101] Morrison S. A., Winston C. The dynamics of airline pricing and competition [J]. American Economic Review, 1990, 80 (2): 389 – 393.

[102] Musk E. The Tesla approach to distributing and servicing cars, http://www. teslamotors. com, accessed 22, October, 2012.

[103] Nagurney A., Wolf T. A cournot-nash-bertrand game theory model of a service-oriented Internet with price and quality competition among network transport providers [J]. Computational Management Science, 2014, 11 (4): 475 – 502.

[104] Naik P. A., Prasad A., Sethi S. P. Building brand awareness in dynamic oligopoly markets [J]. Management Science, 2008, 54 (1): 129 – 138.

[105] Nijssen E. J. Success factors of line extensions of fast-moving con-

sumer goods [J]. European Journal of Marketing, 1999, 33: 450 – 469.

[106] Niu B. , Liu L. , Wang J. Sell through a local retailer or operate your own store? Channel structure and risk analysis [J]. Journal of the Operational Research Society, 2016, 67 (2): 325 – 338.

[107] Okuno M. , Tatsuo A. Price competition in mixed strategies in markets with habit formation [J]. Econoquantum Revista De Economia Y Negocios, 2010, 7 (1): 69 – 95.

[108] Pollak R. A. Habit formation and dynamic demand functions [J]. Journal of Political Economy, 1970, 78 (4): 745 – 763.

[109] Percy L. , Rossiter J. R. A model of brand awareness and brand attitude advertising strategies [J]. Psychology & Marketing, 1992, 9 (4): 263 – 274.

[110] Randall T. , Ulrich K. , Reibstein D. Brand equity and vertical product line extent [J]. Marketing Science, 1998, 17 (4): 356 – 379.

[111] Raynor H. A. , Epstein L. H. Dietary variety, energy regulation, and obesity [J]. Psychological Bulletin, 2001, 127 (3): 325 – 41.

[112] Read D. , Loewenstein G. , Rabin M. Choice bracketing [J]. Risk Uncertainty, 1999, 19 (1 – 3): 171 – 197.

[113] Reichheld F. F. The one number you need to grow [J]. Harvard Business Review, 2003, 81 (12): 46.

[114] Remick A. K. , Polivy J. , Pliner P. Internal and external moderators of the effect of variety on food intake [J]. Psychological Bulletin, 2009, 135 (3): 434.

[115] Roberts J. H. , Lattin J. M. Development and testing of a model of consideration set composition [J]. Journal of Marketing Research, 1991, 28 (4): 429 – 440.

［116］ Rodríguez-Torrico P. , Cabezudo R. S. J. , San-Martín S. Tell me what they are like and I will tell you where they buy. an analysis of omnichannel consumer behavior ［J］. Computers in Human Behavior, 2017, 68: 465 - 471.

［117］ Rolls B. J. , Rowe E. A. , Rolls E. T. How sensory properties of foods affect human feeding behavior ［J］. Physiology & Behavior, 1982, 29 (3): 409.

［118］ Ryder H. E. , Heal G. M. Optimal growth with intertemporally dependent preferences ［J］. Review of Economic Studies, 1973, 40 (1): 1 - 31.

［119］ Sajeesh S. , Raju J. S. Positioning and pricing in a variety seeking market ［J］. Management Science, 2010, 56 (6): 949 - 961.

［120］ Scherer F. M. , Ross D. Industrial market structure and economic performance ［J］. Social Science Electronic Publishing, 1971, 2 (2): 683 - 687.

［121］ Seetharaman P. B. , Che H. Price competition in markets with consumer variety seeking ［J］. Marketing Science, 2009, 28 (3): 516 - 525.

［122］ Sevilla J. , Zhang J. and Kahn B. E. Anticipation of future variety reduces satiation from current experiences ［J］. Journal of Marketing Research, 2016, 53 (6): 955 - 972.

［123］ Shaked A. , Sutton J. Relaxing price competition through product differentiation ［J］. Review of Economic Studies, 1982, 49 (1): 3 - 13.

［124］ Shao X. F. Product differentiation design under sequential consumer choice process ［J］. International Journal of Production Research, 2015, 53 (8): 2342 - 2364.

［125］ Shen C. , Zhang X. A supply chain model with a dual distribution channel based on consumer's behavior diversity in the e-market ［C］ // International Conference on Electronic Commerce and Business Intelligence. 2009: 491 – 494.

[126] Shepherd G. The theory of competitive price, george J. stigler, new york: the macmillan company, 1942, Pp. vii, 197 [J]. American Journal of Agricultural Economics, 1943, 25 (2).

[127] Shi H. , Liu Y. and Petruzzi N. C. Consumer heterogeneity, product quality, and distribution channels [J]. Management Science, 2013, 59 (5): 1162 – 1176.

[128] Shi R. Marketing local foods in florida distribution channels and consumer behavior [D]. 2014.

[129] Shugan S. M. Brand loyalty programs: are they shams? [J]. Marketing Science, 2005, 24 (2): 185 – 193.

[130] Shulman J. D. , Coughlan A. T. and Savaskan R. C. Optimal reverse channel structure for consumer product returns [J]. Marketing Science, 2010, 29 (6): 1071 – 1085.

[131] Solomon R. L. The opponent-process theory of acquired motivation: the costs of pleasure and the benefits of pain [J]. American. Psychologist, 1980, 35 (8): 691 – 712.

[132] Su X. , Zhang F. Strategic customer behavior, commitment, and supply chain performance [J]. Management Science, 2008, 54 (10): 1759 – 1773.

[133] Subramanian U. , Raju J. S. and Zhang Z. J. Zhang. Exclusive handset arrangements in the wireless industry: a competitive analysis [J]. Marketing Science, 2013, 32 (2): 246 – 270.

[134] Swait J. , Ben-Akiva M. Incorporating random constraints in discrete models of choice set generation [J]. Transportation Research Part B Methodological, 1987, 21 (2): 91 – 102.

［135］ Swait J. , Ben – Akiva M. Empirical test of a constrained choice discrete model: Mode choice in São Paulo ［J］. Transportation Research Part B, 1987b, 21 (2): 103 – 115.

［136］ Swait J. , Erdem T. Brand effects on choice and choice set formation under uncertainty ［J］. Marketing Science, 2007, 26 (5): 679 – 697.

［137］ Steenkamp J. E. B. M. Product quality. An investigation into the concept and how it is perceived by consumers. ［D］. 1989.

［138］ Nariu T. Consumers' information-gathering behavior and the structure of distribution channels ［J］. Japanese Economy, 2008, 35 (2): 23 – 38.

［139］ Thrailkill E. A. , Epstein L. H. and Bouton M. E. Effects of inter-food interval on the variety effect in an instrumental food-seeking task: clarifying the role of habituation. ［J］. Appetite, 2015, 84: 43 – 53.

［140］ Trijp J. C. M. V. Psychologische verklaringen voor variatie-zoekend consumentengedrag ［J］. Huishoudstudies, 1996, 6: 20 – 31.

［141］ Trivedi M. , Bass F. M. and Rao R. C. A model of stochastic variety-seeking ［J］. Marketing Science, 1994, 13 (3): 274 – 297.

［142］ Twedt D. W. How does brand awareness-attitude affect marketing strategy? ［J］. Journal of Marketing, 1967, 31 (4): 64 – 66.

［143］ Tyagi R. K. Technological advances, transaction costs, and consumer welfare ［J］. Marketing Science, 2004, 23 (3): 335 – 344.

［144］ Wang C. , Siu N. Y. M. and Hui A. S. Y. Consumer decision - making styles on domestic and imported brand clothing ［J］. European Journal of Marketing, 2004, 38 (1/2): 239 – 252.

［145］ Wathieu L. Habits and the anomalies in intertemporal choice ［J］. Management Science, 1997, 43 (11): 1552 – 1563.

［146］ Wathieu L. Consumer habituation ［J］. Management Science,

2004, 50 (5): 587 –596.

[147] Wedel M. , Zhang J. Analyzing brand competition across subcategories [J]. Journal of Marketing Research, 2004, 41 (4): 448 –456.

[148] Wernerfelt B. Brand loyalty and market equilibrium [J]. Marketing Science, 1991, 10 (3): 229 –245.

[149] Williamson O. E. Markets and hierarchies: analysis and antitrust implications: a study in the economics of internal organization [J]. Social Science Electronic Publishing, 1976, 86 (343): 619.

[150] Williamson O. E. The economic institutions of capitalism free press [J]. Journal of Economic Issues. 1985, 2 (1): 48 –63.

[151] Xu F. , Li Y. and Zhou J. Brand awareness for entrepreneurial hotel chains: perceived quality and brand loyalty [J]. Anthropologist, 2015, 19 (3): 763 –771.

[152] Yao D. Q. , Liu J. J. Competitive pricing of mixed retail and e-tail distribution channels [J]. Omega, 2005, 33 (3): 235 –247.

[153] Yoon E. , Kijewski V. The brand awareness-to-preference link in business markets [J]. Journal of Business-to-Business Marketing, 1995, 2 (4): 7 –36.

[154] Zeithammer R. , Thomadsen R. Vertical differentiation with variety-seeking consumers [J]. Management Science, 2013, 59 (2): 390 –401.